rowohlt
BERLIN

Kai Schreiber

WAHRE LÜGEN

Warum wir nicht glauben, was wir sehen

Rowohlt · Berlin

1. Auflage April 2019

Gesetzt aus der Swift und Univers
bei Dörlemann Satz, Lemförde
Druck und Bindung CPI books GmbH, Leck, Germany
ISBN 978 3 7371 0055 7

INHALT

WAHRNEHMEN – CUI BONO?

WAHRNEHMEN FÜR PROFIS

ZUM SCHLUSS: FÜR EINE NEUE AUFKLÄRUNG

EINLEITUNG

On Bullshit

Dominanz des Bullshits – die Tragödie der Wissenschaft – Falschliegen fühlt sich wie Rechthaben an – Lernen wie die Hunde – Darwinismus der Kooperation – die Überzeugungskraft guter und schlechter Argumente

«Zu den auffälligsten Merkmalen unserer Kultur gehört die Tatsache, dass es so viel Bullshit gibt.»

Der inspirierend direkte Anfangssatz des Essays «On Bullshit» des amerikanischen Philosophen Harry S. Frankfurt drückt eine einfache Wahrheit aus und spricht damit einen wichtigen Aspekt menschlicher Kommunikation an.[1] Bullshit, das ist Frankfurts Definition zufolge jede Mitteilung, die versucht, den Empfänger von etwas zu überzeugen, ohne Rücksicht darauf, ob es wahr oder falsch ist. Seine Beobachtung, dass solch wahrheitsfernes Gerede nicht die Ausnahme, sondern eher die Regel ist, läuft der üblichen Darstellung öffentlicher Diskurse und Debatten zuwider, wonach im Aufeinandertreffen der Ideen stets jene gewinnt, die die besseren Argumente und überzeugenderen Belege für sich reklamieren kann. Diskurse des Vernunftwesens Mensch, sagt diese Erzählung, dienen der Suche nach der Wahrheit, und ihr Auffinden ist eine noble Gemeinschaftsleistung.

Kaum eine Darstellung kollektiver Wahrheitsfindung könnte falscher sein, oder jedenfalls irreführender. Die Gesetze, die Streitgespräche und Debatten leiten, sind nur in Ausnahmefällen die sogenannt rationalen, und oft spielen ganz andere Faktoren als die Suche nach der Wahrheit eine derart starke Rolle, dass man beinahe fassungslos zuhört: Wie kann man scheinbar aufrichtig unplausible Argumente für etwas herbeizerren, das doch offensichtlich falsch ist? Und der ermüdende Verlauf vieler privater und öffentlicher Debatten ist nur die Spitze eines titanischen Eisberges.

Denn auch die Wahrnehmung der Debattenteilnehmer ist ja nicht, was das Wort selbst uns zu versprechen scheint. Sie folgt ihren eigenen verborgenen Gesetzen. Und die sind weit entfernt vom idealisierten Bild, das der Aufruf an jeden Unwissenden malt, er möge doch bitte einfach seine Augen öffnen und *hinschauen*, dann werde er schon sehen. Dieses Bild von der Wahrnehmung als einem Mittel zur direkten Destillation der Wahrheit aus den unsortierten Wirrnissen der Welt, als dem aufrichtigen Versuch, die Puzzlestücke auf der Suche nach dem verborgenen Puzzlemotiv[2] richtig zusammenzusetzen, ist nicht einfach nur falsch. Nein, dieses Bild, das unser eigenes Gehirn uns über das Wesen unserer Wahrnehmung vorgaukelt, ist falsch mit Hintergedanken. Es versucht, uns von bestimmten Dingen zu überzeugen, ohne Rücksicht auf die tatsächliche, objektive Wahrheit. Es ist, mit anderen Worten, Bullshit.

Mit seiner Beobachtung der Allgegenwart des Bullshits traf Frankfurt jedenfalls punktgenau ins Herz der Dinge. Endlich sprach einer aus, was alle unterschwellig ahnten, endlich wurde das Unbehagen in Worte gefasst. Der zunächst in einer Literaturzeitschrift erschienene Aufsatz wurde 2005 vom Hausverlag der Princeton University als Büchlein veröffentlicht und trat einen weltweiten Siegeszug an. Aus der Beobachtung, dass Propagandalügen unsere Gegenwart und

Kluge Argumente oder Bullshit: Aus der Entfernung sieht alles aus wie heiße Luft.

unsere Diskussionen durchziehen wie Schmelzrisse die antarktische Eisplatte, wurde ein internationaler Bestseller.

Eine schöne und plausible Geschichte, aber leider ist auch sie Bullshit, denn erstmals erschienen war der Aufsatz schon 1986, zwischen der Erstpublikation und dem Bestsellerstatus lagen also zwanzig lange Jahre.

Nun kann man sich eine andere Geschichte bauen, wonach eben für Frankfurts Idee die Zeit 1986 noch nicht reif war. Die amerikanische Öffentlichkeit brauchte erst die industriell organisierte Bullshitausbringungsmaschinerie des Clinton-Skandals und hatte erst die Verlogenheit der öffentlichen Propaganda für den dritten Irakkrieg erleben müssen, um Frankfurts Beobachtungen so recht schätzen zu können. Vielleicht war damals, in den letzten Sekunden vor dem weltweiten Siegeszug der Bullshitkrake[3] Internet, insgesamt noch gar nicht genug plausibel klingender Blödsinn in die Welt gestemmt, um den breiten Bedarf für seine Analyse zu wecken.

Diese Erklärungen fühlen sich beim Lesen vermutlich diffus einleuchtend an, denn sie besitzen als Narrativ eine gewisse innere Stringenz und behaupten vorstellbare kausale Zusammenhänge, von einer Art, wie wir sie zu kennen glauben, und das sind ja die besten kausalen Zusammenhänge von allen. Solchen inneren Stringenzen und Erzählungen von Ursache und Wirkung folgen wir jederzeit gern. Wir werden uns im Verlaufe dieses Buchs genauer ansehen, warum das eigentlich so ist, ja sogar so sein muss.

Aber, um es noch mal zu unterstreichen, dergleichen kausale Erzählungen und speziell die hier angebotenen Erklärungen für die zwanzigjährige Verzögerung der Bullshitanklage haben eine interessante Schwäche: Sie sind selber Bullshit. Sie kommen nämlich komplett ohne Belege aus, also ohne das, was Wissenschaftler etwas förmlich und steif Daten nennen.[4]

Diese Haltung wurde vom amerikanischen Journalisten und Humoristen Mark Twain ganz gut zusammengefasst, als er sarkastisch schrieb: «Lassen Sie die Wahrheit niemals einer guten Geschichte im Weg stehen.» Oder vielleicht wird sie noch besser dadurch zusammengefasst, dass das Zitat überhaupt nicht von Mark Twain stammt, obwohl man es online mehrfach findet und Sie mir vermutlich gerade geglaubt haben. So wie auch viele andere populäre Zitate nicht von ihren angeblichen Urhebern stammen.

Ernüchternd? Enttäuschend?

Thomas Henry Huxley ist für seine vehemente Verteidigung der Evolutionstheorie als Darwins Bulldogge in die Geschichte eingegangen. Der Biologe wurde der Stammvater eines ganzen Clans bedeutender Wissenschaftler und Autoren. Unter seinen Enkeln finden sich mit Aldous Huxley, dem Autor der «Schönen neuen Welt», mit Julian Huxley, dem

Erstdirektor der Unesco, und mit dem Physiologen Andrew Huxley, der an einem kunstvoll zerlegten Riesenkalmar die Mechanismen der Signalleitung in Nerven demonstrierte und dafür mit seinen Kollegen John Eccles und Alan Hodgkins den Nobelpreis einfuhr, mindestens drei intellektuell schwergewichtige Nachfahren. Thomas Henry jedenfalls nannte den «Totschlag einer wunderschönen Theorie durch hässliche Fakten» in einem Vortrag vor der British Association die «große Tragödie der Wissenschaft». Und in dieser richtigen Beobachtung, dass nämlich das Widerlegen einer falschen Theorie durch Beobachtung uns nicht als Triumph der Erkenntnis, als Fortschritt, als Licht in der Dunkelheit, sondern eben als eine Tragödie erscheint, als Ermordung der Schönheit selbst, liegt eine übergeordnete und weitergehende Tragödie, die Tragödie nämlich der Wahrnehmung.

Dass sich oft nicht das Richtige für uns schön, gut und eben richtig anfühlt, sondern das Althergebrachte, das von mächtigen Autoritäten Gestützte und das überzeugend, will sagen: laut und mit mächtig Schmackes Vorgetragene, das führt dazu, dass Aberglaube und Irrlehre eine auf den ersten Blick erstaunliche Beharrlichkeit aufweisen. Dass diese Mechanismen der Wahrnehmung durchaus ihren Sinn haben, dass es sich aus einleuchtenden Gründen gut, aufregend und belebend anfühlt, ihnen nachzugeben und den Instinkten zu folgen, die uns die Evolution mitgegeben hat, dass aber aus den irrtümlichen Glaubenssätzen, die sich da so gut anfühlen, oft schädliche und mitunter katastrophale Folgen erwachsen, ist das Wesen dieser Tragödie. Es sollte uns insgesamt eine Lehre sein.

Ist es aber nicht.

Wie die amerikanische Journalistin Kathryn Schulz in ihrem Buch «Being Wrong» schreibt, fühlen sich Rechthaben und komplett Falschliegen leider exakt gleich an. Mit gutem Gefühl und fester Überzeugung glauben wir den größten Quark und staunen dann gar nicht schlecht, wenn uns die empirischen Fakten auf den Boden der Tatsachen zurückholen. «Das war falsch? Aber es fühlte sich doch so richtig an», rufen wir erstaunt, während aus dem Fesselballon unserer Irrtümer mit kläglichem Rauschen die heiße Luft entweicht und uns die Tatsachen wie Bleigewichte an den Füßen hängen.

Denn wie der amerikanische Astrophysiker und Wissenschaftsjournalist Neil DeGrasse Tyson schrieb, ist das Gute an der Wissenschaft, dass ihre Erkenntnisse wahr sind, egal ob man an sie glaubt oder nicht.[5] Weil Tyson diesen Satz twitterte, hatte er ein bisschen vereinfachen müssen: Natürlich sind wissenschaftliche Theorien nicht automatisch wahr. Ihre Wahrheit ist noch nicht einmal unabhängig von anderen Dingen, die wir für wahr halten. Ob ein Elektron Gras frisst oder nicht, hängt natürlich davon ab, ob wir ein Elektron für ein elektrisch geladenes Elementarteilchen halten oder für einen wiederkäuenden Paarhufer. Aber sobald wir uns dafür entschieden haben, dass die Kuh Elektron heißen soll, ist es eine empirische Frage, was die Elektronen auf der Weide zu sich nehmen. Wir ebenso wie die Elektronen selbst können uns einbilden, dass sie Kekse knabbern, aber die objektive Wahrheit wird ans Licht kommen: «Moment mal, das ist Gras. Wir haben die ganze Zeit Gras gefressen.» (Gary Larson)

Und diese Unterwerfung unter das Urteil objektiver Messergebnisse unterscheidet die Unternehmung Wissenschaft von Religionen, Aberglauben, esoterischen Moden und allen anderen Geschmacksrichtungen des allgegenwärtigen Bullshitcocktails. Und wenn man als Lebewesen ein praktisches

Interesse daran hat, erfolgreich durch die Welt zu spazieren, ist das ein wichtiger Unterschied.

All den angenehmen und selbstzufriedenen Gefühlen zum Trotz, mit denen uns unsere fehlbaren Instinkte anfüllen, während sie in unserem Oberstübchen Irrtümer drechseln, haben eben diese Irrtümer ja in aller Regel durchaus negative Folgen. Und sobald die Gefühle kein angenehmes und selbstzufriedenes Glühen sind, sondern eher Wut, Empörung und Angst, dann dürfte die Bilanz noch eine ordentliche Rutsche schlechter ausfallen.

Die vom harmlos anmutenden Wahrnehmungsfehler verursachten Schäden können dabei von der an der Glastür eingeschlagenen Stirn bis hin zum kopflosen Ausstieg aus einer Wirtschaftsunion oder zur Wahl eines sonnenbankfrittierten verblendeten scheinbar Wahnsinnigen zum «mächtigsten Mann der Welt» (Eigenwerbung) reichen. Die perfidesten Wahrnehmungsirrtümer sind freilich die, die nicht sofort üble Folgen zeitigen, sondern erst auf lange Sicht. Dann lernen wir aus unseren Fehlern nämlich im schlimmsten Fall so wie der Hund, der lange, nachdem er die Schuhe zerfetzt hat, und weit von diesen entfernt bestraft wird: gar nicht.

Um den dräuenden Schaden abzuwenden, müssen wir unbedingt verstehen, wann unsere eigenen Wahrnehmungen uns freundlich an die Hand nehmen und auf direktem Weg und dabei fröhlich pfeifend in die Irre führen. Wir müssen Mittel dagegen entwickeln, immer wieder in dieselben Fallen zu tappen, die unsere eigene Entwicklungsgeschichte und die allgemeine Natur der Welterkenntnis vor uns aufbauen. Und wir müssen lernen, unseren Gefühlen zu misstrauen. Es ist freilich eine schwierige Sache mit diesem Misstrauen, denn zugleich sollten wir den Gefühlen im rechten Moment vertrauen. Aber wir haben eine etwas schiefe Vorstellung davon, was Gefühle sind und was sie tun, und ihnen einfach vertrauensvoll die Autoschlüssel zuzuwerfen, ist mit Sicherheit keine gute Idee.

Denn zu aller Fehlwahrnehmung kommt deutlich verschärfend hinzu, dass wir uns nicht nur einfach selbst damit schaden, nein, der erwähnte Bullshit kann auch, wir wissen es alle und sind dennoch ungebrochen anfällig dafür, von anderen gezielt eingesetzt werden, um uns über den sprichwörtlichen Tisch zu ziehen, an dem wir alle gemeinsam sitzen.

Die Anfälligkeit für Manipulation durch andere ist die dunkle Kehrseite der funkelnden Medaille einer faszinierenden Errungenschaft der Evolution. Diese Errungenschaft, die uns zu möglichen Opfern von Trickbetrügern und Populisten macht, ist die Kooperation. Sie hat einen zentralen Platz in unseren sozialen Instinkten und in unserem moralischen Universum und wurde gern und häufig als die offenbar dringend gesuchte Eigenschaft geführt, die uns von den Tieren des Feldes, den Fischen der Luft und den Vögeln des Meeres und allem anderen Wahrnehmenden und Denkenden unterscheide (Spoiler: tut sie nicht): Dass ihr Entstehen im Verlauf der Naturgeschichte aber alles andere als selbstverständlich ist, zeigen schon die zahlreichen Interpretationen des evolutionären Wettbewerbs, wonach dieser ein gnadenloser Kampf ums Überleben, ein erbarmungsloser Konflikt aller gegen alle sei. Wie und warum sollten in einem solchen Konflikt Fremde zu Freunden werden können?

Dabei handelt es sich allerdings um eine gründliche Fehlinterpretation evolutionärer Kräfte, die sich auch im etwas irregeleiteten Begriff des Sozialdarwinismus spiegelt. Wie der britische Biologe Richard Dawkins in «Das egoistische Gen» geistreich argumentiert, ist ja nicht das Individuum der Akteur des biologischen Wettbewerbs um die meisten Kinder, das längste Leben und die schönste Yacht, sondern es sind die einzelnen Gene, mitunter sogar im Wettbewerb gegen andere Gene im selben Tier. Und für diese Gene gelten überraschend etwas andere Gesetze, als sie uns, an der langen Darwin'schen Tradition geschult, für Tiere intuitiv einleuchten wollen.

Gene, die die Kooperation zwischen jenen Individuen fördern, die sie tragen, sind jedenfalls in der natürlichen Welt weit verbreitet. Menschen kooperieren, andere Tiere kooperieren, Pflanzen kooperieren, Bakterien kooperieren, Schleimpilze kooperieren. Letztere zum Beispiel rotten sich in ihrem täglichen Leben mit einzelligen Amöben zur Fortpflanzung zusammen und bilden dabei ein schneckenartiges Gebilde. Diese Pseudoschnecke besteht aber anders als richtige Schnecken nicht aus den Zellen eines einzelnen Organismus (eben der Schnecke), sondern aus dem Äquivalent einer Kleinstadt, nämlich Zehntausenden von Individuen. Diese kriechende Kleinstadt bildet einen Fruchtkörper aus, aus dem die Nachkommen der Individuen als hoffnungsvolle kleine Amöben in die Welt entlassen werden (das Äquivalent dieser Fruchtkörper sind in menschlichen Kleinstädten sicherlich die weiterführenden Schulen). Und mit den Schleimpilzen hört es noch nicht auf. Richtet man ein Elektronenmikroskop auf Viren, kann man sie einander die kleinen Virenhändchen reichen und gemeinsam an einer besseren Virenzukunft bauen sehen. Das ist besonders beeindruckend, weil den armen Viren ja mitunter sogar abgesprochen wird, dass sie überhaupt am Leben sind.

Aber unzweifelhaft hat der Mensch die Kunst der Kooperation auf ihren vorläufigen Höhepunkt getrieben. Auf Grundlage zweier mächtiger Säulen stellen unsere menschlichen

Kooperationsleistungen alles, was Schleimpilze und Viren[6] zustande bringen, bei weitem in den Schatten. Die erste Säule ist die tatsächlich einmalig komplexe und flexible Kommunikationsfähigkeit des Menschen. Vom Austausch praktischer Informationen über Hund, Katze, Maus und vor allem natürlich über andere Menschen, den für viele interessantesten Gesprächsgegenstand, reichen die Möglichkeiten bis hin zum gemeinsamen Entwickeln abstrakter Ideen und Gedankenspielereien und zum Zwirbeln ganzer Weltbilder und Theoriegebäude. Löst man Gedankenexperimente aus dem wissenschaftlichen oder philosophischen Kontext heraus, kann man sie auch einfach Geschichten nennen und findet damit eine tiefe Parallele zwischen Wissenschaft und Literatur im Herzen der menschlichen Erfolgsgeschichte. Oder Misserfolgsgeschichte, je nachdem, wie es ausgeht mit dem Artensterben, dem Klimawandel und den Seuchengefahren. Es bleibt spannend, schalten Sie nicht um.

Die Idee von der Alleinstellung des Menschen in der Linguistik geht unter anderem auf den brillanten Wissenschaftler und politischen Denker Noam Chomsky zurück, der in den fünfziger Jahren die These formulierte, dass die sprachlichen Fähigkeiten des Menschen das Ergebnis besonderer kognitiver Fähigkeiten seien. Weil der verbreitete Impuls, den Menschen aus der sonstigen biologischen Welt herauszuheben, ungefähr so stark zu sein scheint wie der Gegenimpuls, nämlich den so herausgehobenen Menschen mit dem Gummihammer in die Reihe der anderen Tiere zurückzuklopfen, gab es in den sechziger Jahren einen groß angelegten Versuch, die These Chomskys zu widerlegen. Ein Schimpanse wurde dafür in einer menschlichen Familie in New York aufgezogen und von dieser genauso behandelt wie ein normales Kind. Das Tier wurde gekleidet wie ein Mensch und menschlichen Tagesabläufen unterworfen, aber es gelang trotzdem nicht, Nim Chimpsky, wie der Schimpanse in einem Anflug fragwürdigen Humors genannt wurde, eine Zeichensprache beizubringen, die in der Komplexität ihrer Grammatik der menschlichen auch nur nahe gekommen wäre.

Die ganze Episode endete tragisch. Der Schimpanse lernte zwar keine menschliche Sprache, aber dass er Mitglied einer menschlichen Familie war, begriff er durchaus. Nim Chimpsky fiel tief, als er erwachsen und wegen seiner enormen Körperkräfte zur Gefahr für seine Umwelt wurde. Stellen Sie sich einen zornigen Teenager mit Superkräften vor, und Sie wissen, warum das Experiment damals beendet werden musste. Nim Chimpsky wurde aus seinem luxuriösen Jugendzimmer in Manhattan in den Affenkäfig einer Pflegestation verlegt und verstand die Welt nicht mehr.[7]

Ob die Theoriegebäude und Weltbilder, die wir Edelschimpansen dank unserer Sprachsonderstellung basteln, immer von Vorteil sind, darf man aber getrost in Zweifel ziehen. Dass sie die Welt jedoch mehr verändern, als es noch der fleißigste Biber mit einem Staudamm könnte, ist unbestreitbar.

Die zweite Säule neben unserem Sprachtalent ist die entwicklungsbiologische Besonderheit, dass menschliche Kinder im Vergleich mit denen anderer Tierarten ausgesprochen unfertig zur Welt kommen und in den ersten Lebensjahren zu Ende geboren werden müssen. Das bringt große Nachteile mit sich, insbesondere die völlige Hilflosigkeit, mit der ein menschliches Kind auch Jahre nach der Geburt noch durch die Welt tappst. Haben Sie zum Beispiel schon mal eine Vierjährige bei der Mammutjagd beobachtet? Ein lächerliches Schauspiel. Denn Mammuts sind schließlich längst ausgestorben, aber Vierjährigen muss man eben alles erst mal erklären.

Dieser Nachteil der Ungeformtheit der neu geborenen Kinder wird allerdings mehr als aufgewogen durch einen dramatischen Vorteil und Zugewinn. Der Wahrnehmungs- und Denkapparat des erbärmlich erwerbsunfähigen Nachwuchses nämlich ist über Jahre hinweg durch materielle, vor allem aber soziale und kulturelle Einflüsse formbar wie Teig. Was wir Erziehung nennen, ist eine evolutionäre Errungenschaft, die uns Anpassung an rasanteste Veränderungen ermöglicht.

Auch viele Tierarten kennen, was wir Kultur nennen. Bienen zum Beispiel sprechen lokale Dialekte bei ihren Rund- und Schwänzeltänzen.[8] Beziehungsweise sie haben lokale Tanzstile, denn Bienen können ja nicht sprechen, egal, was Waldemar Bonsels und Karel Gott uns über Maja und Willi weismachen wollen. Oder denken wir an die berühmten hundert Affen in Japan, die einander das Waschen von Kartoffeln in Salzwasser beibrachten. Sie standen in den neunziger Jahren nicht nur als Beispiel für Kultur auch in unserer näheren Verwandtschaft, sondern sollten sogar Belege für eine Metaphysik der Kultur liefern, für die Existenz einer Art von Weltgeist. Die zugehörigen Theorien Rupert Sheldrakes waren esoterische Holzwege und sind reichlich aus der Mode gekommen. Trotzdem sind die Affen ein gutes Beispiel dafür, dass auch Tiere zu sozialem Lernen in der Lage sind.

Es ist wichtig, auf die Kontinuität kognitiver Eigenschaften im Tierreich hinzuweisen – auch weil die Skepsis gegenüber den menschlichen kognitiven Fähigkeiten und der Sonderrolle des Menschen eine zentrale Botschaft dieses Buches sein wird. Und nicht zuletzt, weil das Bewusstsein dafür, dass die Unterschiede zwischen Mensch und Tier stets graduell ausfallen, unsere Wahrnehmung eines der größten Probleme unserer Zeit bestimmen sollte, nämlich die der systematisch rohen Gewalt, die den sogenannten Nutztieren in unserem Namen angetan wird. Aber dieses monumentale Thema sprengt hier bei weitem den Rahmen und verdient sein eigenes Buch, zum Beispiel «Tiere Essen» von Jonathan Safran Foer.

Wir sind also Tiere, wir verhalten uns wie sie, und unser Denken und Wahrnehmen kann sich nur innerhalb derselben prinzipiellen Grenzen entwickeln wie das der Katzen und Maulwürfe. Aber es kann andererseits auch nicht geleugnet werden, dass der Mensch seine Kultur zu einem, wenn schon nicht ganz beispiellosen, so doch jedenfalls konkurrenzlos effektiven Antrieb für Innovation und Kooperation gemacht hat und damit alle anderen Tierchen weit überragt. Selbst die für sich genommen atemberaubenden Leistungen der staatenbildenden Tierweltmeister der Kooperation, Ameise, Biene, Termite und Nacktmull, müssen gegen kollektive Großprojekte wie die Pyramiden, die Mondlandung oder eine Aufführung von Verdis Requiem verblassen.

Nicht immer wirkt die Formbarkeit menschlicher Kultur freilich zum Guten. Man denke an die Möglichkeiten zur Indoktrination, für die das bekannte Zitat «Gib mir das Kind für die ersten sieben Jahre und ich gebe dir den Mann» beispielhaft stehen mag. Es wird oft dem Gründer des Jesuitenordens Ignatius von Loyola zugeschrieben, es ist aber eigentlich unklar, ob Loyola selbst der Urheber ist oder ob ein boshafter Voltaire ihm diesen Satz aus strategischen Gründen untergejubelt hat. Er drückt jedenfalls aus, dass die ersten Lebensjahre maßgeblich und unwiderruflich prägend für die gesamte restliche Existenz des Menschen sind, und das weit mehr als bei allen anderen Tieren, die in höherem Maße von angeborenen Instinkten durch ihr Leben geführt werden. Diese Formbarkeit der Kinder führt dazu, dass ältere Menschen sich fassungslos die Augen reiben, wenn sie der Jugend beim Jonglieren neuer Medien und Technologien zusehen. Was jedoch in diesen ersten Jahren schiefgeht, ist danach auch nur schwer wieder auszubügeln.

Man darf unter diesem Gesichtspunkt zum Beispiel gespannt sein, was für Menschen ans Tageslicht kommen werden, wenn die Mauern des groß angelegten sozialen Experiments Nordkorea eines Tages zu bröckeln beginnen. Der leider früh verstorbene brillante Autor Christopher Hitchens bemerkte nach einer Reise dorthin, ihm sei es vorgekommen, als bemühe sich das System Kim bewusst darum, alle skurrilen und beunruhigenden Ideen aus George Orwells literarischem Gedankenexperiment «1984» in der Realität auszuprobieren. Die Folgen des Experiments werden jedenfalls unerfreulich sein. Bienen wäre das vermutlich nicht passiert.

Als Krönung unserer kulturellen Leistungen kann man in vielerlei Hinsicht sicherlich das betrachten, was im weiteren Sinn unter den Begriff der Technologie fällt. Die Kombination aus den praktischen Methoden zum Beispiel der Ingenieurskunst und den abstrakten Erkenntnissen der wissenschaftlichen Forschung hat die Erfüllung des berühmten (und womöglich moralisch ein wenig zweifelhaften) Auftrags der Bibel in greifbare Nähe gerückt, der Mensch solle sich doch bitteschön den gesamten Planeten samt der ganzen Bewohnerskala vom Blauwal bis runter zum Pockenvirus untertan machen. Nebenbei steigern sich die Kosten für Fehlentscheidungen und kognitive Irrtümer ins geradezu Astronomische und Erbleichenmachende. Wer heute nicht an den Klimawandel glauben mag oder die Sinnhaftigkeit von Impfungen anzweifelt, riskiert Schäden an nicht nur der Menschheit, sondern gleich an der ganzen Biosphäre, und das in einer Größenordnung, die mindestens der luftigen Höhe des Turms menschlicher Errungenschaften entspricht. Wer sich infolge seiner Irrtümer von diesem Turm stürzt, dem steht jedenfalls ein weiter Weg nach unten bevor.

Und wir stürzen ja nicht nur durch eigenes Verschulden, etwa weil unser Gehirn uns Dinge plausibel erscheinen lässt, die oft nicht wahr sind und mitunter gar nicht wahr sein können. Sondern wir werden oft gestoßen. Und das ist nach der Tatsache, dass die Regeln unserer Wahrnehmung, die wir im Folgenden kennenlernen werden, uns anfällig für Irrtümer machen, die zweite große Tragödie: Die Erfindung der Kooperation und ihre zentrale Rolle in der menschlichen Kultur schließen wesentlich die Existenz jener Leute ein, die die Psychologie Psychopathen nennt, doch dazu später mehr, wenn es um das gemeinschaftliche Wahrnehmen geht.

Wie wir sehen werden, ist das Wesen der Kooperation ein Austausch von Leistungen. Die Beteiligten nehmen einen kleinen Nachteil in Kauf, damit andere einen größeren Vorteil genießen können. Aber wie wir auch sehen werden, kann es für Einzelne nützlich sein, die Vorteile solcher Kooperationen in Anspruch zu nehmen, ohne die Nachteile zu akzeptieren.

Und damit sind wir zurück bei Frankfurts Allgegenwärtigkeit des Bullshits. Weil unsere Wahrnehmung viel weniger rational und sattelfest ist, als unser Gehirn uns vormacht, und weil es Menschen gibt, die den sozialen Vertrag der Kooperation einseitig aufkündigen und stattdessen auf die Kooperation der anderen zum eigenen Vorteil setzen, wird die Quelle, aus der der Bullshit sich in stetem Strom ergießt, niemals versiegen.

Wir glauben instinktiv daran, dass ein gutes und richtiges Argument größere Überzeugungskraft habe als ein schlechtes und falsches, dass eine richtige Idee sich verbreiten müsse, dass im Großen der Weltgeschichte wie im Kleinen alltäglicher Entscheidungen der Pfeil der Entwicklung stets Richtung Fortschritt und Aufklärung zeige.

Aber was wäre, wenn das Durchsetzen einer Idee viel mehr mit Zufall und Willkür zu tun hätte als mit rationaler Abwägung? Ob im großen gesellschaftlichen Rahmen oder im allerprivatesten unserer persönlichen Wahrnehmung – was wäre, wenn schlecht begründete Meinungen und Irrtümer nicht die Ausnahme von der Regel wären, sondern die Regel selbst? Und wenn es dann noch Menschen gäbe, denen die Gesetze der Evolution und der Psychologie die Werkzeuge mitgegeben hätten, diese Schwäche unserer Wahrnehmung zu ihrem eigenen Vorteil und auf unsere Kosten auszunutzen? Dann müssten wir wohl unseren Umgang mit Ideen, mit Erkenntnis, mit Argumenten anpassen. Schon um uns selbst vor dem allgegenwärtigen Bullshitgeruch zu schützen. Ein geistiger Nasenfilter müsste her. Für den Anfang müssten wir begreifen, wie Wahrnehmung funktioniert und wie die Irrationalität in die Welt kommt.

Der große Tooby

Cathcarts Zaubertrick – richtiges Umdrehen der Karten – Kinder und Alkohol – Inflation der Illusionen und Denkirrtümer – das gekränkte Ich des Menschen – Rationalität gegen Rationalisierung

Ihr Schlüssel steckt noch nicht im Schloss, da wird die Haustür von innen geöffnet, und lautes Stimmengewirr und rhythmisch dröhnender Bass empfangen Sie. Eine Gruppe Teenager im Flur guckt erschrocken und verschwindet Richtung Wohnzimmer. Die Koffer lassen Sie an der Tür stehen und eilen ins Haus, in dem die fröhliche Party Ihrer Kinder tobt. Sie kommen einen Tag früher zurück als geplant und hatten sich die freudige Überraschung ausgemalt – obenauf im Koffer liegen die Reisemitbringsel –, aber die Wirklichkeit sieht anders aus. Während gut gelaunte Jugendliche um Sie herumwirbeln und Ihnen scheue oder besorgte Seitenblicke zuwerfen, verschaffen Sie sich einen schnellen Schadensüberblick. Nichts ist bemalt, nichts brennt, alle Möbel stehen aufrecht an ihrem Ort, es gibt keine größeren Pfützen – es könnte weit schlimmer sein. Ihre größte Sorge gilt dem Alkohol, denn im Wirrwarr der Party sehen Sie Minderjährige und ältere Jugendliche und neben Cola und Saft in den Gläsern auch Cocktails und Bierflaschen. Manche Getränke und auch das Alter mancher Gäste können Sie nicht sofort einschätzen. Sie sehen vor sich also Minderjährige und Volljährige, bei denen Sie nicht wissen, was sie da Buntes trinken, und Sie sehen Alkohol trinkende Gäste im Gespräch mit Limo trinkenden, bei denen Sie jeweils das Alter nicht einschätzen können. Welche dieser vier Gruppen müssen Sie kontrollieren, um sicher zu sein, dass hier kein Minderjähriger Alkohol trinkt und den Gesetzen von Sitte und Anstand Genüge getan ist?

Nehmen Sie sich einen Moment Zeit, blenden den Partyrummel und den Text dieses Buches aus, und Sie finden vermutlich schnell aus eigener Kraft die Lösung, noch bevor Sie sie im nächsten Absatz zur Überprüfung nachlesen.

Als Alkoholpolizei müssen Sie zweierlei kontrollieren: die Getränke der Minderjährigen und das Alter der Alkohol Trinkenden. Die anderen beiden Gruppen können Sie ignorieren, denn bei Limo Trinkenden ist das Alter egal, und wer volljährig ist, darf in Ihrem Haus selbstverständlich zu sich nehmen, was er möchte. Mit diesen einfachen Einsichten haben Sie flugs ein wenig Ordnung ins wummernde Chaos gebracht. Gratulation!

Aber bevor auch nur daran zu denken ist, irgendwem Fragen zu stellen, zieht einer der Partygäste Ihre Aufmerksamkeit geschickt auf sich. Er trägt Frack und Zylinder und wedelt mit Spielkarten, ein Hobbyzauberer wohl, der ein bisschen Partyprogramm gemacht hat. Jetzt wurde er vermutlich von Ihren Kindern geschickt, um Sie abzulenken, während in den Hinterzimmern Beweise vernichtet werden. Er hält Ihnen vier Karten vor die Nase, auf die ein A, ein K, eine Vier und eine Sieben gedruckt sind. Die Rückseiten der Karten sehen Sie nicht.

«Ich bin der große Cathcart», sagt der Magier geheimnisvoll raunend. «Alle meine Spielkarten haben auf der einen Seite einen Buchstaben und auf der anderen Seite eine Zahl. Von welchen dieser vier Karten hier müssen Sie sich die Rückseite ansehen, um zu überprüfen, ob eine gerade Zahl immer einen Vokal auf der anderen Seite hat?»

Ein ziemlich lahmer Trick, finden Sie. Eigentlich ist es noch nicht mal ein Trick, sondern mehr eine Frage. Sie sind jetzt aber tatsächlich gründlich abgelenkt, denn diese Aufgabe fühlt sich seltsam glitschig und verwirrend an, und Sie sind doch sonst so stolz auf Ihren Durchblick. Sie haben doch wohl nicht versehentlich Alkohol getrunken im vorigen Absatz?

«Wenn Sie mir jetzt eine falsche Antwort geben», sagt der große Cathcart, der vielleicht Ihre Fahne wittert, «dürfen Sie wegen der Party nicht sauer sein.»

Das macht das Problem gewichtig, und sofort sind Sie noch mehr verunsichert. Es wird Sie vielleicht beruhigen, dass Sie mit dieser Verunsicherung nicht allein dastehen. Dieser Kartentrick wurde zuerst 1966 von Peter Cathcart Wason vorgestellt. Wason war kein Magier, sondern etwas ganz Ähnliches, wenn auch ganz anderes: Er war experimenteller Psychologe.

Weniger als zehn Prozent seines Publikums fanden damals die richtige Antwort.[9] Aber wir wollen jetzt nicht noch mehr Druck ausüben, sonst trüben sich Ihr Denkvermögen und ihre Wahrnehmung womöglich völlig ein. Können Sie diese Zeilen überhaupt noch entziffern? Gut.

Nehmen Sie sich alle Zeit der Welt, atmen Sie ruhig und gleichmäßig und finden Sie Ihre Antwort. Welche Karte oder Karten müssen Sie umdrehen? Der große Cathcart schaut Sie erwartungsvoll an, zwirbelt sich den angeklebten Schnurrbart und wartet ebenso geduldig auf Ihre Antwort wie diese Buchseite. Haben Sie eine Antwort? Wunderbar. Weiter also im Text.

Die meisten Teilnehmer des Experiments, denen diese Frage gestellt wurde, wollten die Rückseite der Karte mit der Vier sehen und hatten damit natürlich völlig recht. Denn wenn diese Karte auf der Rückseite keinen Vokal hätte, wäre die Regel verletzt. Sie müssen aber noch eine zweite Karte umdrehen, und zwar – für viele überraschend – das K. Wenn Sie das herausgefunden haben, gehören Sie zur winzigen Minderheit. Umdrehen müssen Sie es, weil die Regel auch verletzt wäre, wenn das K auf der anderen Seite eine gerade Zahl trüge, denn das K ist kein Vokal. Die Rückseite der Karte mit der Sieben ist egal, denn über Karten mit ungeraden Zahlen sagt die Regel überhaupt nichts aus. Und die Rückseite des A ist überraschenderweise aus demselben Grund egal. Denn wenn dort eine gerade Zahl steht, ist die Regel erfüllt. Steht dort aber eine ungerade Zahl, dann gilt dasselbe wie bei der Sieben: Über Karten mit ungeraden Zahlen sagt die Regel nichts aus.

Die größte Überraschung des Ganzen kommt aber jetzt.

Stellen Sie sich vor, wir ersetzen auf den Karten die Vokale durch Wassergläser, die Konsonanten durch Schnapsgläser, die geraden Zahlen durch das Bild eines Kindes und ungerade Zahlen durch das Bild eines Erwachsenen. Aus der ursprünglichen Regel des großen Cathcart «Alle Karten mit einer geraden Zahl haben einen Vokal» wird unsere Partyregel «Alle Kinder trinken Alkoholfreies». Die beiden Logikprobleme, jeweils die Paare zu finden, die diese Regel verletzen, sind also im Aufbau völlig identisch.

1992 stellten die Psychologen Leda Cosmides und John Tooby die Spielkartenstudie ihres Kollegen Wason nach, fügten dem Ganzen aber die Fragenvariante mit dem Alkohol auf der Party hinzu.[10] Sie befragten Universitätsstudenten, die auf Wasons Originalversion der Frage mit den Buchstaben und Zahlen zu immerhin etwa 25 Prozent richtig geantwortet hatten. Ging es nun aber darum, minderjährige Trinker auf Partys aufzuspüren, stieg der Anteil der richtigen Antworten auf beeindruckende 75 Prozent. Und noch mal zur Unterstreichung, weil es gar so erstaunlich ist: Das zugrunde liegende logische Problem ist in beiden Fällen genau dasselbe.

Woher der große Unterschied in der Lösung zweier eigentlich identischer Probleme kommt, darüber herrscht in der Fachwelt auch mehr als fünfundzwanzig Jahre nach der Studie von Cosmides und Tooby keine Einigkeit. Aber ihre Beobachtung selbst, dass unsere Fähigkeit, ein logisches Problem zu lösen, von Umständen beeinflusst wird, die eigentlich gleichgültig sein sollten, ist unstrittig. Oder, kurz gesagt: Unser logisches Denken ist lange nicht so abstrakt, wie wir das gern glauben möchten.

Diese Erkenntnis ist ernüchternd (jedenfalls für die Erwachsenen, die zuvor von der enormen rationalen Kraft des menschlichen Geistes berauscht waren. Die Kinder waren ohnehin schon immer nüchtern) und fügt sich ein in eine lange Reihe ähnlicher Einsichten über die Beschränkungen der menschlichen Denkfähigkeit. Eine Reihe, die in den letzten Jahrzahnten so lang geworden ist, dass sie bis jenseits unseres geistigen Horizontes zu reichen scheint und dort in einem Nebel verschwindet.

Nehmen Sie nur die beiden unterhaltsamen Bestseller des Schweizer Autors Rolf Dobelli, «Die Kunst des klaren Denkens» und «Die Kunst des klugen Handelns», und Sie haben sogleich zweimal 52 dekorative Denkfehler und Irrtümer zur Hand. Wer der psychologischen Fachliteratur folgt, entdeckt kontinuierlich neue Arten und Weisen, wie unser Gehirn sich zu irren in der Lage ist. Seit 2005 gibt es einen jährlichen Wettbewerb, bei dem Wissenschaftler neue, noch nicht beschriebene Sinnestäuschungen einreichen können und das Publikum über die jeweils beste neue Täuschung abstimmt. Jedes Jahr finden sich beim *Best-Illusion-of-the-Year*-Wettbewerb immer wieder verblüffende Effekte. Die Arbeiten des japanischen Mathematikers und Künstlers Kokichi Sugihara etwa wurden seit Beginn des Wettbewerbs vier Mal prämiert. Eine seiner Skulpturen scheint aus vier abschüssigen Rinnen zu bestehen, die, so wirkt es, die Regeln der Schwerkraft aufheben: Egal wo in diesen Rinnen man eine Kugel ablegt, sie rollt vermeintlich nach oben, zur höchsten Stelle der Skulptur. Eine andere Arbeit Sugiharas besteht aus stehenden Röhren mit scheinbar kreisförmigen Querschnitten, die in einem dahinter stehenden Spiegel jedoch quadratisch aussehen. Dreht man die Zylinder um 180 Grad, sehen sie quadratisch aus, und ihr Spiegelbild wird rund. Wenn Sie das nicht glauben wollen, sehen Sie sich die Videos an.[11]

Und wenn Sie schon einmal die blau-gelb gestreifte Spirale gesehen haben, die sich immer dort zu bewegen scheint, wo man gerade nicht hinsieht, dann kennen Sie eine der vielen Designstudien von Akiyoshi Kitaoka, der Psychologieprofessor in Tokio ist und ganze Bücher mit fantastischen, wahrnehmungsverbiegenden Grafiken gefüllt hat. Der Vorrat noch unentdeckter Wahrnehmungsillusionen scheint offenkundig unerschöpflich zu sein, und alles Neue, das wir über unsere Wahrnehmung lernen, führt nur zu weiteren Möglichkeiten, wie sie sich aushebeln lässt.

Als Sigmund Freud einst postulierte, dass der Teil unseres Selbst, den er das «Ich» nannte, unser bewusstes Erleben, nur eines von vielen Elementen der Steuerung unseres Verhaltens ist und womöglich noch nicht einmal das wichtigste, bezeichnete er diese Einsicht bescheiden als die «dritte Kränkung der Menschheit». Er stellte seine These, dass das Unbewusste triebhaft unser Verhalten steuert – dass also «das Ich nicht Herr sei in seinem eigenen Haus»[12] – in eine Reihe mit der Erkenntnis des Kopernikus, dass die Erde nicht im Mittelpunkt des Universums stehe, und mit der Darwins, dass der Mensch keineswegs Krone der Schöpfung sei, sondern nur ein Tier unter vielen, das Produkt derselben evolutionären Prozesse wie Molch und Lurch.

Aber selbst nach diesen drei Kränkungen blieb uns sprachbegabten Schimpansen noch eine Menge Selbstvertrauen. Die Vorstellung vom haarlosen nackten Affen Mensch als einer rationalen Denkmaschine drückt sich auch in seinem sich selbst verliehenen Gattungsnamen Homo sapiens aus, mit dem sich dieser «weise Mensch» seiner Denkfähigkeit und Weisheit wegen eine Medaille an die Brust heften möchte. Die eitle Gattungsbezeichnung ist übrigens nicht nur deshalb ein Irrtum, weil menschliche Rationalität ein flüchtiges, ätherisches Gebilde ist und der Mensch in der Praxis oft weit von dem entfernt, was wir unter Weisheit verstehen. Die Klassifizierung scheint auch biologisch recht fragwürdig zu sein, weil der Mensch gar nicht sinnvoll als eigene Gattung zu definieren ist. Genetisch gehört er gemeinsam mit seinen beiden nächsten Verwandten, den echten Schimpansen (Pan troglodytes) und den Bonobos (Pan paniscus), zur Gattung der Schimpansen. Eigentlich, so argumentiert jedenfalls der Evolutionsbiologe Jared Diamond in seinem Buch «Der dritte Schimpanse», müssten wir Menschen «Pan Homo» heißen und uns bescheiden unter unsere Geschwister einreihen. Es täte uns sicherlich gut.

Sich ein System auszudenken, in das alles Lebende einsortiert werden soll, um endlich Ordnung zu schaffen im Wirrwarr der Natur, und sich dann aus Eitelkeit selbst aus diesem System wieder herauszunehmen – ist nicht das alleine schon der beste Beleg dafür, dass mit dem kognitiven Apparat dieses Ausnahmeaffen nicht alles zum Besten steht? Sein Gehirn erlaubt ihm nicht, tatsächlich rational und objektiv zu sein. Zugleich aber sorgt es dafür, dass der Mensch sich trotzdem für rational und objektiv *hält*. Und diese grundlegende Irrationalität, bei gleichzeitig unerschütterlichem Glauben an die objektive Wahrheit und Beweisbarkeit der eigenen falschen Meinung, bildet den harten Kern vieler Probleme, denen der Mensch als Einzelner und die Menschheit insgesamt auf allen Ebenen, vom Partnerschafts- und Familienstreit bis hin zum internationalen Konflikt und zur Klimakontrolle, gegenübersteht.

In der Psychologie ist schon länger bekannt, dass Menschen, die sehr fest von etwas überzeugt sind, auf Beweise des Gegenteils selten so reagieren, wie wir das erwarten würden. Nehmen wir zum Beispiel einen Anhänger der unterhaltsamen Theorie, dass die Erde keine abgeflachte Kugel, sondern eine Scheibe sei. Schon im antiken Griechenland konnte man die ungefähre Kugelform der Erde ableiten, indem man sich die Daten der Landvermesser (griechisch: Geometer) genau ansah. Die Summe der Winkel in einem Dreieck, das wir mit einem Stock in flachen Sand zeichnen, beträgt immer 180 Grad. Auf einer gebogenen Oberfläche stimmt das aber nicht mehr, dort haben alle Dreiecke eine Winkelsumme über 180 Grad, und die Geometer Griechenlands stellten beim Vermessen der Olivenhaine nebenbei fest, dass die Winkel in größeren Dreiecken auf der Erdoberfläche sich immer zu über 180 Grad addierten, dass also die Erdoberfläche gebogen sein muss. Die Griechen waren sogar in der Lage, aus der Größe der Abweichung den Erddurchmesser zu berechnen, und kamen der richtigen Antwort mit dieser Methode recht nahe.

Wenn man das nun Menschen erklärt, die an die Scheibengestalt der Erde glauben möchten, dann kratzen sie sich nicht nachdenklich am Kinn, und nach einer kleinen Denkpause sagen sie nicht: «Das ist interessant; wenn die Innenwinkelsumme von Dreiecken auf der Erdoberfläche immer mehr als 180 Grad beträgt, dann leben wir ja auf einem Ball, da muss ich wohl meine Haltung noch einmal überdenken.» Stattdessen finden sie kreativ überzeugende Gründe dafür, warum das scheinbare Gegenargument in Wahrheit ein Beweis für die Richtigkeit ihrer Meinung ist: Der ganze Rest der Welt kann eben nicht richtig rechnen oder ist Teil einer Verschwörung, die die Wahrheit geheim halten möchte. Überzeugend ist das freilich nur für den, der es ohnehin glauben möchte, für alle anderen ist der Irrtum offensichtlich.

Der Prozess, sich für Dinge, die man glauben möchte, haltlose Gründe und Argumente zurechtzulegen, heißt Rationalisierung – und ist das Gegenteil von Rationalität. Er stellt eine Simulation echter Rationalität dar, und gleichzeitig liegen beiden Denkhaltungen eng beieinander.

Warum glauben so viele an ein breites Spektrum skurriler Theorien, das vom bloß Bizarren zum gründlich Gefährlichen reicht? Wieso ist es so einfach, uns von Dingen zu überzeugen, die dem sogenannten gesunden Menschenverstand zuwiderlaufen und die uns selbst und anderen schaden? Ein erster Hinweis liegt womöglich schon im Begriff des gesunden Menschenverstandes, denn bei näherem Hinsehen ist vieles von dem, was uns unsere Instinkte und unser Bauchgefühl über die Welt mitteilen, irreführend und falsch. Unsere Instinkte wurden naturgeschichtlich getrimmt auf eine überschaubare Welt, sowohl geographisch wie sozial. Eine kleine Gruppe von Menschen musste sich in einer feindlichen Umwelt miteinander arrangieren, und ein reibungsloses Sozialleben war oft wichtiger als zutreffende Welterkenntnis.

Und während der Mensch es um des lieben Friedens willen mit der Wahrheit nicht allzu genau nahm, musste er sich gleichzeitig seiner Entscheidungen und Überzeugungen sicher sein, denn schlimmer als eine falsche Entscheidung ist es in Krisensituationen oft, zu lange zu zögern. Auch wer vor dem Säbelzahntiger bergaufwärts flieht und dadurch langsamer vorankommt, hat eine größere Chance als der, der gelähmt im Dschungel steht, während er Argumente für die richtige Fluchtrichtung wägt. Das bedeutet, dass wir, obwohl viele unserer Urteile und Wahrnehmungen fehlerhaft oder irregeleitet sind, trotzdem dazu neigen, die Wahrnehmungen für zutreffend und die Urteile für rational zu halten. Wir überschätzen systematisch unsere eigene Zurechnungsfähigkeit.

Wirtschaftswissenschaftler dachten beispielsweise lange

Zeit, der Mensch sei als rationaler Akteur gut zu beschreiben. Setzt man diesen fiktiven Modellmenschen in eine Modellsituation, dann tut er das, woraus er persönlich den größten Vorteil zieht. Aus dem Zusammentreffen vieler solcher rationaler Akteure in einem komplexen Modell entstehen dann Modelle ganzer Wirtschaftssysteme – so glaubte man.

Ultimatum spielen

Donald bestraft Gustav – Vernunft und die Wahrnehmung von Vernunft

Dem widersprechen allerdings die Ergebnisse des sogenannten Ultimatum-Spiels, das ein Team von Psychologen 1982 entwickelte.[13] Hier treten zwei Spieler zu einer interessanten Kombination aus Wettstreit und Zusammenarbeit an. Der eine Spieler, nennen wir ihn Gustav, kommt durch ausgesprochen glückliche Umstände in den Besitz von hundert Talern. Allerdings bekommt er das Geld nicht direkt zu seiner freien Verfügung, sondern muss zuerst dem zweiten Spieler, der Donald heißen mag, ein freundliches Angebot machen, wie diese hundert Taler zwischen ihnen beiden aufzuteilen seien. Akzeptiert Donald das Angebot Gustavs, ist es ausgemachte Sache. Lehnt Donald das Angebot aber ab, bekommen weder er noch Gustav etwas, und die hundert Taler fallen klimpernd zurück in den Geldspeicher des Experimentators Dagobert.

Die klassische Wirtschaftstheorie hätte nun argumentiert, dass Donald jedes Angebot annehmen muss, das von null verschieden ist. Denn auch wenn er nur einen einzelnen Taler bekäme, ist das immer noch besser als gar kein Taler. Die rationale Lösung für die beiden Spieler, so musste es nach dieser Logik erscheinen, ist also: Gustav behält 99 Taler für sich und bietet Donald einen Taler an. Donald freut sich über seinen Zugewinn und akzeptiert. Damit wäre das Spiel zwischen Gustav und Donald so beendet, wie man das aus Entenhausen kennt.

Diese Vorhersage rationalen Verhaltens hat aber interessanterweise nichts mit dem zu tun, was Menschen wirklich tun, wenn man statt der ausgedachten Enten sie in diese Situation bringt. Die erste Überraschung war, dass die Teilnehmer in der Rolle von Gustav Gans zwar tatsächlich mehr vom unverhofften Schatz für sich behielten, als sie dem anderen Mitspieler anboten. Sie lagen aber weit entfernt von der vorhergesagten Teilung von 99 zu 1. Die im Schnitt vorgeschlagene Teilung lag ungefähr bei 60 zu 40 und damit recht nahe bei einem fairen 50–50-Deal.

Der Grund für die unerwarteten Angebote war die zweite, womöglich noch größere Überraschung: Wurden dem menschlichen Donald vom menschlichen Gustav weniger als ungefähr dreißig Taler angeboten, lehnte Donald nämlich die Aufteilung in der Regel ab. Mit anderen Worten war Donald bereit, Gustav für die Ausnutzung seiner Machtposition zu bestrafen, obwohl er sich damit selbst empfindlich schadete. Bei einer vorgeschlagenen und dann abgelehnten Teilung von 75 zu 25 ist der Teilnehmer in der Rolle Donalds ja effektiv bereit, 25 Taler dafür zu opfern, dass der übertrieben gierige Gustav leer ausgeht. Der Mensch, so schien es, handelt in solchen sozialen Zusammenhängen wider Erwarten nicht wie ein rationaler Akteur oder eine Comicente, sondern schadet seinen eigenen Interessen.

Dieser Deutung liegt jedoch ein Missverständnis zugrunde. Bei näherer Betrachtung ist die Angelegenheit ein wenig komplizierter. Denn die Annahme, es sei rational und vernünftig, in jeder Situation den höchstmöglichen Gewinn anzustreben, erscheint uns vielleicht auf den ersten Blick einleuchtend, sie ist aber zumindest fraglich und ziemlich sicher sogar falsch. Denn es gibt einen wichtigen Aspekt des Ultimatum-Spiels, den wir aus den Augen lassen, wenn wir uns einfach nur die Gewinne in den jeweiligen Runden ansehen. Und zwar treffen sich Menschen im Alltag nicht nur einmal für eine einzelne Runde Ultimatum und sehen sich danach nie wieder. Stattdessen treffen sie immer wieder aufeinander, in immer neuen Situationen, in denen Geben und Nehmen sowie Verhandlungen eine Rolle spielen. Wie sich Gustav und Donald in der Vergangenheit zueinander verhalten haben, hat klaren Einfluss auf ihr Verhalten in Gegenwart und Zukunft. Unter solchen Umständen kann man den für die Bestrafung in Kauf genommenen Verlust als Investition in die Zukunft begreifen. Sie wird sich auf lange Sicht auszahlen, weil der andere Spieler in den kommenden Spielrunden fairere Teilungen vorschlägt. Es kann also durchaus rational sein, sich kurzfristig scheinbar irrational zu verhalten, um langfristig den Ertrag zu steigern.

Welches Teilungsverhältnis sich in den späteren Spielrunden einpendelt, hängt davon ab, was Donald seinem Gegenspieler Gustav gerade eben noch durchgehen lässt. Würde Donald beispielsweise alle Angebote strikt ablehnen, bei denen Gustav ihm weniger als 70 der 100 Taler zuteilt, hätte Gustav keine Wahl, als diese für ihn ungünstige Teilung tatsächlich vorzuschlagen, wenn er nicht seinerseits ständig leer ausgehen will. Die menschliche Psychologie ist in der Praxis allerdings auf eine weitgehend faire Teilung ausgerichtet, mit einer leichten Bevorzugung des Spielers, der die Kontrolle über die Höhe der Teilung hat. Dieser Umstand rechtfertigt das Verhalten von Donald und Gustav als langfristig rational und rettet den Grundgedanken, dass nämlich menschliche Entscheidungen eben rational organisiert sind.

Interessant an dieser ganzen Angelegenheit ist, dass hier zwar das reale Verhalten der Menschen vernünftig ist, aber ihr Gefühl dafür, wie vernünftiges Verhalten aussehen sollte, dem widerspricht. Was sagt es über unsere Wahrnehmung und unsere Entscheidungsprozesse aus, dass wir es als vernünftig empfinden, uns in wirtschaftlichen Interaktionen mit jedem Gewinn zufriedenzugeben, egal wie niedrig er auch sein mag. Dass wir uns dann aber in den entsprechenden Situationen anders – und kurioserweise im langfristigen Ergebnis vernünftiger – verhalten? Im Detail wird diese Frage komplex und kontrovers diskutiert. Fürs große Bild können wir aber an dieser Stelle festhalten, dass tatsächliches rationales Verhalten und das Gefühl dafür zwei recht unterschiedliche Dinge sein können.

Um zu begreifen, wie das möglich ist und welche Funktion diese Zweiteilung in unserem Seelenhaushalt erfüllt, müssen wir zunächst einen Ausflug in die Naturgeschichte, zu den Ursprüngen und Grundlagen der Wahrnehmung machen. Unsere Wahrnehmungsorgane sind, wie alle Teile lebender Organismen, seit Jahrmillionen den Prozessen und Regeln der Evolution unterworfen. Wer also die Gesetze der Wahrnehmung verstehen will, muss zuerst die Gesetze der Evolution verstehen. Woher kommt das Leben, und was ist es? Was sind und was sollen Wahrnehmung und Erkenntnis sein und leisten? Und was genau ist in diesem Zusammenhang eigentlich rationales Verhalten?

Und da stellen wir uns mal dumm und fangen ganz am Anfang an. Wir machen einen großen Schritt in die frühe Küche der Natur und werfen dort einen Blick auf die Vorgänge, die den damals noch lebensleeren Planeten mit Bärentierchen, Bilchen und Bartenwalen füllen sollten.

Spitzen Sie die Löffel und folgen Sie mir bitte auf den verschlungenen Weg vom Urknall zur Ursuppe.

WAHRNEHMEN FÜR ANFÄNGER: AUGEN AUF IN DER URSUPPE

Vom Knall zum Leben

Ein Haufen Dreck organisiert sich – die Minute vor dem Silvester der Erdgeschichte – ein Jemand hebt sein Köpfchen

Im Anfang war ein Riesenknall, in dem das Nichts sich selbst wegsprengte und ein ganzes Universum in die frei gewordene Existenz hineinkrachen ließ. Dieser Urknall ereignete sich aus bis heute selbst für die größten Feuerwerksexperten in der Astrophysik unklaren Gründen. Vielleicht musste es so kommen, weil, wie François Rabelais sagte, die Natur die Leere verabscheut, vielleicht aber war die Entstehung des Universums auch einfach ein Zu- oder sogar ein kosmischer Unfall.

Den Umstand dieser Unklarheit nutzen naturwissenschaftlich gebildete Menschen mit Neigung zur Religiosität gerne, um den Schöpfergott in ihr ansonsten empirisches Weltbild zurückzuschmuggeln. Dieses Verhaltensmuster, auf eine Situation, die durch Unsicherheit und Unklarheit bestimmt wird, mit nicht beweisbaren Behauptungen zu reagieren, wird uns noch öfter begegnen; es ist einer der Mechanismen, die uns so oft in die Irre führen. An dieser Stelle soll rasch die Teekanne des Philosophen Bertrand Russell erwähnt werden. Russell erklärte, dass die Behauptung, eine einzelne Teekanne kreise zwischen Erde und Mars um die Sonne, noch lange nicht zuträfe, nur weil sie nicht widerlegbar sei. Vielmehr sei sie offensichtlicher Unsinn. Denn die Beweislast liegt nicht bei dem, der eine bemerkenswerte Behauptung widerlegen will, sondern bei jenem, der sie aufstellt. Auch dieses Gegengift wird uns wieder begegnen.

Das frisch dahergeknallte Universum war also wüst und lebensleer, ein heißes Gemisch aus flirrender Energie und Quantenschaum, durchzogen vielleicht von Superstrings mit eingerollten Dimensionen, aber auch da ist sich die heutige Physik nicht ganz einig, vielleicht ist die Superstringtheorie auch Käse. Uns interessieren diese Details ohnehin wenig. Wir springen direkt vom Knall drei ereignisreiche Minuten in die Zukunft. Das ist zufällig genau der Zeitraum, den Steven Weinberg in seinem Buch «The first three minutes» beschreibt und in dem Sie unterhaltsam nachlesen können, was Ihnen hier verschwiegen wird. Aus Quantenschaum und Plasma sind nach diesen drei Minuten die Kerne von Wasserstoff- und Heliumatomen geworden, das Universum selbst zu einer Art riesigem, selbstaufblasendem Raumzeitballon. Sollte daran eine Postkarte hängen, die Aufschluss über den Aufbläser und Absender gibt, dann haben wir sie noch nicht gefunden.

Aus der schwirrenden Materie in dieser Raumzeitblase bildeten sich erste Sterne, in denen die Gase zunächst noch konfus durcheinander wirbelten. Aus Konfusion wurde Kernfusion, und es wurde Licht. Die Sterne fingen vor Übermut an, atomar zu brennen und zu strahlen. Vor Zuneigung glühend zogen sie einander an, rotteten sich zu Sternhaufen, Galaxien und Superclustern zusammen und umkreisten dabei hell eine gemeinsame Mitte. Unter ihren fluffigen Gasschalen erbrüteten sie sich einen harten Kern, den die größeren und dickeren unter den Sternen mit großem Getöse in der näheren und weiteren Umgebung verteilten, wenn sie auf dem Höhepunkt ihrer Existenz als Supernovas explodierten.

(Eigentlich explodierten sie als Supernovae, aber man soll nicht so viel ae schreiben, das wirkt zögaerlich).

Eine aus unserer Sicht erfreuliche Beschäftigung, denn dank dieser Sternenwurfgeschosse, aus denen sich viel später die Planeten samt all ihren Insassen formten, gibt es heutzutage nicht nur die Babyklassenelemente Wasserstoff und Helium, sondern auch die Atome fortschrittlicherer Elemente und aus eben diesen Atomen gemachte Gefäße, die man mit Wasserstoff und Helium füllen kann. Gefäße wie das berühmte Luftschiff Hindenburg oder Gasballons in Form von, oh, riesigen Seekühen zum Beispiel.

Es gibt, den schönen Elementen sei Dank, gute Restaurants, Zierfischzeitungen und leider auch Modeschmuck und Kommissar Tschiller aus dem Tatort. Und auch dieses Buch hier oder die schöne Sammlung mit Elementgeschichten von Florian Werner, «Helium und Katzengold», kann es nur geben, weil selbstlose Sterne erst den Kohlenstoff für die Druckfarbe ausgebrütet und sich dann als Supernovae (wenn's denn dem Humanismus dient) für seine Verbreitung geopfert haben. Die Presse- und Verlagsfreiheit wurde in einer überraschend langen Tradition den unbeseelten Dingen abgetrotzt, ebenso wie alles andere Nützliche, das uns umgibt. Die Anhänger traditioneller Buchkultur werden übrigens gerne hören, dass auch das frühe Universum sich für Papierbücher ins Zeug legte, nicht für E-Books, weil die ja bekanntlich vollständig aus Elektronen bestehen und keine ordentlichen Elemente enthalten. Dubioses Zeug.

All dieses Erfinden toller Elemente klingt komplex und klug und vielleicht sogar nach vorausschauender Planung, aber machen wir uns nichts vor: Dieses frühe Universum war strikt mechanisch, und niemand darin war sonderlich schlau oder dumm, rational oder irrational. Weder kluges noch dummes Verhalten war schon erfunden. Noch nicht mal ans Erfinden selber war damals schon zu denken gewesen, denn auch was Denken anging: Fehlanzeige. Paradoxerweise fehlten sogar Fehlanzeigen. Sie erkennen das Muster. Für all das brauchte es erst das sogenannte Leben mit all den kuriosen Blüten, die es so treiben würde. Die Entwicklung dieses Lebens dauerte allerdings etwas länger als drei Minuten – vor allem weil Entwicklungen ohne ein zuständiges Entwicklerteam noch unfassbar langsamer ablaufen als mit einem solchen Team und regelmäßigen Meetings.

Und das *unfassbar* meine ich dabei durchaus wörtlich: Für die Erfassung der Zeiträume, in denen sich diese Entwicklungsvorgänge abspielen, sind wir intuitiv nicht ausgestattet. Wir können sie buchstäblich kognitiv nicht erfassen. Ein Zeitraum von drei Minuten stellt kein Problem dar, das messen wir einfach in Frühstückseiergarzeiten oder Bruchteilen von Zugverspätungen, aber drei Milliarden Jahre? Bei allem Schimpfen über die Deutsche Bahn: Das wären selbst auf den schlimmsten Strecken unerreichbare Spitzenwerte. Warum nicht gleich drei Erika Fuchs'sche Fantastilliarden, das ist in unserem Kopf ohnehin nahezu dasselbe. Staun! Für astronomische und geologische Zeiträume wird gern die Analogie mit dem letzten Sekundenbruchteil eines ganzen Jahres herangezogen: Wenn die gesamte Erdgeschichte ein Jahr lang wäre, dann spielte sich die aufgeschriebene Geschichte der Menschheit ungefähr in der letzten Minute ab.

Auch diese Analogie macht die wirkliche Größenordnung nicht begreifbar, sie tut aber etwas Schwächeres und vielleicht Interessanteres. Sie macht die Unbegreifbarkeit selbst greifbarer. Wir haben zwar noch immer kein Gefühl dafür, wie sich zehntausend Jahre zu drei Milliarden Jahren verhalten, aber wir haben immerhin ein Gefühl dafür, dass mit unserem Gefühl dafür etwas nicht so ganz stimmen kann.

Und das ist, in gewissem Sinn, der rote Faden dieses Buches. Denn in allen Bereichen der Wahrnehmung und des Denkens sind wir unvollkommen. Das ist nicht einmal ein Mangel, sondern, wie wir sehen werden, ein notwendiger Teil des Ganzen. Und das Beste, was wir uns erhoffen können, ist nicht die perfekte Wahrnehmung und der messerscharf klare Gedanke, sondern das Bewusstsein für die Grenzen. Das aus dem leichten Unwohlsein geborene Misstrauen gegenüber den eigenen Sicherheiten.

Aber genug davon, denn bevor wir irgendwelchen Lebewesen schlaue Ratschläge mit auf den Weg geben können, müssen sie erst einmal entstehen. Überlassen wir also dieses Universum voller Gerümpel und Gas für einen unvorstellbar langen Zeitraum sich selbst: ein paar Milliarden Jahre. Und halten wir ruhig das Gefühl fest, dass wir keine gute Vorstellung davon haben, wie lang das eigentlich ist.

Währenddessen schwirren große Steinbatzen um glühende Gaswolken, kleinere Steinbatzen kreisen um die größeren, Dinge schmelzen, Dinge gefrieren, Dinge rumpeln geräuschvoll (oder mangels einer Atmosphäre eher lautlos) in andere Dinge rein und zerbröseln dabei. Eine schier endlose, maschinesk vor sich hinrappelnde Tanzveranstaltung stumpfer Materie, bis dann endlich etwas, oder sagen wir ruhig: ein Jemand, ein kleines Persönchen oder eine zwielichtige Figur, das Köpfchen aus dem Urschlamm erhebt. Ein Jemand, der oder die prinzipiell in der Lage wäre, sich alles anzusehen und es dann grundfalsch zu beurteilen. Ein geradezu monumentaler Moment, der sich da, von niemandem beobachtet, ereignet hat. Endlich ist das sogenannte Leben da!

Im Verhaltensrepertoire von Steinen, Monden, Sonnen

und Gasen kommen Irrtum und Fehler so wenig vor wie das Rechthaben. Für das Leben aber sind sie, neben den üblichen Eigenschaften wie Stoffwechsel, Reproduktionsfähigkeit und Reaktion auf die Umwelt, Teil der grundlegenden Definition. Dieser Definition zufolge ist Leben, wenn Zeug aus Supernovaleichen sich selbst zu Batzen und Ballen organisiert, sich anderes Zeug aus Supernovaleichen gegen dessen Willen einverleibt und dann unbrauchbare Teile des Einverleibten gegen den Willen der Umwelt geräuschvoll wieder ausscheidet. Aus dem einbehaltenen Rest machen die Ballen und Batzen neue Batzen und Ballen und haben während all dessen keinen blassen Schimmer, wo sie herkommen, wo sie hingehen und was eigentlich los ist. Ein paar dieser Batzen glauben, 42 sei die Antwort, aber auch das ist natürlich falsch. Beziehungsweise die Antwort auf eine Frage, die noch gar niemand gestellt hat.

Das alles klingt ein bisschen nach übler Nachrede. Die Überraschung dabei ist, dass diese Schimmerlosigkeit des Lebens kein Designfehler ist: Irrtümer und sogenannte Illusionen sind kein Versagen der Wahrnehmung, sondern ein wichtiger Teil ihrer Natur. Wer diesem Gedanken historisches Gewicht verleihen will, kann den lateinischen Merkspruch des einflussreichen spätmittelalterlichen Scholastikers Gaius Scriptor aus seinem Hauptwerk zitieren: *Percipere est errare,* deutsch ungefähr «Wahrnehmen heißt Irren». Aber das wäre reichlich unseriös, denn erstens gab es überhaupt keinen Gaius Scriptor, das ist nur eine sehr ungelenke und alberne Latinisierung meines eigenen Namens. Und zweitens wird eine Sache ja nicht dadurch richtiger, dass man sich bei einer Autorität Unterstützung holt. Das gilt auch und sogar ganz besonders für Autoritäten, die sich hinter exotischen Fachsprachen wie Latein oder Mathematik verschanzen.

Wenn aber das Irren fest im Fundament des Wahrnehmungsapparats verbaut ist, dann ist richtig zu liegen wohl eher eine Ausnahme im Kosmos. Das Erreichen dieser Ausnahme erfordert zudem erhebliche Anstrengungen und Mühen, denn obwohl alle Wahrnehmung auf tönernen Füßen steht, gibt es sehr gute Gründe, warum unser Gehirn uns das verschweigen will. Und ein wenig paradox gibt es auch sehr gute Gründe dafür, unser Gehirn genau daran zu hindern. Gegen das eigene Hirn und die eigene Körperlichkeit anzuarbeiten ist jedoch kein leichtes Unterfangen. Das kennen wir bestens von unseren vergeblichen Anläufen, etwas abzunehmen oder mit dem Rauchen aufzuhören – und eben vom Versuch, nicht mehr direkt auf jeden Blödsinn reinzufallen. Konflikte von Organismen mit sich selbst sind oft die am schwersten auszufechtenden, das gilt für Amöben ebenso wie für den Menschen. Und Anstrengung ist etwas, das dieses neu entstandene Leben so weit wie möglich vermeidet.

Damit wir verstehen können, wieso das alles so ist, müssen wir uns nun endlich genauer ansehen, woher dieses Leben in seiner skurrilen Vielfalt aus Pantoffeltierchen und Schuhlöfflern, aus Ameisenlöwen, Ameisenbienen und Ameisenigeln überhaupt kommt. Wie konnte sich ein derartig herrliches Gewimmel aus einem Haufen Sternenauswurf entwickeln?

Und vor allem: Welchen Regeln und Beschränkungen waren und sind die Eigenschaften und das Verhalten der Organismen dabei unterworfen gewesen? Was formte all diese wunderbaren Körper?

Vampirfinken greifen an

Das Wimmelbild der Natur – Spechtfinken, Vampirfinken und Flöten – Opfer Tölpel – Kopierfehler als Fortschrittstreibstoff – Komplexität ist kein Ziel – Überleben und Perfektion sind nicht dasselbe – Vögel aus Schweinen bauen

Unser Verständnis für die an dieser Formung beteiligten Kräfte ist eine nicht nur nach geologischen Maßstäben extrem junge Errungenschaft. Die Entwicklung der Wissenschaft vom Leben spielt sich, wie alle unsere Zivilisationsleistungen, in den letzten paar Sekunden am Silvesterabend der Erdgeschichte ab. Aber auch im Maßstab der menschlichen Geistesgeschichte hat es erstaunlich lange gedauert, bis die simple Frage beim Betrachten des Wimmelbildes der Natur – Wie kommt's? – eine Antwort bekam, die nicht frei ausgedacht und dann mit Autorität durchgesetzt wurde. Eben eine wissenschaftliche Antwort anstelle einer dogmatischen.

Diese Wissenschaft der Entwicklung des Lebens hat, unserer kollektiven Sehnsucht nach genialen Gründungsfiguren zum Trotz, eine Vielzahl von Urhebern. Das oft zur Inspiration und zur sinnhaften Verbildlichung des kollektiven Fortschrittsprojekts hervorgekramte Newton-Zitat «*If I have seen further it is by standing on the shoulders of giants*» (Wenn ich weiter gesehen habe, dann weil ich auf den Schultern von Riesen stand) transportiert eine sehr wichtige Einsicht in die Natur großer Erkenntnisse, die ja ohne Vorarbeiten unmöglich und undenkbar wären. Das Zitat hat die zusätzliche kleine Pointe, dass es, Sie ahnen es, gar nicht von Newton stammt, sondern viel älter ist, nämlich zum ersten Mal im 12. Jahrhundert vom mittelalterlichen Scholastiker John of Salisbury erwähnt wurde. Wenn also Newton so oft zur Frage origineller Geistesleistungen zitiert wird, dann weil er aus den Schulheften von Riesen abgeschrieben hat.

Der Bekannteste unter den Vätern der Evolutionslehre, der, dem die populäre Meinung später das gesamte Verdienst der Evolutionstheorie untergeschoben hat, ist allerdings natürlich der britische Gelehrte Charles Darwin, dessen Bulldogge Thomas Henry Huxley wir im Vorwort schon begegnet sind. Die Veröffentlichung von Darwins Reisebericht im Jahr 1859 unter dem Titel «Über den Ursprung der Arten» bleibt die monumentale Initialzündung einer wissenschaftlichen und weltanschaulichen Revolution – auch wenn sich heute, mehr als hundertfünfzig Jahre nach Darwins berühmter Forschungsreise zu den Galapagos-Inseln, ganze Bibliotheken mit den Fortschritten füllen, die die biologische Forschung seither im Verständnis der Artenvielfalt machte – besonders in den letzten Jahrzehnten mit der Entwicklung systematischer genetischer Untersuchungsmethoden.

Der Kerngedanke der Darwin'schen Revolution war eine der radikalsten Umwälzungen unseres[1] kollektiven Weltbildes. Diese Radikalität begann unter anderem mit einer Sammlung kleiner Vögel. Von seinen Forschungsreisen zum Galapagos-Archipel vor der Küste Südamerikas brachte Darwin eine Kollektion von gefiederten Leichen mit, die er für die entfernten Verwandten von Amseln, Finken, Kernbeißern und anderer ihm bekannter Arten gehalten hatte. Aber bei genauerer Untersuchung in London durch den Vogelkundler John Gould stellte sich heraus, dass all die derart unterschiedlich erscheinenden Vögel zur selben kleinen Familie gehörten, deren Mitglieder heute auf den Namen Grundfinken hören. Und Gould bemerkte auch, dass die meisten dieser Grundfinken nirgendwo sonst auf der Erde vorkamen.

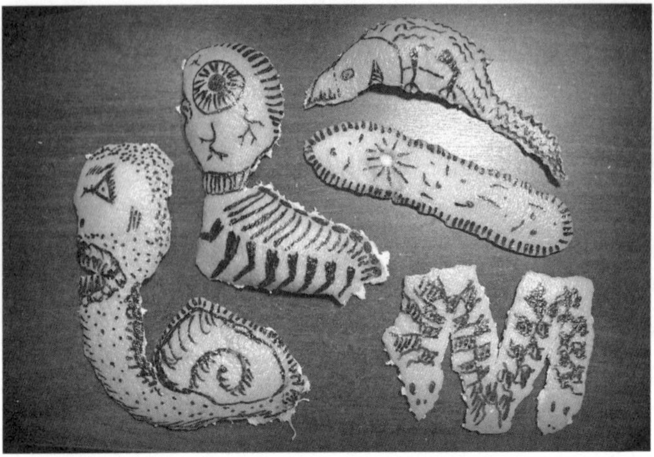

Die Welt ist ein Zaubergarten voller verstörender Wunder

Darunter waren insektenfressende Spechtfinken, vegetarische Baumfinken, das Blut anderer Vögel trinkende Vampirfinken und riesige Finken, bei deren Vorüberflug der Wind auf einer aus Vogelrippen geformten natürlichen Panflöte das Lied der Finken erklingen lässt: el pinzón pasa. Na gut. Dieses letzte Tier ist frei erfunden. Aber wäre ein solcher Kondorfink nicht ein sinnvolleres Projekt für die Gentechnik als die Wiedererweckung von Velociraptoren oder Mammuts? Falls Sie jetzt auch die Existenz des Vampirfinken anzweifeln sollten: Das Tier heißt mit vollem Namen *Geospiza difficilis septentrionalis* und ernährt sich vom warmen Blut argloser Tölpel. Auch das ist wahr, denn auch Tölpel sind Vögel, und die Welt ist ein Zaubergarten voller verstörender Wunder.

Kombinationen aus Lebensraum und Verhaltensmustern, sogenannte biologische Nischen, die in anderen Erdteilen von ganz verschiedenen Vogelarten besetzt sind, werden also auf den Galapagos-Inseln von unterschiedlichen Arten dieser Grundfinken[2] besetzt gehalten. Die unerwartete Beobachtung, dass Berufe, die anderswo auf der Welt von Spechten, Amseln, Kondoren und transsilvanischen Grafen ausgeübt werden, auf diesen isolierten Inseln allesamt durch eng miteinander verwandte Finkenvarianten bestallt waren, inspirierte in der Folge Herrn Darwin zu seiner zentralen These. Ihr zufolge wird jedes natürliche System, das über bestimmte einfache Mechanismen verfügt, Artenvielfalt produzieren. Diese Artenvielfalt entsteht, weil sich die Bewohner des Systems nach und nach an bestimmte Umwelten und Lebensweisen, an bestimmte biologische Nischen anpassen – und weil es sehr viele dieser Nischen gibt. Wenn diese Nischen dann auch räumlich getrennt sind, wie das bei Inseln automatisch der Fall ist, können die Unterschiede zwischen den Nachkommen im Laufe der Zeit so groß werden, dass sie keine gemeinsamen Nachkommen mehr produzieren – eine neue Art ist entstanden. Manche Arten erschaffen ihre Nischen auch gleich selbst, denken wir nur an die blühenden Landschaften, die der Biber in schlammige Tümpel verwandelt.

Den von Darwin postulierten zentralen Mechanismus, oft mit den beiden Schlagwörtern «Mutation» und «Selektion» gefasst, kann man in Bildern heutiger digitaler Alltagstechnologie auch einen fehleranfälligen und unvollständigen Kopierprozess nennen. Dem Kopieren entspricht in der Biologie die Abfolge von Generationen, in der aus alten Pflanzen und Tieren neue entstehen, die ihren Vorgängern in der Regel ziemlich ähnlich sind. Ziemlich ähnlich, aber aus verschiedenen Gründen nicht identisch – und diese Variation nutzt die Evolution zur Verbesserung der Organismen, etwa indem sie sie besser vor Krankheitserregern und Parasiten schützt.

In der Computersicherheit würde man von einem *brute-force*-Ansatz sprechen, eine Lösung also durch die Anwendung roher Gewalt. Wer zum Beispiel ein Passwort im *Brute-Force*-Verfahren knacken will, der probiert so lange blind herum, bis er durch blanken Zufall die richtige Lösung gefunden hat. In diesem Fall wird die Sache noch dadurch erschwert, dass nur eine vollständig richtige Lösung einen Fortschritt darstellt – eine winzige Abweichung hat dieselben Folgen wie ein kompletter Irrtum. Aus diesem Grund sind *Brute-Force*-Methoden für menschliche Passwortknacker nutzlos; die schiere Anzahl der Passwörter, die man ausprobieren müsste, sprengt das Tippvermögen auch des ambitioniertesten Computerkriminellen.

In der Evolution ist die Situation nicht ganz so schlimm, denn hier ist jede kleinste Verbesserung schon ein Erfolg. Der bestmöglichen Lösung kann man sich in vielen kleinen Schritten annähern. Auch das dauert seine Zeit, denn jeder Fortschritt muss ja durch zufällige Veränderungen gefunden werden, und jeder neue Versuch braucht etliche Generationen: bei Bakterien wenige Minuten, jeweils zwanzig Jahre beim Menschen. Damit *Brute-Force*-Verfahren überhaupt Aussicht auf Erfolg haben, muss man also entweder so schnell sein wie ein Computer oder so viel Zeit haben wie die Evolution.

Eine Quelle der Variation sind Mutationen. Beim biochemischen Kopieren des Erbgutes in den Zellkernen passieren immer wieder Fehler. Passiert ein solcher Fehler während der Teilung einer Geschlechtszelle, wird er an die nächste Generation weitergegeben. Eine andere Quelle ist die sexuelle Vermischung der elterlichen Erbanlagen, durch die auch ganz ohne Kopierfehler und Mutation Abweichungen zwischen den Erbanlagen von Eltern und Kindern entstehen können. Die Fähigkeit dieser Kinder, selbst Nachkommen zu zeugen, entscheidet dann darüber, ob die veränderten Erbanlagen sich verbreiten oder ob die Mutation eine Sackgasse war.

Damit sind die treibenden Kräfte biologischer Entwicklung benannt: Organismen vermehren sich und variieren dabei ihre Eigenschaften. Die Organismen, deren Eigenschaften am besten zu den Umweltbedingungen passen, vermehren sich am schnellsten und setzen sich in der Population durch. So weit die Blitzdarstellung des Prinzips der Evolution. Sie ist zentral, um die Entwicklung unserer Wahrnehmung zu verstehen. Was also folgt aus ihr – und was gerade nicht?

Die Prinzipien der Evolutionstheorie laden nämlich zu einigen sehr populären Irrtümern ein. Ein Missverständnis betrifft den Fortschrittsgedanken, mit dem die Evolution oft gleichgesetzt wird. Er dürfte seinen Ursprung unter anderem in der westlichen Religionstradition haben. In den biblischen Schöpfungsgeschichten wird der Mensch ganz am Ende der Weltenbauunternehmung in eine ansonsten fertige Welt gesetzt, um über sie zu regieren. Dieser Mensch ist Gipfelpunkt einer Entwicklung, die von einfachen Dingen wie Licht und Wasser über Pflanzen und Fische zu den immer komplexer werdenden Vögeln und Säugetieren führt. Ihm als höchstem Punkt sei alles darunter Liegende untertan. Ähnlich stellen wir uns auch den Pfad der Evolution vor, mit einem eingebauten Wegweiser, einem Fortschrittspfeil, der von unten aus der simplen Vergangenheit nach oben in die komplexe Zukunft weist, vom Urschlamm zum Atomkraftwerk, vom Bakterium zum Aufsichtsratsvorsitzenden. Komplexe Lebewesen etwa halten wir für evolutionär fortgeschrittener als weniger komplexe, sprechen abwertend, wenn auch fasziniert, von lebenden Fossilien, wenn irgendwo mal wieder jemand eine Höhlenwand durchbricht und im Teich dahinter ein Tier entdeckt, das über längere geologische Zeiträume evolutionär unverändert geblieben ist. Eigentlich ist das Vieh von der stets fortschreitenden biologischen Entwicklung längst überholt, soll das heißen, aber erstaunlicherweise ist es trotzdem noch da.

Aber Vorsicht. Denn alle Tiere und Pflanzen, die in diesem Augenblick auf der Erde leben (und auch die paar wenigen im erdnahen Orbit), blicken auf exakt dieselbe Entwicklungszeit zurück und stammen vom selben Urorganismus ab. Lebende Fossilien gibt es nicht, nur tote. Das Wort Fossilien kommt schließlich vom lateinischen Wort für Ausgegrabenes.

Und für die erhebende These, dass die Evolution einem Drang zu höherer Komplexität folge, dass sie auf ein Ziel hinarbeite und wir als gegenwärtig komplexeste Lebensform den Endpunkt einer langen, womöglich sogar planvollen Entwicklung darstellen, dafür gibt es außer unserer eigenen Überzeugung wenig Belege. Der Großteil der Biomasse der Erde steckt in Pflanzen, Insekten, Plankton und Bakterien – und nicht in den Friseuren und Telefon-Desinfizierern, die bei Douglas Adams den jungfräulichen Planeten besiedeln. Auch die einfacheren Organismen hätten sicherlich jeweils eigene Theorien darüber, warum gerade Farn und Stinkwanze den Höhepunkt der Evolution darstellten und dass Komplexität insgesamt unnötig und sogar ein Irrweg sei – wenn sie denn überhaupt erst mal komplex genug wären, um solche Theorien überhaupt zu bilden.[3] Mit anderen Worten: Nur ein sehr komplexes Tier kann und wird überhaupt auf die abstruse Idee kommen, dass Komplexität an sich einen Wert haben könnte.

Aber Evolution hat kein Ziel und sie strebt auch nirgendwo hin, sie sorgt nur dafür, dass existierende Organismen sich über lange Zeiträume hinweg an bestehende und relativ stabile Umstände besser anpassen. Ändern sich die Umstände, sei es, weil der lange Winter einer Eiszeit kommt oder aus umstrittenen Gründen eine Periode der Erderwärmung beginnt, kann der ganze schöne Fortschritt sich auflösen wie ein Eiswürfel im heißen Wasser: Der vermeintlich fortschrittliche Organismus stirbt aus. Dagegen hilft auch ein Jahrmillionen langer Stammbaum der Entwicklung nicht.

Und nicht nur hat die Evolution kein übergeordnetes Ziel und verbessert die ihr unterworfenen Lebewesen nicht in einem objektiven Sinn, sondern immer nur im Rahmen der jeweiligen Umstände, sie ist auch im Rahmen dieser Umstände alles andere als perfekt. «Survival of the Fittest», also ungefähr «Die Bestangepassten überleben», das war zwar lange der inoffizielle Werbeslogan der Evolution, aber daraus folgt nun gar nicht, dass es sich bei den Überlebenden zugleich um die *bestmöglich* Angepassten handelt.

Einer von zwei Wanderern, die vor einem Bären auf einen Baum geflohen waren, schlug seinem Freund vor, wieder herunterzusteigen und gemeinsam um ihr Leben zu laufen. Der Freund, der sich mit Bären auskannte, riet ab, denn Bären sind schließlich viel zu schnell, als dass man ihnen zu Fuß entkommen könnte. Selbst gegen einen Sportwagen haben Bären im Wald ganz gute Karten. Das macht doch nichts, erwidert der erste Wanderer, ich muss ja nicht schneller sein als der Bär. Ich muss nur schneller sein als du.

Und so auch in der Evolution. Es ist nicht nötig, die bestmögliche Strategie gefunden zu haben. Es reicht schon, dass ein Organismus ein wenig besser zurechtkommt als sein unmittelbarer Nachbar. Und wenn die Umweltbedingungen sich schneller ändern, als die Evolution auf ihrem zufälligen Probierpfad Schritt halten kann, dann ist sogar beinahe garantiert, dass keiner der Organismen das Problem ideal löst. Vielleicht ist schlicht noch zu wenig Zeit vergangen, um das genetische Passwort für die jeweiligen Umweltbedingungen schon zu knacken, vielleicht stehen aber auch frühere Anpassungen einer Lösung des aktuellen Problems im Weg. Schweinen kann die Evolution keine Flügel wachsen lassen, selbst wenn die auf Youtube populäre Theorie von der dunklen Seite der Geophysik wahr sein sollte und alle Böden weltweit sich demnächst in glühende Lava verwandeln sollten (falls Ihnen das nichts sagt, googeln Sie «*The Floor is Lava*» und finden Sie ein neues Hobby). Ein Schwein jedenfalls ist ein schlechter Ausgangspunkt, wenn man einen Vogel bauen möchte. Das gilt für Tierpräparatoren genauso wie für die Evolution.

Fassen wir kurz zusammen. Die Evolution bringt im Laufe der Zeit Lebewesen hervor, die im Rahmen ihrer Umwelt mehr Nachkommen produzieren als ihre unmittelbare Konkurrenz. Das bedeutet aber nicht, dass sie an ihre Umwelt perfekt angepasst sind, und es bedeutet auch nicht unbedingt, dass sie mit fortschreitender Zeit komplexer oder klüger werden. Es bedeutet noch nicht einmal, dass ihre Überlebenschancen tatsächlich steigen. Denn ihre Konkurrenten und Fressfeinde stehen ja unter demselben evolutionären Druck und passen sich womöglich im gleichen Maße an.

Die rote Königin rennt

Wettlauf und Stillstand – sexuelle Selektion – Tauziehen am Pfauenschwanz – die Handicaps der Hähne – der Riesenelch und die Bäume – wie Kipling zu seinen Geschichten kam

Dass Arten sich womöglich im Gleichschritt anpassen, wurde 1973 vom Biologen Lee van Valen zum ersten Mal beschrieben und nach einer Episode aus dem Buch «Alice hinter den Spiegeln» von Lewis Carroll benannt.[4] Dort erklärt die rote Königin der das Spiegelland besuchenden Alice, dass in ihrem Reich alle in ständiger schneller Bewegung sind. Nur jemand, der ununterbrochen läuft, kann unter diesen Umständen wenigstens auf der Stelle stehen bleiben. Was bedeutet: Selbst wenn die Evolution auf Hochtouren arbeitet, springt eventuell kein rechter Fortschritt dabei heraus.

Die Vorstellung von der Evolution als einer Kraft, die Organismen kontinuierlich zu ihrem Besseren verändert, stößt auf zwei weitere grundsätzliche Einwände. Wir stellen uns den Wettbewerb zwischen den Organismen als den Wettbewerb zwischen individuellen Tieren oder Pflanzen vor, dazu laden die Begriffe vom Fortpflanzungs- und Überlebenskampf ein. Aber wie Richard Dawkins in «Das egoistische Gen» überzeugend argumentierte – und wie sich Evolutionstheoretiker mittlerweile weitgehend einig sind –, sind die Organismen bloß die unvollkommenen Vehikel, auf denen sich die wirklichen Akteure der Evolution, die geheimen Herrscher unseres Geschicks, die einzelnen Gene nämlich, von uns durch die Weltgeschichte schippern und vervielfältigen lassen. Tatsächlich sind es die einzelnen Gene, die sich im Laufe biologischer Prozesse reproduzieren und die miteinander im Wettstreit stehen. In der Regel treten sie dabei gegen die Gene konkurrierender Spezies oder gegen jene von Artgenossen an, doch manchmal kommt es sogar zum Konflikt mit anderen Genen desselben Individuums. Ein evolutionärer Kleinkrieg in jeder einzelnen unserer Körperzellen – kein Wunder, dass wir oft schon morgens müde sind.

Dieser Streit der Gene eines einzelnen Organismus unter- und gegeneinander ist zwar eher die Ausnahme, weil die meisten Gene eines einzelnen Tiers ja dessen Erfolg zum gemeinsamen Ziel haben, um ihre eigene Reproduktion zu garantieren. Gene aber, die spezifisch für die Geschlechter sind, nehmen eine Sonderrolle ein, weil sie zwar in allen Organismen vorkommen, sich allerdings je nach Geschlecht unterschiedlich auswirken. Bei ihnen kann es zu einem scheinbaren Paradox kommen: Sie können auch dann erfolgreich sein, wenn sie den Organismus behindern. Die Komplikation ist sexuelle Selektion, bei der das eine Geschlecht unter den Angehörigen des anderen nach bestimmten Kriterien Partnerwahl betreibt. Dieselbe Kombination von Genen kann dann zum Beispiel den Männchen ein Merkmal verpassen, das ihnen im Überlebenskampf schadet, und bei den Weibchen Präferenzen erzeugen, die dieses Merkmal bevorzugen.

Die herrlichen bunten Schwanzfedern von Pfauen etwa sind das Ergebnis eines solchen Tauziehens der Geschlechter. Was uns schön erscheint, ist für die Pfauenhähne eine zunächst widersinnige Anschaffung. Die langen Federn, die sie sich erst wachsen lassen und dann auch noch auf Schritt und Tritt hinter sich herschleppen müssen, sind ziemlicher Ballast beim Fliegen und eine rechte Plage. Für Biologen war die Existenz derartigen Ballasts lange ein Ärgernis, denn sie scheint dem grundsätzlichen Prinzip der Evolution zu widersprechen, wonach die Überlebensfähigkeit zunehmen müsse. Darwin selbst schrieb, dass ihm regelmäßig übel werde, wenn er eine Pfauenfeder sehe (immerhin vermutlich aus wissenschaftlicheren Gründen als den Teilnehmern römischer Orgien).

1930 wurde vom Biologen Ronald Fisher eine Theorie vorgeschlagen, die die Entwicklung solcher eigentlich nachteiliger Eigenschaften damit erklärt, dass sie als sexuelles Signal dienten. In Fishers Theorie ist es eine ursprünglich zufällige Neigung der Weibchen, längere Schwanzfedern zu bevorzugen, die sich im Laufe der Zeit selbst verstärkt und so zu immer prächtigeren Pfauenrädern geführt habe, allen Kosten der vermeintlich nutzlosen Räder zum Trotz. Das sogenannte Handicap-Prinzip des israelischen Biologen Ametz Zahavi aus dem Jahr 1975 fügte dem eine wichtige Komponente hinzu: Zahavi argumentierte, dass die Nachteile der Räder kein zufälliger Nebeneffekt seien, sondern dass genau darin der ganze Sinn des Vorgangs liege. Denn die Hennen verstünden die Schwanzfedern der Hähne als Beleg männlicher Tüchtigkeit. Ein Hahn, der trotz seiner nutzlosen prächtigen Federlast nicht zusammenbricht, sondern vital damit umherstolziert, muss besonders gute Gene haben.

Den Pfauen hat das ganze Radschlagen bislang noch nicht geschadet – beziehungsweise es hat ihnen sogar genützt. Denn der Mensch hat ja als Züchter gewissermaßen die Rolle der Pfauenfrauen übernommen, und er schützt die Pfauen außerdem vor Fuchs und Greifvögeln. Nicht alle Tiere hatten im Verlauf der Evolution solches Glück. Ein bekanntes Gegenbeispiel ist der sogenannte Irische Riesenelch, der bis vor ungefähr achttausend Jahren in weiten Teilen Nordeuropas und Asiens lebte. Er war etwa so groß wie die heute lebenden größten Elche in Alaska, hatte aber ein mächtigeres Geweih, mit einer Breite von bis zu dreieinhalb Metern. Der Riesenelch, dessen Fossilien häufig in irischen Sümpfen gefunden wurden (daher der Name), diente lange Zeit als Beispiel für die Gesetze der Evolution. Sein unpraktisch großes Geweih wurde als Beleg dafür genommen, dass die Evolution nicht notwendig die Lebensfähigkeit der Arten verbessere; sein Aussterben wurde als tragischer Endpunkt der aus dem Ruder gelaufenen ästhetischen Vorlieben der Elchkühe verstanden. Noch heute ist sich die Forschung unsicher, es erscheint auch plausibel, dass Jagddruck durch den Menschen oder

Klimaveränderungen zum Aussterben der riesigen Elche beigetragen haben.

Aber lassen wir Pfauen und Elche beiseite und besinnen uns auf die für uns eigentlich wichtige Frage: die Frage nämlich nach den Regeln, denen die Entwicklung der Wahrnehmung unterworfen war. In den letzten Jahrzehnten entwickelte sich eine Tradition, die sich «evolutionäre Erkenntnistheorie» oder «evolutionäre Psychologie» nennt und die genau diese Frage in den Mittelpunkt der Untersuchungen stellt. Dieser Zweig der Forschung hat sich als sehr fruchtbar erwiesen und uns viele wertvolle Einsichten ins Verhalten von Mensch, Tier und Pflanze beschert. Er lädt aber leider auch dazu ein, Mechanismen zu vereinfachen und Fehlschlüssen aufzusitzen, denn für jede Beobachtung einer psychologischen Besonderheit lässt sich auch eine plausibel klingende evolutionäre Begründung finden. Manche Menschen haben Angst vor offenen Flächen, auf denen Panflötenmusik gespielt wird (der Mediziner würde dazu *Agoraphobia peruana* sagen). Das wird wohl daran liegen, dass in der evolutionären Geschichte riesige, kondorartige Raubfinken die Menschen terrorisierten. Was hier offensichtlicher Quatsch ist, hört sich oftmals plausibel an, aber Plausibilität allein ist oft das Gegenteil eines vernünftigen Arguments. Man nennt Geschichten, die sich gut anhören, für die es aber wenig konkrete Belege gibt, *just-so stories*, nach dem Titel einer Sammlung absurder Kurzgeschichten von Rudyard Kipling, in denen die Eigenschaften verschiedener Tiere scheinerklärt wurden. Die Komplexität evolutionärer Vorgänge und die Schwierigkeit, sie konkret mit fossilen Beweisen zu belegen, laden ein wenig zu derartigen Genau-so-Geschichten ein, vor denen man sich deshalb in Acht nehmen sollte.

Unsere psychologische Ausstattung ist zwar der vorläufige Endpunkt eines langen evolutionären Weges, aber das bedeutet weder, dass unsere Wahrnehmung bestmöglich funktioniert noch dass sie bestmöglich an die Umwelt angepasst oder gar fehlerfrei ist. Im Gegenteil ist es sogar denkbar, dass Aspekte unserer Wahrnehmung von den evolutionären Prozessen in einer Weise geformt wurden, die man nicht direkt vermutet hätte – ähnlich wie die bunten Federräder der Pfauen nicht dem Fliegen dienen und die übergroßen Geweihschaufeln irischer Elche sich womöglich nicht zum Kampf eigneten. Dass unsere Wahrnehmung, mit anderen Worten, womöglich vom blinden Uhrmacher Evolution auf ein Ziel hin designt wurde, das mit dem Erkennen von Wahrheit gar nicht viel zu tun hat.

Wenn es zum Beispiel für die Handlungsfähigkeit von Nutzen wäre, die eigenen Fähigkeiten zu überschätzen oder wenn es fürs Risikomanagement gut wäre, Gefahren größer wahrzunehmen, als sie tatsächlich sind, dann würde die Evolution das wohl so in unseren Köpfen verbaut haben. Und wenn die sexuelle Selektion beim Menschen so abliefe, dass Frauen immer jene Männer wählten, denen ihre eigenen Schwächen am wenigsten bewusst sind, dann würde sich auch das durchsetzen. Aber Vorsicht: Das alles sind Genau-so-Geschichten, die hauptsächlich gut klingen. Der wichtige Punkt ist: Wahrhaftige Wahrnehmung ist jedenfalls nicht das unmittelbare Ziel. Das unmittelbare Ziel ist Überleben und Fortpflanzung.

Eine kleine Wegeslücke auf unserem Schweinsgalopp durch die Entstehung des Lebens müssen wir noch schließen. Denn auch nach der fundamentalen Einsicht Darwins[5] in die Quelle biologischer Artenvielfalt blieb noch ein grundsätzliches Rätsel bestehen. Die Kombination von Mutation und Selektion, von Variation und Auslese, erklärt zwar, wie es in einem biologischen Umfeld zur Bildung neuer Arten kommen kann, und sie erklärt auch, warum manche Arten sich durchsetzen, während andere aussterben. Sie erklärt sogar, warum manche Tiere (und Menschen) sich auf eine Weise verhalten, die ihren Überlebensinteressen auf den ersten Blick zu widersprechen scheint. Aber am Beginn hat die Evolutionsgeschichte einen großen blinden Fleck. Denn in einer Umwelt, in der es noch kein Leben gibt, finden auch keine evolutionären Vorgänge statt. Steine haben keine Geweihe und Gase schlagen keine Räder. Auf unbelebte Materie wirkt kein Evolutionsdruck, deswegen liegt sie so entspannt in der Gegend rum. Wie entstand dieser Druck, und was sagt er über die Motivation des Lebens selbst aus?

Damit diesem Diorama faul rumfläzender Mineralien endlich Leben eingehaucht werden konnte, brauchte die Welt nach Jahrmilliarden geröllhaften Gerumpels einen neuen Impuls, einen zweiten Urknall, nämlich den der Biologie, die ja ganz wesentlich auch die Lehre der Flüssigkeiten, Sekrete und des Schleims ist.

Wir brauchen also endlich einen großen Teller Ursuppe.

Kellner!

Ursuppe mit Einlage

Gewitter in der Suppe des ersten Tages – der Kosmos macht die Augen auf

Im Anfang also war die Suppe, und in der Suppe war schlechtes Wetter.

In einem bahnbrechenden Experiment im Jahr 1952 zeigten Stanley Miller und Harold Urey, dass in einem bestimmten Gemisch aus Gasen und Flüssigkeiten, wie es sehr wahrscheinlich auf der Erde der Frühzeit existierte, die biochemischen Bausteine des Lebens entstehen können, wenn nur das Wetter wechselhaft genug ist.[6] Erst sorgen die Strahlen der Sonne für örtliche Aufheizung und Temperaturunterschiede, daraus entstehen Winde und Strömungen und in den atmosphärischen Wirbeln Elektrizität, die sich dann in Gewittern und Blitzen entlädt. Miller und Urey simulierten den Vorgang im Labor, indem sie künstliche Gewitter durch einen beheizten Glaskolben schickten, in dem sich nur Wasser, Ammoniak, Methan und Wasserstoff befanden. Nach einer Woche Unwetter fanden Miller und Urey in ihrem Suppentopf zahlreiche Aminosäuren, die die Grundbausteine für jene Eiweißketten sind, aus denen die Natur uns alle strickt. Sie nannten das entstandene Gemisch Ursuppe, beziehungsweise im Original *primordial soup*, also wörtlich die Suppe des ersten Tages. Wer an die Entstehung des Lebens durch die Ursuppe glaubt, wäre also ein Angehöriger der *Kirche Millers und Ureys der Suppe des ersten Tages*. Guter Gruppenname.

1961 fand der Biochemiker Joan Oró in einer nach geringfügig abweichendem Rezept gekochten Suppe auch Adenin, eine der vier Basen, aus denen die bekannten Doppelspiralmoleküle der DNA aufgebaut sind, die in den allermeisten Organismen die Träger der Erbinformation sind.[7] Über die genauen Wege, auf denen aus dem anorganischen Gasgemisch der frühen Erde dann Leben entstanden ist, herrscht unter Experten einige Uneinigkeit. Die existierenden Theorien bestechen durch eine charmante Mischung aus Originalität und Verschrobenheit. Weitgehender wissenschaftlicher Konsens ist im Augenblick, dass zunächst rein chemische Prozesse biologische Moleküle erzeugt haben, die sich selbst replizieren konnten. Und dass damit die von Darwin beschriebene evolutionäre Entwicklung ins Rollen kam.

Zunächst bildeten sich vielleicht unterschiedliche Formen dieser Moleküle auf Basis des jeweils vorhandenen Rohmaterials und auf Basis der schon vorhandenen anderen Biomoleküle. Ein biochemisches Ökosystem entstand, in dem alle diese Moleküle zufällig und ziellos durcheinandertaumelten und sich dabei vervielfältigten. Der nächste große Schritt auf dem langen Weg vom Geröll zum Bullshit ereignete sich, als einer dieser Replikatoren etwas erfand, was im gesamten Universum bis dahin noch keiner gesehen hatte. Sie alle benötigten zu ihrer Selbstvervielfältigung bestimmte Rohmaterialien. Um beispielsweise einen RNA-Strang herzustellen, braucht man vier verschiedene Nukleinsäuren. Wie Urey und Miller gezeigt hatten, bilden sich diese Nukleinsäuren unter bestimmten Bedingungen von allein, aber diese bestimmten Bedingungen müssen dann auch eintreten. Es muss hinreichend oft ein Blitz in die Suppe fahren, sonst bleiben die Replikatoren unrepliziert.

Diese Bedingungen wurden sicherlich nicht überall gleich gut erfüllt, also waren auch die Rohstoffe nicht überall in gleicher Konzentration verteilt. Noch heute konzentrieren sich Mineralien in geologischen Adern und Modeschmuckgeschäften. Für die Replikatoren gab es nicht überall gleich viel Futter. Würde nun einer von ihnen einen einfachen Mechanismus entwickeln, mit dem er zum Beispiel direkt messen könnte, wie viel Nukleinsäuren-Futter es wo gibt, dann hätte er zumindest potenziell nützliche Informationen.

Es spielt keine große Rolle, ob unser Urtierchen die Konzentration von Nukleinsäuren in seiner Umgebung wahrnehmen kann oder ob es einen der Faktoren überwacht, die Einfluss auf diese Konzentrationen haben – die Häufigkeit und Helligkeit der Blitze zum Beispiel oder den Gasdruck, der auf ein nahendes Suppengewitter schließen lässt. Wichtig ist, dass unser Tierchen ein Signal findet, mit dem es einen kleinen Vorteil gegenüber den Tierchenkollegen erzielen kann.

Das Signal allein nützt unserem Tierchen allerdings nicht viel, solange es noch ziellos von Wind und Strömungen und zufälligen Zusammenstößen mit anderen Tierchen durch die Gegend getrieben wird. Denn es kann Orte, die für seine Vervielfältigung besser geeignet sind, weder selbst aufsuchen noch kann es gezielt an einem solchen Ort bleiben, wenn es ihn zufällig gefunden haben sollte. Es muss also noch etwas her, womit unser wahrnehmendes Lebewesen beeinflussen kann, wohin es sich bewegt. Unser Tierchen muss, mit anderen Worten, handeln können, damit das Erfassen von Umweltsignalen überhaupt einen Sinn hat. Wahrnehmung und Handlung stellen in gewissem Sinn eine Einheit dar – ein Umstand, der, wie wir sehen werden, greifbare Folgen hat, auch für uns.

Wahrnehmende Lebewesen sind, wie das wissenschaftliche Multitalent Carl Sagan in seinem Buch «Unser Kosmos» schrieb, das Mittel, mit dem der Kosmos sich selbst erkennt. Damals also, als die ersten Lebensformen begannen, ihre Umwelt zu beobachten und auf sie zu reagieren, öffnete der Kosmos zum allerersten Mal eines seiner metaphorischen Augen und warf einen Blick auf sich selbst. Und seitdem schließen sich zwar regelmäßig einzelne Augen, aber es öffneten sich auch kontinuierlich neue, und der Strom der Wahrnehmung reißt so wenig ab wie die endlose Kette des Lebens selbst. Jedenfalls bis jetzt.

Dieses nebenbei erfundene neue sonderbare Ding, die Wahrnehmung, mag unserem Kosmos in seiner Schöpfungseitelkeit zu Nabelschau und Selbsterkenntnis taugen. Aber was nutzt sie den Lebewesen, die dieser Kosmos als Bewohner und Beobachter in sich hineingeboren hat? Und wie genau funktioniert es eigentlich, dieses nagelneue *Wahrnehmen*? Warum wird es sich für diese Organismen lohnen, Sinnesorgane zu entwickeln, und Nervensysteme, die die Signale aus diesen Sinnesorganen auswerten können? Wer schon mal ein Nervensystem aus der Nähe gesehen hat oder sogar selbst eins besitzt, weiß, dass sie eine ziemliche Investition darstellen und sich mitunter, wenn in ihnen was daneben geht, zum ziemlichen Ballast entwickeln können. Wahrnehmen muss also eine tolle Sache sein, wenn die Evolution sich dafür auf den langen und kummervollen Weg begeben hat, aus zum Beispiel einzelnen lichtempfindlichen Molekülen komplizierte Augen mit Netzhäuten, Linsen und Wimperntusche zu entwickeln.

Diese tolle Sache sehen wir uns jetzt etwas genauer an.

WAHRNEHMUNG FÜR FORTGESCHRITTENE: BEDINGT WAHRSCHEINLICH

Wie man's sieht, sieht man's verkehrt

Im Spielzimmer – Metapher für die Sinnlosigkeit des Daseins – Home Sweet Home Circle – der Taumelflug der Kampfflugzeuge – Theorien der Fleckerkennung – das Rauschen im Bilde – verschiedene Fehlersorten – die Fehler des idealen Beobachters – tausche Fehler gegen Fehler

Erinnern Sie sich an die Party aus der Einleitung?

Auf dieser Party gab es natürlich auch ein Retrospielzimmer, wo einige alte Videospielgeräte aufgebaut waren und Generation CC (Candy Crush) sich wohlig gruseln konnte: So primitiv also war die Telefonknochenzeit (so nennen Kulturhistoriker die Zeit vor dem Siegeszug der Mobiltelefone. Sollten sie jedenfalls). Bei dem schönen Spiel «Pong» musste man etwa den Tennisschläger mit der Wählscheibe des Telefons steuern. Es muss wirklich wahr sein, Sie haben's gerade erst in einem Buch über Wahrnehmung gelesen. Unter anderem steht in diesem Gruselkabinett auch eine Spielkonsole, die dank einer schlauen Ingenieursidee eine Art von elektronischem Tontaubenschießen am Röhrenfernseher möglich machte.[1] Dabei huscht ein kleines helles Rechteck über den Schirm, der Spieler richtet die Plastikpistole darauf und schießt es weg. Ein Zähler verzeichnet die Schüsse, ein anderer die Treffer. Nach einer kleinen Pause kommt ein neues helles Rechteck daher. Das Spiel heißt «Metapher für die Sinnlosigkeit des Daseins» und konnte beim Versandhaus

Quelle bestellt werden, einem evolutionären Vorläufer von Amazon.

Unter normalen Umständen ist «Metapher für die Sinnlosigkeit des Daseins» nicht allzu schwer. Sie schauen auf den dunklen Bildschirm, und wenn dort irgendwo ein Lichtfleck erscheint, dann sehen Sie das Ziel. Jetzt müssen Sie noch Ihren Pistolenlauf darauf richten und abdrücken. An dieser Stelle scheiden sich natürlich Anfänger von den Experten, denn Reaktionszeiten und motorisches Geschick spielen eine Rolle. Aber der simple Vorgang selbst, also zu sehen, wenn auf einem dunklen Bildschirm ein helles Ziel erscheint, könnte ja kaum einfacher sein. Das drückt sich aus im ungeduldigen Ausruf «Ja, schau doch hin», mit dem überzeugt werden soll, wer die Wahrheit (oder das, was wir Rufenden dafür halten) noch nicht gesehen hat. Denn Hinsehen und Erkennen sind uns eins. Erkenntnis, das bedeutet in unserer Intuition zuallererst: die Augen öffnen. Der Rest kommt dann von allein, im schlimmsten Fall muss noch eine Prise des sogenannten gesunden Menschenverstandes hinzu, aber dann sieht man die Dinge so, wie sie sind.

Aber diese Einfachheit ist eine monumentale und gefährliche Selbsttäuschung.

Das wird klar, wenn wir uns eine defekte Steckverbindung hinzudenken. Nun wird das elektronische Signal auf dem Weg von der Konsole zum Fernseher gestört, und über die hellen Rechtecke legt sich ein Teppich aus Störrauschen wie früher nach Sendeschluss. Überall auf dem Bildschirm tanzen nun helle und dunkle Flecken durcheinander, und auftauchende Ziele sind in diesem Durcheinander viel schwerer zu erkennen.

Wir werden nun zweifellos erwarten, dass unter diesen Umständen unsere Spielleistung nachlässt. Wir werden manche Ziele nicht bemerken, und manchmal werden wir glauben, ein Ziel gesehen zu haben, obwohl nur Flimmern auf dem Bildschirm war. Je heller das Rauschen im Vergleich zur Helligkeit der Ziele ist, desto mehr werden wir erwarten, Fehler zu machen.

Ist das Rauschen dezent, machen wir vielleicht zehn Prozent Fehler, wird es stärker, mag die Fehlerquote auf dreißig ansteigen, und wenn wir die Helligkeit der Störung weiter steigern, wird die Fehlerquote irgendwann bei fast hundert Prozent liegen. Wir nehmen die Ziele nicht mehr wahr. Das ist sicher bedauerlich, aber Wahrnehmung ist nun einmal nicht perfekt, und Mängel können nicht immer ausgeglichen werden. Kein Grund, gleich ein Buch zu schreiben.

Das klingt tatsächlich ein wenig banal, und solange es um ein veraltetes Videospiel auf einer Party geht, ist es auch noch ziemlich folgenlos. Wer bei «Metapher für die Sinnlosigkeit des Daseins» den Sieg nach Hause trug, war schließlich schon am anderen Morgen vergessen, besonders wenn die Spieler über achtzehn waren und die Prädikatenlogik ihnen den Konsum von Alkohol gestattete.

Erhöhen wir also die Spannung und pfeffern das Ganze mit ein wenig Überraschung: Was wir gerade über unsere Fehleranfälligkeit vermutet haben, ist auf eine sehr wichtige Weise komplett falsch. Um zu verstehen, auf welche, springen wir achtzig Jahre zurück, in eine Zeit, gegen deren Wahn gewordene Aggressivität alle gegenwärtigen Irrationalitäten, bei aller Schädlichkeit, entsetzt und beschämt erbleichen müssen. Sowohl technisch als auch theoretisch gleicht unser Computerspiel der Aufgabe des Radarpersonals der Flugabwehr im Zweiten Weltkrieg. Zum Beispiel umschloss ein Ring von Radarstationen die Britischen Inseln, *Home Circle* genannt, der den Briten ermöglichen sollte, sich vor den anfliegenden Bombengeschwadern der mordwütigen Deutschen zu schützen.

Die Radartechnologie selbst wirkt, als sei sie beim Sonar der Fledermäuse abgeschaut. Indem sie im Flug kurze Ultraschall-Laute ausstoßen und aufmerksam auf das zurückkommende Echo hören, sind sie in der Lage, Beutetiere und Hindernisse im Raum zu verorten. Obwohl das Prinzip komplett dasselbe ist, haben Mensch und Fledermaus diese Technik unabhängig voneinander entwickelt. In solchen Fällen spricht man von «paralleler Evolution»: Zwei Organismen finden sehr ähnliche Lösungen für sehr ähnliche Probleme. Einem Beispiel dafür sind wir mit Darwins Finken schon begegnet, die die Nischen von Amseln, Kondoren und Vampiren besetzten, nun haben wir mit Menschen und Fledermäusen ein zweites. Das erste Schiffssonar wurde im Jahr 1912 zum Patent angemeldet, als Reaktion auf den Untergang der eigentlich unsinkbaren Titanic, nur einen Monat nach Leonardo DiCaprios Tod im eiskalten Nordatlantik. Die Jagdmethoden der Fledermäuse hingegen wurden erst 1938 demonstriert, als das Sonar längst weit verbreitet war.[2]

Die Radartechnik nutzt dasselbe Prinzip wie das Sonar, nur ersetzt sie den Schall durch Radiowellen. Die Radarantenne sendet in regelmäßigen Abständen einen Funkimpuls und lauert dann fledermausgleich auf das von Fluggeräten, Vögeln oder Ufos zurückgeworfene Radarecho. Ein Ufo war damals übrigens noch ganz unschuldig und im Sinne der Abkürzung ein *Unknown Flying Object*, also etwas, das man auf dem Radarschirm als Reflex sah, aber keinem bekannten Flugobjekt zuordnen konnte.

Es ist eine bedauerliche Lücke der Militärgeschichte, dass die Verteidigung gegen das Fledermaussonar, die die Evolution den Motten mitgegeben hat, nicht auch in menschliche

Fluggeräte eingebaut wurde. Motten, die einen Ultraschallpuls hören, lassen sich sofort in einen sogenannten Taumelflug fallen, um der angreifenden Fledermaus die Zielarbeit zu erschweren. Ich verstehe zum Glück recht wenig vom Luftkrieg, aber orientierungslos durch die Luft taumelnde Kampfjets scheinen mir eine in jeder Hinsicht gute Lösung, wenn man die Dinger schon bauen muss. Jedenfalls eine bessere, als sie durch Radarwellen absorbierende Beschichtungen «unsichtbar» (D. Trump) zu machen. Denn wenn ein Flugzeug so teuer ist wie ein moderner Kampfjet, will man ihm doch auch beim Fliegen zusehen können. Im Idealfall beim haltlosen Taumelflug.

Aber menschliche Fluggeräte verfallen nun einmal nicht von alleine in Taumelflug, weswegen die Menschen an den Radarstationen die Reflexe beobachten müssen. Jeder kennt wohl diese in Filmen meist grün leuchtenden Bildschirme, auf denen ein heller Strahl langsam kreist und die Reflexe der Radarechos auf den Bildschirm malt.[3] Bei diesen Reflexen geht es buchstäblich um Leben und Tod, denn sie zeigen die herannahenden Flugzeuge an. Die Frage, welchen Mechanismen die menschliche Wahrnehmung solcher gefährlicher Flecken auf dem Radarschirm unterliegt und wie man die Treffsicherheit der Radaroperateure verbessern kann, wurde in den fünfziger Jahren systematisch untersucht. Das Ergebnis dieser Untersuchungen heißt *Signal Detection Theory* (Theorie der Signalerkennung) und führte zu den oben erwähnten Überraschungen über unsere Fehleranfälligkeit, zu denen wir gleich kommen werden. In den sechziger Jahren nämlich nahmen die Psychologen David Green und John Swets die Erkenntnisse der Signalerkennung und übertrugen sie auf die biologische Wahrnehmung. Die Publikation ihres Buches «Signal Detection Theory and Psychophysics» im Jahre

1966 kann man als den Gründungsmoment eines neuen und außerordentlich produktiven Zweiges der psychologischen Forschung begreifen: die ein wenig ominöse, zumindest schillernd klingende «Psychophysik» war geboren.

In einer ordentlich aufgeräumten Welt wären die Untersuchungen der Psychophysik schnell beendet: Helle Flecken auf einem dunklen Bildschirm zu finden ist ein lösbares Problem. Organismen, die eine derart aufgeräumte Welt bewohnen, bräuchten sich über Irrtümer und Illusionen keine Gedanken zu machen; sie würden sich nur irren, wenn sie nicht aufpassen, und der Anwurf «Mach doch die Augen auf» wäre in der Tat die beste Hilfestellung. Ein Blitz wäre ein Blitz wäre ein Blitz.

Aber wir leben nicht in dieser aufgeräumten Welt, sondern in einer, in der die Energie extrem ungleich verteilt ist und sich in langsamen und chaotischen Verwirbelungen wieder durchmischt (Ungleichverteilung, die zu Chaos und Unruhe führt. Ja wo gibt's denn so was?). Zufälle reihen sich aneinander, es rauscht und knattert an allen Ecken und Enden wie aus einem alten Autoradio im Tunnel, und das nicht nur akustisch, sondern auf allen Kanälen. Für «Metapher für die Sinnlosigkeit des Daseins» bedeutet das, dass weder die Helligkeit des Bildschirms noch die Helligkeit der Ziele genau vorhersagbar ist. Beides kann in jedem Moment schwanken. Was ohne dieses Rauschen eine banale Aufgabe gewesen wäre, ändert sich plötzlich grundsätzlich. War das kurze Aufflackern eben ein normales Schwanken der Bildschirmhelligkeit, oder nähert sich ein Bombenpaket mit Flügeln? Und war der helle Punkt wirklich ein Ziel, auf das Sie mit der Plastikpistole feuern müssen, oder nur eine Störung?

Hier lauert eine tiefe Erkenntnis über das Wesen der Wahrnehmung. Denn uns ist zwar selbstverständlich bewusst,

Manchmal sehen wir irrtümlich Dinge, die nicht da sind. Dieses Auto steht allerdings wirklich vor diesem Haus.

dass unsere Wahrnehmung irren kann. Manchmal sehen wir Dinge nicht, obwohl sie da sind, und manchmal sehen wir irrtümlich Dinge, die nicht da sind. Die erste Sorte Fehler können wir «Übersehen» nennen, die zweite «Halluzination». Der Psychophysiker nennt das Übersehen *false negative*, die Halluzination *false alarm* oder *false positive*. Der Ausdruck *false alarm* verrät noch den militärischen Ursprung der Theorie.

Wir kennen beide Fehlersorten aus eigener Erfahrung, und wir rechnen auch mit beiden. Wir sprechen davon, dass wir fehlbare Wesen sind, dass unsere Augen uns täuschen, wir uns wohl verhört oder etwas übersehen haben. Wir suchen, kurz gesagt, das Problem bei uns. Wären wir nicht abgelenkt gewesen, hätten wir nur gut genug aufgepasst. Denn unsere grundsätzliche Vorstellung von Wahrnehmung ist, dass wir mit ihr die Welt erkennen können, wie sie wirklich ist. Die Ursache für Fehler liegt bei uns und der Unvollkommenheit unserer Ausstattung.

Das stimmt aber nicht.

Denn was uns nicht so selbstverständlich bewusst ist, wogegen unsere Intuition sich sogar rechtschaffen sträubt, ist, dass diese beiden Fehlersorten zwei Seiten derselben Medaille sind. Dass nämlich, wer Fehler der ersten Art vermeiden will, zwingend mehr der zweiten machen *muss*. Dass, mit anderen Worten, perfekte Wahrnehmung gar nicht möglich ist.

Warum ist das so?

Ein Gedankenspiel: Nehmen wir an, der Bildschirmhintergrund rauscht und die Helligkeit der Ziele variiert unvorhersehbar. Aber selbst das dunkelste Ziel ist immer deutlich heller als das hellste Rauschen. Damit ist die Aufgabe zwar tatsächlich schwerer als mit störungsfreiem Bildschirm, aber immer noch verhältnismäßig leicht lösbar. Interessant wird es, wenn das hellste Rauschen heller ist als das dunkelste Ziel. Nun ist die Aufgabe plötzlich nicht mehr vollständig korrekt zu bewältigen, jedenfalls nicht aufgrund der Helligkeit allein. Um Ziele vom Rauschen zu unterscheiden, müssen wir willkürlich bei einer bestimmten Helligkeit eine Grenze ziehen. Alles, was unter dieser Wahrnehmungsschwelle liegt, nennen wir Rauschen, alles was drüber ist, nennen wir Ziel.

Mit dieser Vorgehensweise muss, egal wo wir die Schwelle festlegen, immer entweder ein besonders helles Rauschen über dieser Schwelle liegen oder ein besonders dunkles Ziel darunter. Fehler sind jetzt fest eingebaut, es gibt keine Wahrnehmungsstrategie, die einwandfrei funktioniert.

Aber es kommt noch dicker. Denn in dieser Situation ist noch nicht einmal eine Strategie möglich, die unter allen Umständen die Anzahl der Fehler so klein wie möglich hält.

Warum? Überlegen wir zunächst, was passiert, wenn wir unsere Grenze oberhalb des hellstmöglichen Rauschens ansetzen. Weil wir lediglich alles über der Grenze als Ziel identifizieren und alles darunter als Rauschen ignorieren, werden wir kein Ziel ausmachen, ohne dass eines da wäre. Unsere Rate an Halluzinationen wird bei null liegen. Aber weil wir die Schwelle so hoch angesetzt haben und weil sich die Helligkeit von Zielen und Rauschen überlappt, es also Ziele geben muss, die unter der Schwelle liegen, ist es unvermeidlich, dass wir einige der tatsächlichen Ziele übersehen. Sie rutschen an unserer Wahrnehmung vorbei. Das ist im Fall des Computerspiels nicht ideal, im Fall der Radarbeobachtung aber katastrophal, denn einem übersehenen Ziel wird ein Bombenangriff folgen.

Wollen wir weniger Ziele übersehen, müssen wir die Schwelle absenken. Je weiter wir sie senken, desto mehr Ziele werden wir korrekt erkennen – und desto öfter werden wir ein Ziel zu erkennen meinen, obwohl gar keines da war. Die niedrigere Grenze führt also zwangsläufig dazu, dass sich die Fehler des einen Typs verringern, während *gleichzeitig* die Fehler des anderen Typs anwachsen. Wir scheinen in einer Falle zu stecken.

Und leider ist trotz all der Fehlwahrnehmungen, mit denen wir uns hier beschäftigen, ausgerechnet die Existenz dieser Falle keine Illusion. Alle Wahrnehmung steckt prinzipiell in dieser Falle, denn anders als in unserer Vorstellung überlappen sich Signal und Rauschen in der wirklichen Welt praktisch immer. Wenn wir stillsitzen, ist der Vibrationsalarm eines Telefons leicht zu bemerken, aber mit Sicherheit haben Sie beim Joggen schon mal einen Anruf verpasst. Oder im Stimmengewirr eines Kaufhauses gedacht, dass jemand Sie ruft, Sie waren aber allein unterwegs und kannten auch niemanden. Wer unter Umständen, in denen sich Signal und Rauschen überlappen, nichts übersehen will, muss Halluzinationen in Kauf nehmen. Und wer partout keine Halluzinationen erleben möchte, wird zwangsläufig wichtige Dinge verpassen – das Leben wahrnehmender Tiere ist permanenter Rausch, wenn Sie alles mitbekommen wollen.

Die Lektion: Wahrnehmung ist notwendig fehlerhaft, und das Ausmaß der Fehler lässt sich nicht mit einer einzelnen Zahl beschreiben.

Zufall und Notwendigkeit

Ordnung und Chaos, Yinni und Yan – some things I know, some things I don't – das Scheitern von Maus und Mensch am Lärm – von der Natur des Zufalls – Einstein würfelt nicht gern – das Universum würfelt, solange keiner guckt

Doch wie kann man die Folgen unserer fatalen Wahrnehmungsschwäche ein wenig beschränken? Wenn wir nach dem Aufstehen die Rollläden hochkurbeln, die Vorhänge beiseiteziehen oder mit dem Vorschlaghammer ein Guckloch in die Wand klopfen, um den ersten Blick des Tages in unsere Umwelt zu wagen, dann sehen wir dort im milden Morgenlicht (oder in der unerbittlichen Mittagssonne, je nachdem) zwei ewig widerstreitende Prinzipien am Werk. Ich meine damit nicht die beiden Nachbarn, die sich seit Jahren wegen der über den Maschendrahtzaun hängenden Walnüsse in den Haaren liegen. Ich spreche von einem Gegensatz, der buchstäblich alle Wahrnehmung durchzieht und der sich von dort aus auf alles auswirkt, worauf wir Einfluss auszuüben versuchen.

All unsere oft merkwürdig kontraproduktiv verlaufenden Versuche, durch Kontrolle und Steuerung dieser Welt Gutes zu bewirken und Schlechtes zu vermeiden, zeichnen sich durch das Tauziehen zweier Grundprinzipien aus. Man kann diesen Gegensatz als den zwischen Ordnung und Chaos begreifen oder als den zwischen Naturgesetz und Zufall oder auch, obwohl deutlich weniger nützlich, als den zwischen Yinni und Yan aus der Zeitschrift Yps.

Wie auch immer man diese beiden gegensätzlichen Prinzipien nennt, der Verlauf der Grenze zwischen ihnen prägt unsere gesamte Existenz, und das vor allem über die Mechanismen der Wahrnehmung. Denn alles, was sich nicht gesetzmäßig, sondern zufällig verändert, kann der Wahrnehmung – und damit uns – nicht als Grundlage des Erkennens, Entscheidens und Handelns taugen.

Für uns alle gilt, was die enigmatische Erlöserfigur John from Cincinnati in der gleichnamigen Fernsehserie als zenartiges Mantra für sich akzeptiert hat: *Some things I know, some things I don't.* Manches weiß man eben, anderes nicht, und wie es in einem anderen berühmten Zitat heißt: Enorm wichtig und geradezu ein Zeichen von Weisheit ist es, zu wissen, wo die Grenze zwischen beidem verläuft.

Man kann das ganze evolutionsbiologische Projekt der Wahrnehmung als den Versuch des Lebens verstehen, sich die Gesetzmäßigkeiten der Natur zunutze zu machen, um sich im Wettlauf mit den neidischen Kollegen einen kleinen Vorteil zu sichern und zugleich den Zufall immer weiter zurückzudrängen. Und je mehr wir verstehen, so scheint es, desto weniger Zufall bleibt übrig, bis irgendwann unsere Wahrnehmung alles durchdrungen hat und nichts Unerklärtes mehr übrig bleibt. Wissenschaftsskeptiker, je nachdem, ob sie daran glauben, dass ein solches Ziel erreichbar ist, kritisieren das wahlweise als Entzauberung der Welt oder als anmaßende Überheblichkeit. Beides schießt am Ziel vorbei.

Wenn zufällige Veränderungen unsere Beobachtung stören und die wahrgenommenen Signale von einem Störrauschen überlagert werden, dann ist das Ziel der Welterklärung grundsätzlich nicht erreichbar. Wenn es im Äther rauscht, ist die Klarheit unserer Gedanken und Wahrnehmungen nicht mehr zu garantieren. Auf dieser Grundlage getroffene Entscheidungen sind fehleranfällig, und auch die ausgeklügeltsten Pläne von Maus und Mensch können so scheitern.

Doch was ist denn so ein Zufall eigentlich genau? Im Alltag nennen wir alles, was wir nicht erwartet haben, einen Zufall, und je seltener ein Ereignis eintritt, desto mehr neigen wir dazu, es als Zufall zu betrachten. «Was für ein Zufall», rufen Sie aus, wenn Sie dem Nachbarn, den Sie sonst nie sehen, zum dritten Mal hintereinander beim abendlichen Verlassen der Wohnung begegnen. Näheres Nachprüfen hätte womöglich ergeben, dass der Nachbar bloß neuerdings einen Strickkurs belegt, der zur selben Zeit beginnt wie Ihr Unterwasseryoga. Oder dass er, weil es Herbst wird, abends die Walnüsse aufsammelt.

Es ist eine logische Plattitüde, dass alle Ereignisse entweder den Naturgesetzen folgen und sich somit vorhersagen lassen, sofern man nur die Vergangenheit genau genug kennt – oder diesen Gesetzen von Ursache und Wirkung eben nicht unterliegen und somit von der Vergangenheit unabhängig, unvorhersehbar und *echter Zufall* sind. Von *echtem Zufall* spreche ich hier, weil es zwar logisch nur diese beiden Möglichkeiten gibt, für den Beobachter aber trotzdem noch eine dritte zu existieren scheint, nämlich den vermeintlich zufällig getroffenen Nachbarn im Hausflur auf dem Weg zu seinem Strickkurs. Einem unvollkommenen Beobachter könnte ja das Beobachtete durchaus zufällig erscheinen, obwohl es strikt gesetzmäßig abläuft, weil der Beobachter das relevante

Gesetz noch nicht erkannt hat oder ihm die relevanten Informationen fehlen. Diese Form des Zufalls können wir, zur Unterscheidung vom echten, Quasizufall nennen.

Widmen wir uns nun zunächst dem echten Zufall. Nach dem aktuellen Stand der Wissenschaft gibt es ihn tatsächlich. Dagegen hilft uns auch der vehemente Einspruch Albert Einsteins nicht, dessen Ausspruch «Gott würfelt nicht» zur stehenden Wendung wurde, obwohl er ihn so nie gesagt hat.[4] Einsteins Aufbegehren gegen den Zufall, der da so grundlegend in die Gesetze der nagelneuen Wissenschaft Quantenmechanik eingewoben schien, stammt aus dem Jahr 1926. Damals war eine definitive Antwort auf die Frage, ob man es bei den Phänomenen der Quantenmechanik mit echtem Zufall zu tun hatte oder doch nur mit Unwissen auf sozusagen Einstein-Niveau, noch nicht in Sicht. Das Bauchgefühl eines enorm kundigen und erfahrenen Wissenschaftlers wie Einstein war unter diesen Umständen eine ganz gute Richtschnur (auch wenn es sich letztlich als falsch herausstellte).

Den Physikern schien es wirklich unmöglich zu sein, den Ausgang einer einzelnen quantenmechanischen Messung vorherzusagen. Alles, was sich über Elementarteilchen sagen ließ, spielte sich im Reich der Wahrscheinlichkeiten ab. Mit dreißigprozentiger Wahrscheinlichkeit fliegt das Elektron durch die linke Tür, mit siebzigprozentiger Wahrscheinlichkeit durch die rechte. Was es tatsächlich macht, muss man abwarten. Keine Kanonenkugel, nicht einmal die des Barons Münchhausen, hat sich je so kapriziös verhalten.

Die im Verhalten der Elementarteilchen beobachteten Gesetze schienen wirklich nur Wahrscheinlichkeiten vorherzusagen, nicht das Verhalten der Teilchen. Oder mit anderen Worten, vorhersagen ließ sich nur das Verhalten einer sehr großen Menge von Teilchen: Von einer Million Elektronen fliegen ungefähr dreihunderttausend durch die linke und siebenhunderttausend durch die rechte Tür. Was ein einzelnes Teilchen tut, ist nicht vorhersagbar und also *echter Zufall.*

Aber jahrzehntelang ließen die Theorien und Beobachtungen der Physiker die Möglichkeit offen, dass sogenannte versteckte Variablen der Grund für diesen beobachteten Zufall waren. Oder um es anders zu sagen: Auch in der Quantenwelt würde womöglich alles strikt vorhersehbar ablaufen, wenn wir nur alles über die beteiligten Teilchen herausgefunden hätten. Was uns wie Zufall erscheint, liegt vielleicht daran, dass dreißig Prozent der Elektronen Linkshänder sind und siebzig Prozent Rechtshänder, was uns bislang verborgen geblieben ist, weil wir so selten auf das hören, was die schon erwähnten «Elektronen auf der Weide» von sich geben.

1982 allerdings gelang dem Physiker Alain Aspect der experimentelle Nachweis, dass es solche versteckten Variablen innerhalb der Quantenmechanik nicht gibt. Er bewies, kurz gesagt, die Existenz des quantenmechanischen echten Zufalls.[5] Er tritt allerdings in seiner reinen Form nur im Verhalten einsamer Elementarteilchen auf, und die begegnen uns im Alltag sehr selten in vereinzelter Form. Physiker müssen sich ziemlich anstrengen, um die einander umschwirrenden Teilchen zu trennen und separat untersuchen zu können, meist haben wir es mit einer enormen Anzahl von Teilchen zu tun.[6] Im Gewimmel riesiger Teilchenmengen verschwindet der Zufall wieder, und die Vorhersagbarkeit ist zurück.

Wir können also grundsätzlich nicht vorhersagen, wie ein einzelnes erhitztes Wassermolekül sich verhalten wird, denn es folgt tatsächlich keinem festen Gesetz. Aber es ist in der Praxis trotzdem garantiert, dass eine Tasse heißen Tees auf unserem Tisch stehen bleibt und sich nicht zum Beispiel im nächsten Moment in einen Walfisch und einen Petunientopf verwandeln wird. Das ist einerseits schade, weil es ohnehin viel zu wenig Wale gibt, aber auch sehr beruhigend, denn bei Petunientöpfen verhält es sich genau umgekehrt, und gegen tatsächlich zufälliges Verhalten in der Welt wären wir buchstäblich wehrlos. Allein der Straßenverkehr wäre unvorstellbar gefährlich, wenn Autos einfach dem Quantenzufall folgend ohne jedes Blinksignal abbiegen würden. Das mag man sich als Radfahrer gar nicht vorstellen müssen. Vor allem ist es eine gute Nachricht, weil es bedeutet, dass der Zufall, den unsere Wahrnehmung durchschauen muss, nicht dieser echte unvorhersagbare Zufall ist, den das geradezu schamlos abnorme Verhalten dieser dahergelaufenen Quanten in die Welt bringt. Sondern dass da aus einer anderen Quelle ein rauschendes Zufallsbächlein über unsere schönen trockenen Fakten sprudelt und sie damit zu Wahrnehmungsbrei macht.

Die Wahrnehmung mag sich nämlich ein Cape umhängen und in enger Superheldenunterwäsche ihr Bestes geben, um die Dinge zu ordnen und vorhersehbar zu machen. Ihr Gegenspieler dabei ist allerdings ein unberechenbarer Superschurke: das mächtige sogenannte deterministische Chaos. Mit der ordnenden Wahrnehmung streitet es um die Hoheit über die Wirklichkeit, seit unsere hypothetische erste Lebensform damit begann, dem Universum bei der Selbstbeobachtung zu helfen.

Apfelmanns Chaos

Exponentielles Wachstum – ein Schachbrett voll Reis fällt um – das Wetter der japanischen Schmetterlinge – die Zukunft ist unberechenbar

Wie das Adjektiv «deterministisch», also «vorherbestimmt», im Namen des Superschurken schon andeutet, hat dieses Chaos nicht viel mit dem zu tun, was wir in unserem Alltag so nennen würden, zum Beispiel die verwirrende Unordnung eines Teenagerzimmers oder unseres Schreibtisches. Das deterministische Chaos ist etwas sehr Besonderes und auf eine Art auch Zauberhaftes, das die sogenannte Chaostheorie systematisch beschrieben und untersucht hat. Sie heißt mit bürgerlichem Namen «Theorie dynamischer Systeme» oder «Theorie nichtlinearer Dynamik» und erlangte in den achtziger Jahren den Status des Rockstars unter den Wissenschaften, unter anderem weil sie aus rührend einfachen mathematischen Gleichungen Bilder von geradezu transzendenter Schönheit erzeugen konnte – ganz vorn dabei die Ansichten der nach einem der Begründer der Theorie, Benoit Mandelbrot, benannten Mandelbrot-Menge, die unter ihrem Künstlernamen «Apfelmännchen» schnell Studentenbudenwände und Zeitschriftentitel zierte. Und zum anderen durch die Geschichte vom Schmetterling in Japan, der mit einem Flügelschlag das europäische Fernsehprogramm beeinflusst, jedenfalls den Wetterbericht.

Dieser Flügelschlag verursacht einen winzigen Luftwirbel, der Luftwirbel löst einen Windstoß aus, der ohne ihn ausgeblieben wäre, der Windstoß lenkt einen Luftstrom um, der Luftstrom stört eine Warmfront, die Großwetterlage über der Arktis wird aus dem Gleichgewicht gebracht, und in Europa stürmt es, wo ohne den Schmetterling die Sonne geschienen hätte. Das ist natürlich auch nur eine plausibel daherkommende Genau-so-Geschichte, aber schon die Plausibilität ist auf den ersten Blick schwer zu glauben. Wie soll aus einem Flügelschlag ein Sturm werden?

Ein zentraler Gegenstand der Chaostheorie sind Situationen, in denen zunächst kaum messbare Unterschiede sehr schnell zu riesigen Abweichungen anwachsen. Und sehr schnell bedeutet in diesem Fall: exponentiell. Exponentielles Wachstum kennt man zum Beispiel aus dem klassischen mathematischen Rätsel der Seerosen, die jeden Tag ihre Fläche verdoppeln. Wenn der See nach zehn Tagen voller Rosen ist, wann war er halb voll? Oder in der indischen Geschichte von Krishna, der den König im Schachspiel besiegt und sich als Preis ein wenig Reis ausgehandelt hat. Ein Reiskorn aufs erste Feld des Schachbretts, zwei aufs zweite, vier aufs dritte und auf jedes weitere Feld immer doppelt so viel wie auf das zuvor, bis zum 64. Feld. Der König war offenbar nicht nur in Schach, sondern auch in Mathematik ein Anfänger. Denn wegen der verlorenen Wette schuldete er Krishna weit mehr Reis, als auf der gesamten Erde pro Jahr geerntet werden konnte. Und der Teich ist übrigens am neunten Tag halb voll, aber das wussten Sie ja.

Allgemein zeichnet sich exponentielles Wachstum dadurch aus, dass sich in einem bestimmten Zeitraum die vorhandene Menge vervielfacht. Das führt dazu, dass die Gesamtmenge in großer Geschwindigkeit über jedes Maß hinaus wächst. In der Chaostheorie schleicht sich damit die Unvorhersehbarkeit gewissermaßen durch die Hintertür in ein eigentlich uhrwerkartig ablaufendes Universum. Alles läuft in chaotischen Systemen in jedem einzelnen Moment streng deterministisch, geordnet und vorhersagbar ab, und trotzdem ist man nach kürzester Zeit von unüberschaubarem Chaos umfangen. Denn weil man nie mit vollständiger Genauigkeit wissen kann, wo sich in einem bestimmten Moment alle Teile des Puzzles befinden, welche Geschwindigkeit oder Temperatur sie haben, und weil alle Abweichungen exponentiell anwachsen, wird in erstaunlich kurzer Zeit aus den kleinsten Ungenauigkeiten komplette Ahnungslosigkeit.

Ahnungslosigkeit bedeutet jedoch nicht, dass sich in jedem bestimmten Moment der nächste nicht einigermaßen genau vorhersagen ließe. Das perfekte Beispiel dafür ist der Wetterbericht. Der wird für die nächsten ein, zwei Tage mit recht hoher Sicherheit zutreffen. Aber je weiter wir uns in die Zukunft vorwagen, desto unsicherer werden unsere Voraussagen. Irgendwann, nach ungefähr zwei Wochen, stochern alle Modelle nur noch im Nebel oder in Hagel, Gewitter oder strahlenden Sonnenschein. Die Modelle taugen nur kurzfristig. Das ist aber keine Schwäche der Modelle, sondern der Chaostheorie zufolge eine Eigenschaft des Wetters selbst. Die Schmetterlinge sind schuld. Gut, dass die jetzt aussterben, dann haben wir endlich wieder ordentliches Wetter.

Unser Fazit an dieser Stelle ist ernüchternd: Jede Form der Wahrnehmung ist fehleranfällig, und zwar umso mehr, je stärker es im Hintergrund rauscht. Das Rauschen ist im übertragenen Sinne jede Beeinflussung der Wahrnehmung, die sich nicht vorhersagen und erklären lässt, und weil in der Natur das deterministische Chaos so weit verbreitet ist, ist Wahrnehmung im naiven Sinn prinzipiell unmöglich. Denn funktionierende Sinnesorgane verschaffen uns nicht zwangsläufig Zugang zu einer objektiven Wirklichkeit. Wer einen Blick auf die Dinge in der Welt wirft, hat danach keine absolute Sicherheit über ihre Position, ihr Aussehen und ihr zukünftiges Verhalten. Im Land der Wahrnehmung regiert der König der Wahrscheinlichkeit, und der scheint unberechenbar.

Aber ist er es auch?

Wahrscheinlich Ziegen

Wahrnehmung ist Wahrscheinlichkeit – Wahrscheinlichkeit ist Wirrnis – Masse und Geburtstag – auf Ziegenjagd – das Richtige fühlt sich falsch an – Taube schlägt Mensch – wozu braucht man das, fragen die Tauben nicht

Über die tatsächliche Existenz oder Nichtexistenz einer objektiven Wirklichkeit müssen wir uns hier keine weiteren Gedanken machen, Fragen dieser Art delegieren wir fröhlich weiter an die Philosophie. Alles, was wir aus Jahrhunderten wissenschaftlicher Beobachtung über die Welt wissen, weist sehr deutlich auf die Existenz einer solchen objektiven Wirklichkeit hin, und das reicht für alle praktischen Zwecke voll und ganz aus.

Aber die Beobachtung dieser Wirklichkeit erlaubt uns leider trotzdem keine sicheren Erkenntnisse über sie. Denn alles Wahrgenommene ist immer mit Unsicherheit behaftet. Umgangssprachlich drücken wir diese Unsicherheit gern in Form von Wahrscheinlichkeiten aus: «Ich bin mir zu 99 Prozent sicher, dass da kein Bomber im Anflug war», sagt der Mann am Radarschirm zu seinem Kollegen. Und der Nachtfalter im Dämmerlicht des Gartens könnte sich denken: «Bei dem ganzen Ultraschallpfeifen hier ist mit fünfzigprozentiger Sicherheit eine Fledermaus auf der Jagd, ich lasse mich mal lieber fallen.» Dazu müssten Nachtfalter allerdings vermuten, rechnen und sprechen können, was evolutionär wahrscheinlich noch einen Moment dauern wird, Tschernobyl und Fukushima hin oder her.

Das ist die praktische Konsequenz all des Rauschens. Wahrnehmung ist ein reines Wahrscheinlichkeitsgeschäft, in dem unerreichbare Sicherheit durch Überzeugungen verschiedener Stärke ersetzt wird. Wer aus der Lücke zwischen zwei Lieferwagen heraus die Straße überqueren will, muss sich aufs Gehör verlassen. Und ob das Motorgeräusch von einem Wagen auf unserer Straßenseite kommt oder von gegenüber, ob das Auto sich entfernt oder näherkommt und ob wir es direkt hören oder es von der Hauswand gegenüber reflektiert wird – all das nehmen wir im Wahrscheinlichkeitsraum wahr, auf dessen einer Wand «Kann Sein» steht und auf dessen anderer «Kann auch nicht sein». Erst wenn wir uns zwischen den Lieferwagen heraus auf die Fahrbahn wagen, haben wir Sicherheit. Die Entscheidung ist dann aber längst getroffen – auf Grundlage von Wahrscheinlichkeiten. Und damit sind wir bei unserem nächsten größeren Problem. Denn mit Wahrscheinlichkeiten in fast allen Erscheinungsformen stehen beinahe alle Menschen auf erbittertem Kriegsfuß.

Manche Fragen sind noch relativ leicht zu beantworten, etwa diese: Wie hoch ist die Wahrscheinlichkeit, dass beim Lotto als Erstes eine 1 gezogen wird (1 zu 49), oder wie hoch ist die Wahrscheinlichkeit für einen Sechserpasch beim Werfen zweier Würfel (1 zu 36). Babyleicht, stimmt's?

Aber kaum werden die Probleme ein winziges bisschen komplizierter, geraten wir ähnlich ins Schwimmen und Zittern wie DiCaprio 1912 im Polarmeer. Was ist denn zum Beispiel die Wahrscheinlichkeit für einen Sechserpasch beim Werfen dreier Würfel?[7] Fügen Sie jetzt noch ein paar Würfel zur Aufgabe hinzu, und selbst gestandene Mathematiker bekommen graue Haare.

Wenn Ihnen die Würfelei zu frivol ist, habe ich dieses Beispiel für Sie: Wie groß ist die Wahrscheinlichkeit, dass in einem Raum mit 23 Menschen mindestens zwei denselben Geburtstag haben? Der genaue Wert ist natürlich schwer zu sagen, aber jedenfalls ziemlich niedrig, richtig? Wir können eine Schätzung versuchen: Dass zwei Menschen denselben Geburtstag haben, hat eine Wahrscheinlichkeit von 1/365, bei 23 Leuten wird es also ungefähr 23/365 sein oder knapp sechs Prozent. Es ist also ziemlich unwahrscheinlich. Stimmen Sie zu?

Man lehnt sich vermutlich nicht weit aus dem Fenster, wenn man behauptet, dass praktisch niemand ohne Ausbildung die richtige Intuition für diese Frage mitbringt. Sie ist aus diesem Grund auch ein Standardbeispiel in Anfängerkursen für Wahrscheinlichkeitsrechnung. Die Antwort nämlich ist überraschenderweise, dass es ein bisschen wahrscheinlicher ist, dass von 23 Personen mindestens zwei denselben Geburtstag haben, als dass das nicht der Fall ist.

Wie kann das sein? Und wie können wir es nachvollziehen? Die gesuchte Wahrscheinlichkeit ist nicht leicht zu berechnen, aber wie oft bei Wahrscheinlichkeitsproblemen ist die Berechnung des Gegenteils deutlich leichter. Was also ist die Wahrscheinlichkeit dafür, dass 23 zufällig ausgewählte Menschen alle an verschiedenen Tagen Geburtstag haben? Gehen wir die 23 der Reihe nach durch, kann der Erste an allen 365 Tagen des Jahres Geburtstag haben, der Zweite an allen 364 Tagen außer dem Geburtstag des Ersten, der Dritte an allen 363 Tagen außer den Geburtstagen der ersten beiden, und so weiter bis zur letzten Person. Die Wahrscheinlichkeit für 23 verschiedene Geburtstage ist also das Produkt 365/365

* 364/365 * 363/365 ... * 343/365. Das ergibt 49,27 Prozent. Die Wahrscheinlichkeit, dass mindestens zwei Menschen denselben Geburtstag haben, beträgt dann entsprechend die 50,73 Prozent, die zu vollen hundert fehlen. Es ist tatsächlich ein winziges bisschen wahrscheinlicher, dass es mindestens zwei gleiche Geburtstage gibt, als dass es 23 verschiedene sind. Der Unterschied zwischen unserer Intuition und der Wahrheit ist der zwischen ungefähr 6 und 51 Prozent. Und das ist kein Einzelfall.

Sehen wir uns eins der berühmtesten Beispiele für irregehende Wahrscheinlichkeitsintuition an, das sogenannte Ziegenproblem. Stellen Sie sich vor, Sie sind Teilnehmer einer Spielshow im Fernsehen. Das Bühnenbild besteht aus drei geschlossenen Türen, die in verschiedene Richtungen zeigen und so die menschliche Geworfenheit symbolisieren. Hinter einer der Türen wartet als herrlicher Preis eine freundliche, kluge und anschmiegsame Ziege. Öffnen Sie diese Tür, gewinnen Sie einen Freund fürs Leben. Hinter den anderen beiden Türen sind als wertlose Trostpreise bunt angemalte Sportwagen geparkt. Sie wählen nun eine der Türen aus. Sie wählen zufällig, denn ihr feines Näschen, mit dem Sie natürlich leicht den Abgasgestank des Autoplunders vom Ziegenduft unterscheiden könnten, hat der Moderator mit Stöpseln verkorkt. Das ist aber nur der Beginn seiner Gemeinheiten. Denn kaum haben Sie Ihre Wahl getroffen, geht der Kerl zu einer der anderen beiden Türen und öffnet sie. Sie fürchten schon, die traurigen Augen der Ziege dahinter zu sehen, die nun noch länger einsam bleiben muss, aber zum Glück sind es nur die traurigen Scheinwerfer eines Ferraris.

Es bleiben zwei geschlossene Türen. Und nun bietet Ihnen der teuflische Moderator an, sich noch einmal neu zu entscheiden. Sie können bei Ihrer zuerst gewählten Tür bleiben,

Der Moderator des Ziegenproblems beim Bewerten Ihrer Intuitionen

oder Sie können auf die andere noch geschlossene wechseln. Was tun Sie? Bleiben Sie bei Ihrer Wahl? Sollten Sie wechseln? Oder ist es egal?

Wenn diese Aufgabe und diese Fragen Sie verwirren, dann liegt das nicht nur an den von der betörenden Vorstellung einer Ziegenfreundschaft fürs Leben aufgestörten Emotionen. Es liegt vor allem daran, dass Ihr Gehirn für derartige Probleme der Wahrscheinlichkeit offenbar nicht eingerichtet ist. Wenn nämlich die von Ihrem Gehirn hergestellte Intuition funktioniert wie die der Mehrheit der Menschen, werden Sie es für egal halten, ob man wechselt oder nicht. Die Tür wurde zufällig ausgewählt, es ist eine von zwei geschlossenen Türen, von denen man nicht weiß, hinter welcher der Preis sich befindet. Die Wahrscheinlichkeit, dass dahinter die Ziege wartet, liegt also bei jeweils fünfzig Prozent, und was der Moderator mit der dritten Tür angestellt hat, spielt ebenso wenig eine Rolle wie die Farbe seiner Unterwäsche oder der Name der auf dem Spiel stehenden Ziege.

Das ist aber leider nicht die richtige Antwort.

Die richtige Antwort ist, dass alle Wechselwilligen ihre Chance auf Ziegenfreundschaft und Gewinn glatt *verdoppeln.* Dieses Ergebnis läuft unseren Intuitionen derart zuwider, dass es zu einem erheblichen öffentlichen Ärgernis wurde, als es 1990 in einer Ratgeberkolumne der amerikanischen Zeitschrift «Parade» zum ersten Mal einer breiten Öffentlichkeit vorgestellt wurde. Die Autorin der Kolumne, Marilyn vos Savant, bekam anschließend tausende Briefe aufgebrachter Leser, die in überwältigender Mehrheit ihrer Antwort widersprachen. Es machte dabei zwar einen kleinen Unterschied, ob die Absender eine mathematische Vorbildung hatten oder nicht, aber über alle Bildungsschichten hinweg widersprach ihr eine deutliche Mehrheit der Leser. Diese deutliche Mehrheit tausender Leserbriefschreiber hatte gründlich unrecht, egal wie vorgebildet und selbstsicher und sarkastisch sie waren.

Die Schwierigkeiten, die wir Menschen mit diesem Problem haben, spiegeln sich schon in der schieren Anzahl der verschiedenen Argumente wider, warum das Wechseln der Tür von Vorteil ist. Es gibt so viele verschiedene, weil die Skeptiker nach jeder neuen Erklärung, die sie hörten, mit den Schultern zuckten, sich einen willkürlichen Fehler in der Logik ausdachten und weiterhin glaubten, recht zu haben.

Eine der Erklärungen beginnt damit, dass die Chance, auf Anhieb die richtige Tür getroffen zu haben, ursprünglich bei einem Drittel lag, weil die Tür zufällig aus drei gleichartigen ausgewählt wurde. Das sehen die meisten sofort ein. Das heißt, in einem von drei Fällen ist hinter der Tür die Ziege, in den anderen beiden ein Auto. Was hinter der gewählten

Tür ist, kann sich aber nicht nachträglich durch etwas verändern, das der Moderator mit einer dritten Tür tut. Die Gewinnchance muss also nach wie vor bei einem Drittel liegen. Damit muss die Wahrscheinlichkeit der nicht gewählten Tür bei zwei Dritteln und damit doppelt so hoch liegen wie für die ursprünglich gewählte Tür. Die korrekte Strategie für das Spiel ist also, immer zu wechseln.

Nun hat dieses Problem, das die Fachwelt nach dem Namen des Moderators einer amerikanischen Gameshow mit ähnlichen Aufgaben als «Monty-Hall-Problem» kennt, seit seiner Veröffentlichung eine Vielzahl von Diskussionen entzündet. Vermutlich auch, weil seine Lösung derart gegen alle Intuition von Laien und bemerkenswerterweise auch von Experten geht. In Mathematikerkreisen werden ausgehend vom Ziegenproblem die Natur der Wahrscheinlichkeit und subtile Feinheiten in seiner Beschreibung und in den möglichen Strategien des Moderators erörtert.[8] Das ist für Mathematiker interessant, für Normalsterbliche jedoch ein wenig zu subtil.

Das gründliche Versagen des Menschen beim Ziegenproblem stellt die Forschung vor ein zünftiges Rätsel ordentlichen Ausmaßes: Warum läuft die Lösung der menschlichen Intuition derart zuwider? Es gibt zwar eine ganze Reihe bekannter psychologischer Mechanismen, die den Irrtum menschlicher Probanden erklären helfen können. Da ist zum Beispiel der «Besitztumseffekt», der die Beurteilung von Dingen zum Positiven hin verschiebt, sobald man sie besitzt. Oder die «Tendenz zum Status quo», in der sich die allgemeine Neigung des Menschen ausdrückt, Veränderungen unabhängig von den Umständen zunächst misstrauisch zu beäugen. Wer schon mal im Nutzerforum einer Webseite die hochemotionalen Reaktionen auf eine egal wie kleine Änderung des Layouts verfolgt hat, weiß genau, wovon die Rede ist.

Aber all diese Effekte umschreiben letztlich nur die Tatsache, dass Menschen sehr schlecht darin sind, derartige Probleme zu lösen, und dass ihnen anderes wie zum Beispiel das durch Besitz vermittelte Statusgefühl oder auch die Beibehaltung der momentanen Umstände wichtiger ist als die korrekte Antwort in dieser Klasse von Wahrscheinlichkeitsproblemen. Diese Effekte beantworten jedoch nicht die Frage, warum das so ist. Und erst recht nicht, warum dieses Versagen eine Rolle spielt.

Denn wenn wir noch einmal an unseren Urorganismus in der Ursuppe denken, wird er wohl kaum in einer Urspieleshow vor die Wahl zwischen drei Urtüren gestellt worden sein, um so die Urziege Shub-Niggurath gewinnen zu können. Und ebenso wenig wird uns dieses Problem in unserem Alltag begegnen. Oder? Ist diese Aufgabe wirklich so realitätsfern, wie es scheint? Und wenn ja, was sollte dann so bemerkenswert daran sein, dass wir Menschen diese lebensfremd konstruierte Aufgabe nicht lösen können?

Im Jahr 2010 veröffentlichten die Psychologen Walter Herbranson und Julia Schroeder eine Studie, in der sie Felsentauben eine Aufgabe gestellt hatten, die im Wesentlichen dem Ziegenproblem glich.[9] Und zwar präsentierten sie den Tieren drei Schalter, die diese mit dem Schnabel berühren konnten. Ein Computer legte vor jedem Durchgang rein zufällig fest, welcher der Schalter für den Gewinn stehen sollte, und registrierte anschließend den von der Taube gewählten. Die Tauben waren darauf trainiert, einen der drei Schalter durch Picken auszuwählen, sobald weiße Lichter in den Schaltern angegangen waren. Dann erloschen die weißen Lichter, und es leuchtete grünes Licht im von der Taube gewählten Schalter und einem der beiden anderen. Das grüne Licht signalisierte nun dem Tier, dass es jetzt entweder seine erste Entscheidung bestätigen und denselben Schalter erneut picken oder aber seine Entscheidung ändern und den anderen grün beleuchteten Knopf auswählen konnte. Pickten die Tauben auf den nicht beleuchteten Schalter (dem im originalen Ziegenproblem die geöffnete und dadurch aus dem Spiel genommene Tür entsprach), passierte gar nichts. Hatten sie den als Gewinn festgelegten grünen Schalter gewählt, bekamen die Tauben Futter, hatten sie auf die Niete gepickt, passierte ebenfalls gar nichts. In jedem Fall gingen die grünen Lichter aus, und nach einer kurzen Pause startete der nächste Durchgang mit drei weißen Lichtern.

Die Aufgabe, die die Tauben zu lösen hatten, entspricht also mathematisch unserem Ziegenproblem. Dem Ziegenproblem, an dem wir Menschen so gründlich scheitern, dass wir nicht nur irren, sondern auch noch selbstgerechte und hämische Leserbriefe schreiben. Ganz anders als wir Menschen waren die Tauben nach zwei Wochen Training in der Lage, das Problem zu lösen und in über 96 Prozent der Durchgänge auf den zunächst nicht gewählten Knopf umzusteigen – also auf die Strategie mit den höchsten Gewinnchancen.

Mit anderen Worten: Die Tauben entdeckten, während sie auf beleuchtete Schalter einpickten, die ideale Lösungsstrategie für das Ziegenproblem und wandten sie an. Die klugen Vögel sind uns vermeintlich schlauen Affen nicht nur in punkto Eleganz und Gefieder überlegen, sondern auch in Fragen der Wahrscheinlichkeit.

Kommen wir zum Kernpunkt der Geschichte. Denn wenn Sie sind wie die meisten Menschen, dann werden Sie die Erkenntnis, dass Ihr Gehirn möglicherweise systematisch zu Irrtümern neigt, jetzt mit einer Rationalisierungsstrategie abwehren. Das ist derselbe Mechanismus, der es Generationen von Schülern erlaubt hat, sich riesige Bildungslücken in allen Bereichen, vor allem aber im naturwissenschaftlichen und mathematischen Bereich schönzureden. Schön und gut, sagen wir dann, das Ziegenproblem kriege ich nicht gelöst, meinetwegen. Aber im Alltag kommen wir sowieso in keine vergleichbare Situation – Ziegen hinter Türen! Außerdem wollte ich die Ziege gar nicht haben, ich wollte die ganze Zeit den Sportwagen. Und überhaupt: Das braucht man doch für nichts.

Dieses Argument sollte Ihre Alarmglocken schrillen lassen. Und zwar nicht, weil es nicht gut möglich ist, dass es tendenziell stimmt. Dass also vielleicht der Aufwand, den es braucht, das Ziegenproblem zu lösen, in einem schlechten Verhältnis zum möglichen Nutzen steht. Das kann immer passieren. Ich zum Beispiel brachte mir in einer Periode existenzieller Langeweile mühsam das Stricken bei. Ich habe sodann ein Strickmuster entworfen, das die Monas-Hieroglyphe John Dees erscheinen ließ, sobald man das fertige Strickgut in einem bestimmten Winkel betrachtete. Monatelang strickte ich an diesem Schal, um ihn nach seiner Fertigstellung kein einziges Mal zu tragen. Aus dieser Erfahrung folgt aber nun nicht, dass es generell Unsinn gewesen sei, das Stricken zu lernen. Das hätte ich nämlich auch ganz ohne diese Erfahrung schon vorher wissen können. Wie auch immer.

Alarmiert sollten wir sein, weil Argumenten dieser pauschalen Art ganz egal ist, ob sie stimmen. Sie sagen nichts über den Kosten und Nutzen des Lernens, sondern sollen hauptsächlich das schlechte Gefühl abstellen, das wir bekommen, wenn wir etwas nicht können, und das auf Kosten der Wahrheit.

Lassen wir diesen Gedanken für einen Moment so stehen, denn am besten können wir beweisen, dass das Ziegenproblem alles andere als weltfremd ist, wenn wir es noch einmal etwas aufmerksamer und im Detail beleuchten. An welcher Stelle genau setzt unsere Intuition eigentlich aus?

Bedingte Wahrheiten

Die Kombination von Unsicherheiten – Blitz und Donner – Köpfe, gegen die Intuition gebürstet – die Ziege der Wahrnehmung beißt sich in den Schwanz

Kaum jemand hat Schwierigkeiten mit dem Verständnis der ursprünglichen Grundwahrscheinlichkeit. Noch einmal: Es gibt drei Türen, also haben wir eine Chance von einem Drittel, die richtige erwischt zu haben, wenn wir komplett zufällig wählen. Dann aber greift der Moderator ein. Es ist diese Intervention, die unser Denken aus der Kurve haut. Mathematisch hat das Öffnen der anderen Tür zwar keinerlei Auswirkungen auf unsere ursprünglich berechnete Wahrscheinlichkeit, die also immer noch bei einem Drittel liegt. Aber die von uns wahrgenommene Wahrscheinlichkeit ist auf fünfzig Prozent gestiegen. Die psychologische Forschung kann noch nicht schlüssig erklären, woraus genau dieser Fehler entsteht.

Was auch immer die Erklärung für diesen Irrtum ist: Er kommt in dem Moment ins Spiel, da wir eine schon wahrgenommene und akzeptierte Wahrscheinlichkeit – die Wahrscheinlichkeit, mit der ersten Vermutung richtig gelegen zu haben – mit neuen Beobachtungen kombinieren müssen. Es ist der Moment, in dem der Moderator uns freundlich anlächelt und eine Tür ohne Preis öffnet, der uns offensichtlich überfordert. Jetzt kommen zu unserem unsicheren Wissen weitere unsichere Informationen dazu, und wir geraten trotz

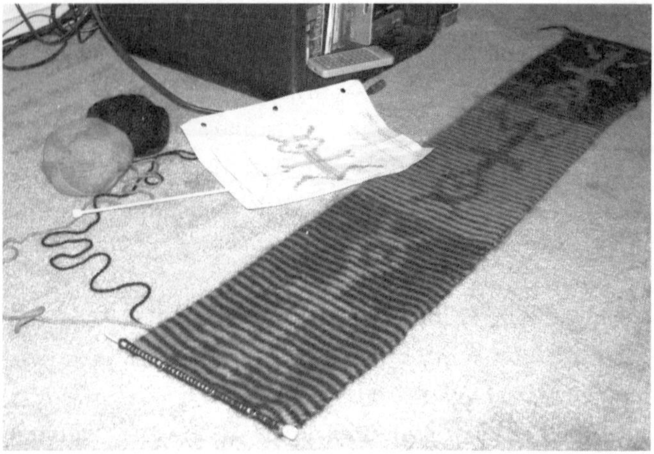

«In Linie und Kreis erscheinen die Dinge zuerst und am einfachsten, sowohl die, die nicht existieren, als auch die, die in der Natur als Möglichkeit angelegt sind.» In Zeiten existenzieller Langeweile kann man es halten wie John Dee und solche Sätze aufschreiben. Oder man strickt halt was.

der Freundlichkeit des Moderators ins Schwimmen. Diese unnötig sperrige und abstrakte Beschreibung einer Spielshow mit Ziege hat wie alle Abstraktion den praktischen Sinn, dass sie uns helfen kann, verborgene Muster zu finden und die gemeinsamen Prinzipien in auf den ersten Blick sehr verschiedenen Dingen aufzuspüren. Und «Kombination von unsicherem Vorwissen mit ebenfalls unsicheren neuen Beobachtungen» klingt verdächtig nach dem Wesen der Wahrnehmung an sich.

Denn wie wir gesehen haben, folgt aus der zufälligen und (im mathematischen Sinn) chaotischen Natur der Welt erstens, dass kein Organismus sich jemals über irgendeine seiner Beobachtungen völlig sicher sein kann. An allem Wahrgenommenen hängt unten das kleine Warnschildchen, das die Erkenntnis sofort wieder relativiert: Könnte sein, könnte auch nicht sein.

Und zweitens gilt für Wahrnehmung noch mehr, was oft übers Lernen gesagt wird: Sie ist nie abgeschlossen. Wir könnten jederzeit einen zweiten Blick riskieren und unsere Meinung ändern, auch wenn wir schon alles zu wissen glauben (dass wir das oft nicht tun, steht auf einem anderen Blatt, das kaum einer liest). Wir können zum Beispiel bei der Beurteilung des Wetters nicht nur auf aufleuchtende Blitze, sondern zusätzlich auf den später zu hörenden oder ausbleibenden Donner achten, egal ob wir ein Urtierchen auf der Suche nach Futter sind oder uns Sorgen um die geplante Grillparty machen. Vielleicht war der Lichtblitz, den das Urtierchen durchs Wohnzimmerfenster gesehen haben mag, nicht hell genug, oder wir haben ihn nur aus dem Augenwinkel gesehen, oder der Nachbar schaut fern und es flackert ohnehin im Hinterhof. Aber wenn es dann kurz nach dem Lichtflackern unklarer Herkunft so laut kracht, dass die Katze für den Rest des Abends unterm Sofa verschwindet, dann wird das Aufleuchten wohl tatsächlich ein Blitz gewesen sein.

Was ich sagen will: Unsere Wahrnehmung ist andauernd mit einem Problem beschäftigt, mit dem Tauben sehr gut zurechtkommen, das uns Menschen aber zu überfordern scheint. Mit der Frage nämlich, wie sich Wahrscheinlichkeiten verändern, wenn wir sie miteinander kombinieren.

Nehmen wir noch einmal unser faszinierendes Ziegenbeispiel. Die ursprüngliche Frage nach der Wahrscheinlichkeit dafür, dass die Ziege sich hinter Tür Nummer 1 befindet, ist noch eine theoretische Frage. Zur Beantwortung braucht es keine Beobachtungen, es genügen ein paar Annahmen darüber, wie die Ziege hinter die Tür gelangt ist. Wenn sowohl die Ziege sich ihr Versteck als auch der Spielteilnehmer seine

Tür zufällig ausgewählt hat, dann liegt die Wahrscheinlichkeit dafür, dass der Suchende die Ziege aufspürt, bei einem Drittel. Im zweiten Schritt fügen wir dem Ganzen aber eine Bedingung hinzu, erkennbar am Wörtchen «wenn» im folgenden Satz: Wie hoch ist die Wahrscheinlichkeit dafür, dass hinter Tür 1 eine Ziege auf uns wartet, *wenn* wir zuerst Tür 1 gewählt haben und dann Tür 2 für uns geöffnet wurde?

Auf unsere Intuitionen, das haben wir schon gesehen, können wir uns bei derartigen bedingten Wahrscheinlichkeiten rein gar nicht verlassen. Wo aber die Antworten aus dem Bauch versagen, bleiben uns nur die anstrengend herzustellenden und schwer zu bedienenden Geschütze einer ordentlichen Theorie. Zuständig für diesen Fall ist die Wahrscheinlichkeitstheorie oder Statistik. Dieses Fach ist, eben weil es unseren Kopf so gründlich gegen seine Intuitionen bürstet, ein unter Studenten gefürchteter Zweig praktischer Mathematik. Aber zugleich gibt die sperrige Statistik ein flammendes Plädoyer gegen den oben erwähnten populistischen und, sagen wir's ruhig, ein wenig dämlichen Einwand ab, man müsse doch wohl nur solche Dinge lernen, die man im Alltag brauche. Wenn Sie nur eine Botschaft aus diesem Buch mitnehmen, dann sollte es diese sein: Ohne ein grundsätzliches Verständnis der Gesetze von Wahrscheinlichkeit und Beweis wandelt ein jeder auf dem trüben Pfad von Irrtum und Illusion einen kargen Hügel hinauf, und oben wartet die Klippe eines folgenreichen Fehlers.

Das wollen Sie mir jetzt wahrscheinlich noch nicht so ganz glauben. Es fühlt sich einfach nicht richtig an, und genau dieser gefühlte Widerstand ist natürlich das Problem. Wir alle neigen dazu, das für richtig zu halten, was viele andere denken, und das Gerede von der unnützen Mathematik ist ja allgegenwärtig. Und warum glauben wir so gerne das, was die anderen glauben? Weil es doch die anderen auch tun. Hier beißt sich die Ziege erst mal in den Schwanz, und das Ganze wird zu einem System aus ineinander verschränkten Zirkelschlüssen. Unser Kopf ist rund, damit das Denken sich bequem im Kreis drehen kann.

Die Blindheit der Ahnungslosen

Der Irrsinn der Bomberflüge – alle fahren besser als alle – wer den Dunning-Kruger-Effekt nicht kennt, ist gezwungen, ihn zu wiederholen

Aber diese blinde Übernahme der möglichen Fehler anderer ist beileibe nicht der einzige Grund, aus dem wir mit den Wahrnehmungsgesetzen und der Statistik auf Kriegsfuß stehen. Wahrscheinlich noch wichtiger ist ein Mechanismus, den die Wissenschaft erstaunlicherweise erst seit rund zwanzig Jahren kennt und den man mit Fug und Recht als die Mutter aller Denkfallen bezeichnen kann. Als stehende Wendung hat sich in der Literatur für ausweglose und paradoxe Fallen der Titel von Joseph Hellers Roman «Catch-22» eingebürgert. Er spielt in Norditalien im Zweiten Weltkrieg, unter den Angehörigen einer amerikanischen Bomberstaffel. Im Buch kommen mehrere solche Fallen vor, aber die prominenteste und titelgebende ist folgende Situation: Die Piloten können von ihren lebensgefährlichen Einsätzen freigestellt werden, wenn sie nachweislich nicht zurechnungsfähig sind. Alles, was sie für eine Freistellung tun müssen, ist, einen entsprechenden Antrag zu stellen.

Aber weil die Bomberflüge so lebensgefährlich und irrsinnig sind, ist die Antragstellung selbst der Beleg dafür, dass der

Pilot zurechnungsfähig sein muss. Wer diese Einsätze nicht fliegen will, der kann nicht komplett irre sein. Die Anträge wurden also aus dem Grund abgelehnt, *dass sie gestellt wurden*. Genau der Umstand also, mit dem sich ein Problem eigentlich lösen ließe, steht einer Lösung unausräumbar im Weg.

Und ähnlich ist es nun beim Bewusstsein für die Wahrscheinlichkeitsgesetze unserer Wahrnehmung. Es ist in der Psychologie schon seit einer Weile bekannt, dass Menschen dazu neigen, sich im Vergleich mit anderen zu überschätzen. In einer Studie mit dem schönen Titel «Fahren wir alle sicherer und besser als alle anderen?»[10] fand der schwedische Forscher Ola Svenson im Jahr 1986 heraus, dass 93 Prozent der von ihm befragten Personen in den USA sich für bessere Fahrer hielten, als es die schlechtere Hälfte der Bevölkerung ihrer Meinung nach war.[11] Dieses Ergebnis wurde seitdem immer wieder reproduziert.

Im Jahr 1999 erregten zwei Forscher Aufsehen mit einem Artikel, in dem sie einen noch nicht ausreichend berücksichtigten Mechanismus für derartige Selbstüberschätzung vorschlugen. Der nach ihnen benannte Dunning-Kruger-Effekt trägt die Absurdität und Paradoxie von Hellers Catch-22 in unser Verständnis der Wahrnehmung. David Dunning und Justin Kruger hatten bemerkt, dass zwischen zwei Eigenschaften ihrer Versuchspersonen ein Zusammenhang bestand. Und zwar zwischen ihrer Kompetenz bei der Lösung einer bestimmten Aufgabe und ihrem Gefühl dafür, wie gut sie diese Aufgabe lösen konnten.

Das klingt zunächst noch ganz harmlos und auch sinnvoll. Wer eine Aufgabe gut lösen kann, der weiß das eben auch. Wenn wir nicht glauben wollen, dass Menschen mit ihrer Selbstwahrnehmung andauernd völlig daneben liegen, dann muss es ja einen solchen Zusammenhang geben. Das bemerkenswerte Detail ist allerdings, dass es andersherum ist, unser Gehirn die Sache also von den Füßen nahezu auf den Kopf stellt: Je inkompetenter eine Versuchsperson in diesen Experimenten war, desto mehr neigte sie dazu, die eigene Kompetenz zu überschätzen. Dunning und Kruger erklärten das damit, dass den Inkompetenten nicht nur die Fähigkeiten zur Lösung der eigentlichen Aufgabe fehlten, sondern dass ihnen genau deswegen auch noch die Einsicht in den eigenen Mangel abgehe. Oder, mit anderen Worten, genau diejenigen, die sich am häufigsten irren, bemerken das mit größter Wahrscheinlichkeit selbst gar nicht.

Im Fall der Wahrscheinlichkeiten ergibt sich so eine fatale Mixtur. Kaum jemand ist diesbezüglich mit der richtigen Intuition ausgestattet. Das macht es enorm anstrengend, sich den korrekten Umgang mit Wahrscheinlichkeiten zu erarbeiten. Was wiederum dazu führt, dass die meisten die Mühe scheuen und am Ende die Prinzipien ihrer Wahrnehmung nicht begreifen. Der Dunning-Kruger-Effekt sorgt also dafür, dass diejenigen, die besonders wenig von den Wahrnehmungsgesetzen verstehen, nicht nur andauernd Fehlschlüssen und Fehlurteilen aufsitzen, sondern eben das auch noch besonders selten bemerken. Womöglich halten sie sich sogar für ausgesprochen umsichtig und kompetent.

Das ist nun eine besonders perfide, weil unsichtbare Falle. Nur wer weiß, dass er in einer Falle steckt, kann überhaupt versuchen, sich zu befreien. Wieso sollte man eine ordentliche Theorie der Wahrscheinlichkeiten entwickeln, wenn man doch gefühlt schon alles darüber weiß?

Die historische Antwort darauf liegt in zwei kurzen, machtvollen Worten.

Spiel.

Und Geld.

Aus Spiel wird Ernst

Nicht für die Schule, fürs Leben spielen wir – die Freiheit der anderen Entscheidung – der erschrockene Seehase – Lernen fühlt sich schlecht an – oder gut – die Berechenbarkeit der Glücksspiele – das Problem der gezinkten Münze

Wie wir gesehen haben, sorgt die Evolution mit blinder Hand dafür, dass sich die ihr unterworfenen Lebewesen über die Zeit besser an die bestehenden Verhältnisse anpassen. Das klingt übrigens immer so positiv, aber es lohnt sich, im Gedächtnis zu behalten, dass ihr wichtigstes Mittel dabei der Tod der weniger gut Angepassten ist. Es mag seine Vorzüge haben, wenn die eigene Spezies eine lange Evolution hinter sich hat, zu unserem Freund wird sie dadurch nicht. Und zum Freund der Hilflosen und Schwachen schon gar nicht.

Die evolutionäre Anpassung führt aber wegen der Zufallselemente der Mutationen selten auf direktem Weg zur Lösung – erst recht nicht zur bestmöglichen. Besonders schwierig wird es, wenn sich die Verhältnisse so schnell ändern, dass die ausgesprochen träge Evolution nicht mehr hinterherkommt. Die Bewohner unserer veränderlichen Welt ringen mit Problemen, zu deren Bewältigung ihre Fähigkeiten nie ganz perfekt zu passen scheinen.

Noch schlimmer sieht es für den Einzelnen aus. Auf Individuen hat die Evolution schließlich gar keinen Einfluss mehr, sobald sie einmal gezeugt sind. Ein Fisch, dem bei der Geburt ein bestimmter Katalog von Instinkten ausgehändigt wurde, kann danach von Mütterchen Evolution in seinem Tieralltag keine weitere Hilfe mehr erwarten. Entweder die vorhandenen Instinkte reichen aus, um über den Tag zu kommen, oder der Fisch verhält sich irgendwann falsch, schnappt nach einem leuchtenden Beutetier und wird vom dahinter lauernden Anglerfisch gefressen.

Die Lösung für dieses Problem ist, die durch die Evolution angelegten Verhaltensweisen ein wenig lockerer zu gestalten und den Tieren Lernfähigkeit mit auf ihren Lebens- und Leidensweg zu geben – eine gewisse Flexibilität und Freiheit. Die Freiheit nämlich, sich in einer Situation, basierend auf vorheriger eigener Erfahrung, anders zu entscheiden, als die genetische instinkthafte Programmierung es vorgibt.

Für die Entdeckung, wie die Natur in Gestalt der Tiere den stur deterministischen Gesetzen von Physik und Chemie diese Lernfähigkeit abtrotzt, hat der in Wien geborene Neurowissenschaftler Eric Kandel im Jahr 2000 den Nobelpreis erhalten. Genauer gesagt hat er den Preis dafür erhalten, dass er unschuldigen kalifornischen Seehasen einen riesigen Schrecken eingejagt hat. Die Seehasen, die Kandel erschreckte, sind bis zu 75 Zentimeter lange Meeresschnecken, deren markante Riechorgane ein wenig wie Hasenohren aussehen. Diese Schnecken reagieren auf unerwartete Reize in ihrer Umgebung, indem sie die Kiemen, die ihren Körper wie ein atmender Nebel umgeben, ruckartig einziehen. Wenn nach dem ersten Schrecken kein Seewolf den Seehasen angegriffen hat und auch sonst nichts Unangenehmes über die Schnecke hereingebrochen ist, atmet sie erleichtert auf. Und das bedeutet im Seehasenfall: Sie breitet ihre schöne Kiemenaura wieder aus und kriecht beruhigt weiter ihrer Wege.

Kandel konnte nun demonstrieren, dass diese Schnecken nach etlichen solcher Schreckmomente, denen kein Schaden folgte, lernten, zukünftige Reize immer mehr zu ignorieren. Und vor allem konnte er danach an den recht simpel gebauten Schnecken bis ins kleinste Detail nachweisen, wie und wo genau in den Schneckennerven sich dieses Lernen biochemisch vollzog.[12] Lernen in seiner einfachsten Form ist eine biochemische Maschinerie, die ganz ohne komplizierte Denkvorgänge auskommt.

Tiere, die mit diesem schönen neuen Lernwerkzeug im Gepäck ihre Reise durchs Leben starten, haben nun gegenüber ihren Vorgängern zunächst einen kleinen Nachteil. Denn der pure, reflexhafte Instinkt ist ja unmittelbar betriebsbereit, aber wenn wir erst lernen müssten, den Arzt, der uns mit dem Hammer aufs Knie haut, in seine Schranken zu treten, müssten wir Zeit ins Üben investieren. Und wo es ums Überleben oder um die Abwendung von Knieschäden geht, kommt zum reinen Aufwand ja noch das Risiko hinzu, während des Übens genau den Schaden zu erleiden, den man doch eigentlich vermeiden will. Der Seehase mag im Forschungslabor das Erschrecken verlernen, weil ihm kein böses Ende nachfolgte, in der freien Natur wird es seinen Artgenossen sehr oft anders ergehen, auf das Erschrecken folgt direkt das Gefressenwerden. Unterwasserhasen sind schmackhaft und stehen auf dem Speiseplan einer breiten Familie von Hasenjägern, vom Hummer bis hin zum Überwasseräffchen Mensch.

Außerhalb des Labors werden Jungtiere mittels ihres Spielverhaltens auf ihr späteres Leben vorbereitet. Dabei gelten im Prinzip dieselben Regeln wie auch im Ernstfall, aber die Folgen eines Irrtums sind enorm abgemildert. Sich vor Raubtieren oder unfreundlichen Mitgliedern der Nachbarhorde zu verstecken und sich aus dem Staub machen zu können, waren über Jahrhunderttausende extrem wichtige Fähigkeiten für den Menschen. Die Situationen, in denen diese Fähigkeiten gebraucht wurden, waren so existenziell gefährlich, dass es eine freundliche Einladung an Unglück und Schaden gewesen wäre, erst im Ernstfall zu erproben, wie ein gutes Versteck beschaffen ist und welche Strategien beim Weglaufen helfen. Stattdessen spielen Menschenkinder seit Urzeiten Verstecken und Fangen und üben dabei ohne Lebensgefahr und übergroßen Stress genau diese Fähigkeiten – und nebenbei natürlich auch Sozialverhalten in Konfliktsituationen, Kommunikation und eine ganze Reihe anderer Dinge.

Jedoch darf das Risiko nicht zu klein werden, denn die Mechanismen des Lernens erfordern ein sogenanntes Fehlersignal. Wenn die dunklen Wolken sich zusammenziehen und die Welt uns ernstlich bedroht, schnurrt unser Verhalten zum allergrößten Teil auf automatisierte und reflexartige Reaktionen zusammen, dafür sorgt unter anderem die Ausschüttung von Stresshormonen. Und um diese automatischen Reaktionsmuster zu verändern, die im Wesen den Reflexen des Seehasen gleichen, ist ein Fehlersignal nötig, das unmittelbar auf unser Verhalten folgt. Der Ärger, den Kinder verspüren, wenn sie im Versteck entdeckt werden oder beim Fangen eine Hand auf der Schulter bemerken, ist also das sicherste Anzeichen dafür, dass sie sich gerade verbessern und dass das Lernen seinen Zweck erfüllt.

Für Utopisten, die lieber ganz ohne schlechte Gefühle auskommen würden, ist das sicherlich keine willkommene Nachricht. Vielleicht hilft es, wenn man sich klarmacht, dass die Enttäuschung nach einer verlorenen Spielrunde ein Zeichen für Fortschritt sein kann. Hurra! Und abermals scheint jetzt die Welt Kopf zu stehen. Spielen und Lernen sind eins, und der Frust beim Verlieren ist ein Zeichen dafür, dass man langfristig gewinnt.

Doch wir wollen nicht das Spielkind mit dem Bad ausschütten: Auch ein gutes Gefühl kann darauf hinweisen, dass sich Lernerfolge einstellen oder dass man zumindest das Gelernte besser beherrscht als die Konkurrenz oder als es die Lehrenden erwarten. Aber dieses gute Gefühl kann natürlich genauso der Dunning-Kruger-Effekt in Aktion sein. Wenn sich zum Beispiel der schlecht versteckte Dreijährige neben dem Vorhang für einen Illusionisten von Weltrang hält, weil seine Eltern laut ihre Ratlosigkeit verkünden und suchend durch die Wohnung taumeln, dann hat dieser Dreijährige wider allen Anscheins nicht gelernt, seinen Körper aus unserem Raum-Zeit-Kontinuum zu entfernen wie ein vergeistigter Jediritter. Sondern er versteht schlicht noch so wenig von der ganzen Angelegenheit, dass er kein ordentliches Fehlersignal erzeugen kann. Gut sichtbar neben dem Vorhang Yoda ist. Aber diese komplette Überschätzung in der Selbstwahrnehmung des Dreijährigen neben dem Vorhang ist ja nur möglich, weil die Eltern mitmachen. Sie ahnen, dass ein ordentliches Fehlersignal nicht zu Lernerfolgen, sondern nur zu Frust führen würde, und verzichten aufs Feedback.

Anders verhält es sich bei jenen Spielen, mit denen der Mensch seinen kindlichen Spieltrieb ins Erwachsenenalter verlängert. In den sogenannten Glücksspielen mit ihren teils enorm hohen Einsätzen gibt es keine kopflos durch die Wohnung irrenden Spielleiter mehr. Wer jetzt seine Chancen falsch einschätzt, auf den zeigt die Wirklichkeit lachend mit dem Finger. Du bist ja gar nicht richtig hinter dem Vorhang versteckt, ruft sie mit bösem Grinsen, dein Einsatz ist verfallen und verloren.

Historisch geht der gesamte mathematische Zweig der Wahrscheinlichkeitstheorie auf das Bedürfnis von Spielern zurück, jene Regeln zu verstehen, nach denen sie mitunter ihre gesamte Existenz buchstäblich aufs Spiel setzten. Wie wahrscheinlich ist es, beim Kniffel eine kleine Straße zu werfen? Wie wahrscheinlich ist bei zehn Pokerspielern am Tisch, dass einer von ihnen zwei Könige auf der Hand hält? Welchen Teil der Roulette-Einsätze behält die Bank auf lange Sicht, und gibt es eine Strategie, mit der man zuverlässig gewinnen kann? Oder, ganz praktisch: Wie können wir sicher sein, dass die Münze des ein wenig zwielichtigen Taschenspielers, den wir in der Kneipe getroffen haben, eine faire Münze ist? Das hieße, dass sie auf beide Seiten mit einer Wahrscheinlichkeit von fünfzig Prozent fällt. Oder genau genommen, dass sie auf beide Seiten mit der gleichen Wahrscheinlichkeit fällt, denn die Münze könnte außerdem, wenn auch eher theoretisch, auf dem Rand stehen bleiben.

Wir wollen also eine vorhandene Münze testen, denn wir wissen, dass ein geschickter Fälscher es geschafft hat, Münzen herzustellen, die drei Mal so häufig auf Zahl landen wie auf Kopf, und sind deshalb auf der Hut. Die Aufgabe der Wahrscheinlichkeitstheorie ist es nun, die Gesetze des Zufalls zu erkennen. Das mutet zunächst ein wenig paradox an, denn in jedem einzelnen Fall zeichnet sich das Zufällige ja gerade durch die Abwesenheit von Gesetz und Vorhersagbarkeit aus. Aber selbst wenn wir jedes einzelne Mal nicht wissen, ob eine geworfene Münze Kopf oder Zahl zeigen wird, können wir doch vorhersagen, dass beides ungefähr gleich häufig passieren sollte. Je öfter wir die Münze werfen, desto mehr sollte sich das Ergebnis angleichen – oder mit der Münze und vermutlich auch mit dem, der sie wirft, stimmt etwas nicht.

Sagen wir also, wir werfen diese Münze 50 Mal, und 23 Mal fällt Zahl. Für uns ist das nahe genug an einer 50-Prozent-Chance und weit entfernt von der gezinkten Münze, die drei Mal so häufig Zahl zeigen sollte. Wir glauben es mit der fairen Münze zu tun zu haben und setzen in einer abenteuerlustigen Laune den Bauernhof samt Viehbestand darauf, dass bei drei Würfen mindestens zwei Mal Kopf fällt. Der Taschenspieler steckt nun aber vor der eigentlichen Wette die Münze flink in seine Tasche und zieht sie sofort wieder heraus, um dann direkt hintereinander drei Mal Zahl zu werfen.

Wir kennen den Vogel nicht und werden misstrauisch. Hat der Mann womöglich eine andere Münze aus der Tasche gezogen? Hat er versucht, uns mit dieser gezinkten Münze um unsere gesamte Habe zu betrügen? Wie hoch ist die Wahrscheinlichkeit dafür, dass er die Münzen vertauscht hat, wenn drei Mal Zahl gefallen ist?

Kann man diese Frage sinnvoll beantworten, und wenn ja, auf welche Weise und mit welchem Ergebnis? Und: Kommt Ihnen die Form der Frage womöglich bekannt vor?

Die Formel des Pastors

Wenn das Wörtchen wenn wär – was ist der Verlust eines Bauernhofs gegen das Betreiben eines Bauernhofs? – ein schottischer Pastor fängt an zu rechnen – im Posterwald der Wissenschaft

Wir vermuten, dass unser Taschenspieler zwei Münzen in der Tasche hat, eine faire, die mit gleicher Wahrscheinlichkeit Kopf oder Zahl zeigt, und eine gezinkte, die drei Mal so häufig auf Zahl liegen bleibt. Er zieht eine der beiden aus der Tasche. Er selbst weiß sicherlich, welche er da gezogen hat, aber wir müssen beobachten, um uns eine Meinung zu bilden. Mit welcher Wahrscheinlichkeit ist die gezogene Münze die faire, *wenn* sie beim ersten Wurf Zahl zeigte? Wie verändert sich die Wahrscheinlichkeit, *wenn* sie beim nächsten Wurf wieder Zahl zeigt? Und *wenn* sie es dann beim dritten Wurf noch einmal tut?

Hier sind wir wieder, im Land der Wenns und der bedingten Wahrscheinlichkeiten. Aber jetzt geht es nicht mehr um eine fiktive Ziege in einer Zeitschriftenkolumne, jetzt geht es um den möglichen Verlust eines Bauernhofs und einer ganzen Ziegenherde, oder, im ausgehenden Mittelalter, um das Leben des Falschspielers. Denn sollten wir zum Schluss kommen, dass der Münzwerfer absichtlich eine gezinkte Münze benutzt, blüht ihm Unerfreuliches.

Wie zuvor bei der Ziege sind die Grundlagen wieder recht einfach. Wir wissen nicht, ob der Mann ehrlich ist oder ein Trickbetrüger, beides scheint uns gleich plausibel. Die Wahrscheinlichkeit, dass er die faire Münze aus der Tasche zieht, liegt also für uns bei 50 Prozent. Oder, anders gesagt, wir wissen zunächst nichts darüber, ob wir es wirklich mit einem gezinkten Geldstück zu tun haben, müssten also raten. Aber dann stoßen wir direkt auf eines der Kernprobleme der Wahrscheinlichkeitstheorie. Die Münze wird nämlich geworfen und fällt auf Zahl. Nun haben wir neue Informationen, die unsere Einschätzung verändern, welche der beiden Münzen geworfen wurde.

Das Ergebnis lautet Zahl, und es lässt sich als Indiz dafür verstehen, dass es sich um die gezinkte Münze handelt, denn die fällt ja viel häufiger auf Zahl als die faire. Die Wahrscheinlichkeit, dass wir es mit der fairen Münze zu tun haben, muss also mit jedem Zahlwurf ein bisschen sinken. Aber wie und um wie viel genau?

Diese Frage der praktischen Mathematik trieb Mitte des achtzehnten Jahrhunderts einen schottischen Pastor namens Thomas Bayes um. Er beschäftigte sich zeitlebens zu ungefähr gleichen Teilen mit Theologie und Wahrscheinlichkeiten und hatte auch beides an der Universität in Edinburgh studiert. Speziell unsere bedingten Wahrscheinlichkeiten faszinierten den guten Pastor sehr, und eine seiner Arbeiten dazu wurde 1763, zwei Jahre nach seinem Tod, von einem Freund bei einem Treffen der Royal Society in London erstmals öffentlich verlesen – das war die damals übliche Methode wissenschaftlicher Publikation. In dieser Arbeit lag der Keim einer Formel, die der berühmte Mathematiker Pierre-Simon Laplace später ausformulierte. Sie heißt heute, in Erinnerung an Pastor Thomas, der «Satz von Bayes» oder das «Bayes'sche Theorem». Und sie ist in der jüngeren Wissenschaftsgeschichte, vor allem seit der Entwicklung von Computern, so tief in die Wahrscheinlichkeitstheorie und vor allem in die Wahrnehmungsforschung eingedrungen, dass sie unmöglich wieder wegzudenken ist.

Wahrnehmung verstehen wir heutzutage ganz grundlegend als Bayesianischen Prozess, das heißt als die kontinuierliche Auswertung solcher bedingter Wahrscheinlichkeiten. Aufgeschrieben scheint der «Satz von Bayes» verführerisch schlicht und zugleich von hermetisch dichter mathematischer Poesie – besonders wenn man keine rechte Ader für diese Sonderform der Lyrik hat.

Der Satz von Bayes lautet $p(T|B) = p(T) * p(B|T) / p(B)$.

Alles klärchen?

Ich kann mich noch gut an eine meiner ersten wissenschaftlichen Konferenzen erinnern, ein Jahrestreffen der Society for Neuroscience und eine geradezu monströs riesige Veranstaltung, an der weit über 30 000 Neurowissenschaftler aus aller Welt teilnehmen und auf der jedes Jahr die neuesten Ergebnisse und Theorien präsentiert werden. In den Messehallen, in denen sich die Neurowissenschaftler im Spätherbst versammeln wie Zugvogelschwärme auf entlaubten Bäumen, stehen scheinbar endlose Reihen von Stellwänden. Und auf jeder dieser Stellwände findet sich in Posterform das aktuelle wissenschaftliche Ergebnis einer einzelnen Arbeitsgruppe. Die enormen Posterwälder sind die heutige Entsprechung der Vorlesungen bei der Royal Society. In diesen Wald ruft man neue wissenschaftliche Ergebnisse hinein, und aus ihm schallt es dann im Jahr darauf wieder heraus.

Für Ordnung sorgen grobe thematische Gruppierungen. Da folgt vielleicht auf eine Reihe von Studien zum Spracherwerb bei Kleinkindern eine über die Rolle von Kalzium in den Zellmembranen der Synapsen des Seehasen, und direkt daneben hängen theoretische Abhandlungen über die Eigenschaften simulierter neuronaler Netzwerke. Auf dem Weg durch dieses Dickicht kommt es häufig vor, dass man sich in einen Bereich verirrt, in dem man beinahe nichts versteht – mir persönlich erging es so im Postergestrüpp von Molekulargenetik und Biochemie. Ich lief staunend durchs Sprachgesumm dieser mir verschlossen bleibenden Welten, vor denen in Grüppchen die zuständigen Experten standen und ihre Argumente austauschten, für und wider Positionen, die ich nur mit Mühe hätte nachvollziehen können.

Aber weit beeindruckender als die unbekannten Regionen, in denen mein Vorwissen schlicht nicht ausreichte, um mitzudenken oder gar mitzureden, waren für mich jene Gegenden des Waldes, in denen Themen verhandelt wurden, die ich verstand, aber mit Methoden und Formulierungen, die mir neu genug waren, um wie eine Mischung aus Fremdsprache und Zauberei anzumuten. So ging es mir anfangs auch mit den Bayesianischen Studien zur Wahrnehmung, in denen die schon mehrfach erwähnten bedingten Wahrscheinlichkeiten einen mathematischen Reigen tanzten. Die Zahl dieser Studien nahm über die Jahre stetig zu, bis heute, da die entsprechenden Posterwände so dicht stehen, dass man nicht mehr an ihnen vorbeisieht. Letztlich gewöhnte ich mich

Manche lassen sich lieber einen Fleischtunnel durch die Handfläche stechen als mal ein bisschen zu rechnen. Andere halten das für gelogen.

recht schnell an die Formeln und Denkweise Bayesianischer Mathematik, aber damals rechnete ich geradezu damit, dass sich beim lauten Vorlesen der sonderbaren Zeichen unsichtbare Fugen im Boden auftun würden wie die Tore Morias und mir eine Passage durch ungeahnte Unterwelten bevorstünde.

Ganz so schlimm kam es nicht, aber ich muss tatsächlich trotzdem für einen Moment um Ihre ungeteilte Konzentration bitten. Also, Handy weglegen (es sei denn natürlich, Sie lesen dieses Buch auf Ihrem Handy. Dann bitte das Handy nicht weglegen). Bayes' Formel ist so wichtig und die darin verpackte Einsicht ein derartiger Meilenstein der menschlichen Welterkenntnis, dass eigentlich jeder sich die Zeit nehmen sollte, sie anhand unseres Münzbeispiels im Detail nachzuvollziehen und zu verstehen.

Wenn Sie allerdings zu denen gehören, denen Formeln wegen all der spitzen Symbole darin Angst einjagen, dann können Sie notfalls am Ende des folgenden Kapitels wieder einsteigen. Dort geht es direkt mit der Interpretation von Bayes' Regel weiter, und ich verspreche, dass Sie nichts für das Verständnis dieses Buches Wesentliches verpassen, wenn Sie die Abkürzung nehmen. Sie werden allerdings einige Dinge, die Sie mit dem nächsten Kapitel auch selbst nachvollziehen könnten, mir als Experten unbesehen glauben müssen. Das ist eine völlig legitime Arbeitsteilung und die Grundlage der meisten Dinge, die wir den Tag über so glauben. Das Wenigste davon könnten wir ja selber beweisen oder nachrechnen.

Aber eigentlich lautet eine der Kernbotschaften dieses Buches, dass immer ein bisschen Mühe vonnöten ist, wenn die Wahrnehmung ihren Zweck erfüllen soll, nämlich den, unser Leben zu verbessern. Und dass auf lange Sicht sich selbst und anderen schadet, wer sich vor dieser Mühe immer wieder drückt. Haben Sie also keine Angst; ich ahne durchaus, wie Sie sich fühlen, wenn Ihnen nackte Formeln frech entgegenstarren. Lassen Sie sich an die Hand nehmen und folgen Sie mir in den finstren Zahlenwald, um dort ein wenig Licht zu machen.

Es lohnt sich.

Bayesianische Waldwanderung

Wegweiser im Zahlenwald – bedingte Fairness – berechneter Betrugsverdacht – Wahrnehmung und Vorurteil

Gleich am Eingang zu Pastor Bayes' Zauber- und Zahlenwald (Eintritt frei!) steht zur Orientierung noch einmal seine Formel in freundlichen Farben auf einem großen Wegweiser:

$$p(F|Z) = p(F) * \frac{p(Z|F)}{p(Z)}$$

Direkt daneben ein lächelnder Smiley. Sehr hilfreich, da soll es also langgehen.

Aber was genau bedeuten die sonderbaren Zeichen in dieser merkwürdigen Reihenfolge? Zu unserem Glück wurden die Buchstaben in Bayes' Formel schon durch welche ersetzt, die genau zu unserem Fall der beiden Münzen passen. Und auf der Tafel gibt es eine Legende, die alle Buchstaben einzeln erklärt. Die vier kleinen p stehen jeweils für eine besondere Wahrscheinlichkeit, und die Buchstaben in den Klammern zeigen an, für welche.

Der Buchstabe F steht für die Annahme, dass die geworfene Münze die faire Münze war. Und Z steht für die Beobachtung, dass beim Münzwurf Zahl gefallen ist. Bleiben zum vollständigen Verständnis der Formel noch diese sonderbaren senkrechten Striche. Sie lassen sich als das Wenn lesen, das wir schon weiter oben verwendet haben, als wir von bedingten Wahrscheinlichkeiten sprachen.

$p(F|Z)$ ist also die Wahrscheinlichkeit dafür, dass die faire Münze im Spiel ist, *wenn* Zahl geworfen wurde. Der Wert $p(F|Z)$ ist das eigentliche Ziel unserer Berechnung, er wird zuletzt die Grundlage für unser Wahrnehmungsurteil sein, welche Münze geworfen wurde. Der Rest der Formel gibt an, wie wir dieses interessante p(F|Z) berechnen können.

Die zweite bedingte Wahrscheinlichkeit in der Formel, p(Z|F), ist die sozusagen umgekehrte Wahrscheinlichkeit, nämlich die Wahrscheinlichkeit, dass Zahl geworfen wird, *wenn* die Münze fair ist. Diese Wahrscheinlichkeit kennen wir, sie liegt, weil die Münze eben fair ist, bei fünfzig Prozent bzw. 0,5.

Bayes' Theorem bedeutet nun, dass diese beiden bedingten Wahrscheinlichkeiten zwar eng miteinander zusammenhängen, jedoch nicht immer identisch sind. Aber, sagen uns Thomas Bayes und seine Formel, wir können die gesuchte Wahrscheinlichkeit aus jenen berechnen, die wir bereits kennen. Und dann kann sich unsere Wahrnehmung der Münze abhängig davon ändern, wie sie fällt.

Die beiden noch fehlenden Ausdrücke in der Formel sind p(F) und p(Z). Das ist jeweils die Gesamtwahrscheinlichkeit dafür, dass die Münze fair ist und dass Zahl fällt. Diese beiden Wahrscheinlichkeiten haben keinen senkrechten Strich und somit auch keine Bedingung. Weil in unserem Beispiel der Taschenspieler zwei Münzen hatte, von denen eine fair ist und eine nicht, können wir den Ausgangswert für p(F) leicht festlegen. Bei zufälliger Wahl aus zwei Münzen liegt er bei fünfzig Prozent: p(F) = 0,5.

p(Z) ist die Wahrscheinlichkeit dafür, dass bei einem Münzwurf Zahl fällt, und ähnlich simpel. Es gibt bei Münzen nun einmal Kopf oder Zahl, und wenn wir sonst nichts über die jeweilige Münze wissen, sind auch hier wieder beide Optionen gleich wahrscheinlich. Somit ist auch p(Z) = 0,5.

Nun besagt Bayes' Regel, dass die Wahrscheinlichkeit, dass die Münze fair ist, *wenn* ein Mal Zahl geworfen wurde, p(F|Z) = 0,5 * 0,5 / 0,5 ist. Das heißt, die Wahrscheinlichkeit für die faire Münze ändert sich nach Bayes' Formel offenbar zunächst nicht, wenn Zahl geworfen wird. Aber wir möchten ja nicht nur wissen, ob eine faire Münze auf Zahl landen könnte, wir möchten vor allem wissen, ob wir es mit einer von zwei verschiedenen Münzen zu tun haben. Betrachten wir deshalb entsprechend auch Bayes' Formel für die gezinkte Münze. Nach derselben Logik wie oben können wir sie als p(G|Z) = p(G) * p(Z|G) / p(Z) schreiben. Und wie oben liegen p(G) und p(Z) bei 0,5.

Aber p(Z|G), also die Wahrscheinlichkeit dafür, dass Zahl fällt, wenn die geworfene Münze die gezinkte ist, ist nun höher. Bei der gezinkten Münze fällt drei Mal so oft Zahl wie Kopf, also im Schnitt in drei von vier Fällen. p(Z) ist also 3/4 oder 0,75. Und damit lautet die Rechnung: p(G|Z) = 0,5 * 0,75 / 0,5 = 0,75.

Nun haben wir also p(G|Z) = 0,75 und p(F|Z) = 0,5. Das sind die einzigen Möglichkeiten in unserem Fall, weil jede Münze entweder gezinkt oder fair sein muss. Diese beiden Wahrscheinlichkeiten müssen sich deshalb wieder wie vorher zu 1 addieren. Das erreichen wir, indem wir sie noch durch ihre Summe, also durch 0,5 + 0,75 = 1,25, teilen.

Dann erhalten wir als Ergebnis p(G|Z) = 0,75 / 1,25 = 0,6 und p(F|Z) = 0,5 / 1,25 = 0,4.

Die Wahrscheinlichkeit dafür, dass in unserer Situation die faire Münze geworfen wurde, ist damit also von 50 auf 40 Prozent gefallen, wenn mit der Münze Zahl geworfen wurde. Nach diesem Wurf haben wir ein p(F) von 0,4 und ein p(G) von 0,6.

Was passiert nun, wenn wir dieselbe Münze noch ein zweites Mal werfen und wieder Zahl oben liegt? Für diesen Fall haben wir alle Vorarbeit schon geleistet. Die Wahrscheinlichkeiten haben noch denselben Wert wie in der ersten Runde, nur p(F) und p(G) haben sich durch den ersten Wurf verändert.

Wir haben also p(F|Z) = 0,4 * 0,5 / 0,5 = 0,4 und p(G|Z) = 0,6 * 0,75 / 0,5 = 0,9. Beide Werte müssen wir wieder durch ihre Summe teilen, die jetzt bei 1,3 liegt, und erhalten damit p(F) = 4/13 und p(G) = 9/13, oder ungefähr 31 Prozent und 69 Prozent.

Jetzt haben wir schon Übung in der Sache und können das Ganze auch noch ein drittes Mal wiederholen. Diesmal bekommen wir p(F|Z) = 4/13 und p(G|Z) = 27/26, und nachdem wir erneut durch Division die Summe von 35/26 auf 1 gebracht haben, p(F) = 8/35 und p(G) = 27/35. Das sind jetzt ungefähr 23 Prozent und 77 Prozent.

Wie vorhergesagt, ist also mit jedem Wurf, bei dem Zahl fällt, die Wahrscheinlichkeit gestiegen, dass wir es mit der gezinkten Münze zu tun haben, von anfänglich 50 auf 77 Prozent nach drei Würfen. Oder, mit anderen Worten, es ist nach drei Würfen von Zahl mehr als drei Mal so wahrscheinlich, dass der Taschenspieler uns zu betrügen versucht, als dass er fair spielt.

So also können wir uns aus Einzelbeobachtungen nach und nach ein Urteil bilden. Es ist eine Bemerkung wert, dass unsere Meinung von dieser Situation, so wie wir sie eben berechnet haben, niemals zu einer Sicherheit werden kann, wie viele Male auch immer hintereinander Zahl fällt. p(F|Z) kann nicht auf null sinken und aus der Gleichung verschwinden. Unser Urteil wird immer ein Wahrscheinlichkeitsurteil bleiben, und es wird immer ein Rest Unsicherheit zurückbleiben.

Aber ein anderer Punkt ist noch deutlich bemerkenswerter.

Wir haben diese Berechnung mit der Annahme begonnen, dass es gleich wahrscheinlich ist, dass der Spieler die gezinkte oder die faire Münze aus seiner Tasche zieht. Kennen wir aber die Vorgeschichte des Mannes, wurde er etwa schon einmal des Betruges überführt, verdächtigen wir ihn womöglich von Anfang an. Sagen wir, wir halten es schon zu Beginn für drei Mal so wahrscheinlich, dass er die gezinkte Münze aus der Tasche zieht, wie dass es die faire ist. Dann ist von Anfang an $p(F) = 0{,}25$ und $p(G) = 0{,}75$.

Wenn nun drei Mal Zahl geworfen wird, entwickeln sich diese Wahrscheinlichkeiten von 25/75 Prozent zu ungefähr 18/82 Prozent nach dem ersten, 13/87 Prozent nach dem zweiten und 9/91 Prozent nach dem dritten Wurf. Die Wahrscheinlichkeit für einen Betrug ist jetzt zehn Mal so hoch wie die für ein faires Spiel. Und zwar ohne dass sich an den zugrunde liegenden Beobachtungen auch nur eine winzige Kleinigkeit verändert hätte.

An dieser Stelle verlassen wir Pastor Bayes' Zauber- und Zahlenwald wieder. Denn der erschütternde Schluss, den wir ziehen können, hat zwar seine Grundlage in der exakten Form von Bayes' Formel und den mathematischen Feinheiten der Wahrscheinlichkeitstheorie. Aber die Folgen dieser Erschütterung setzen sich in Wellen quer durch alle Bereiche der Wahrnehmung fort.

Denn nicht nur haben die beiden Wahrscheinlichkeiten $p(F)$ und $p(G)$ hier enormen Einfluss auf unsere Wahrnehmung gehabt. Wir können die ganze Berechnung noch nicht einmal beginnen, wenn wir uns nicht entscheiden, welchen Wert diese beiden Wahrscheinlichkeiten haben sollen. Auf welcher Grundlage sollen wir das tun, fragen Sie? Und für die Antwort haben wir keine Wahl, denn an dieser Stelle haben wir ja noch gar keine Beobachtungen gemacht.

Wir wählen diese wichtigen Startwerte auf der Grundlage unserer Vorurteile.

Auf den Schultern von Riesen

Relativität mit verwuscheltem Haar – Masse mal Lichtgeschwindigkeit zum Quadrat ist gleich BUMM – den Stern hinter der Sonne sehen – der unsichtbare Dritte – Riemanns gekrümmte Schultern

Vorurteile haben nicht den besten Ruf. Aber wie problematisch sie für die Jagd nach Erkenntnis und Wahrheit wirklich werden können und welche Widerstände sie selbst bei Experten produzieren können, können wir uns am Beispiel einer der folgenreichsten Entdeckungen der Wissenschaftsgeschichte veranschaulichen.

Sir Arthur Eddington war einer der berühmtesten Astrophysiker der Welt, und im Nebenberuf war er auch einer der besten Erklärbären für wissenschaftliche Ergebnisse, vor allem für die Relativitätstheorie. Sein Erklärbuch dazu wurde von Albert Einstein selbst als die wohl beste Einführung ins Thema gepriesen.

Wenige wissenschaftliche Theorien hatten einen so immensen Einfluss auf die populäre Kultur und auf die Phantasie von Nichtwissenschaftlern wie Einsteins Relativitätstheorie, und bei wenigen unserer sonstigen wissenschaftlichen Erkenntnisse herrscht derart breite Einigkeit darüber, dass ihr Verständnis aber wirklich außerordentlich schwierig ist.

Nur die Quantenmechanik mit ihren kuriosen Wellenteilchen und ihrem Zufallsprinzip übertrifft sie vielleicht noch. Unter anderem, weil das Gerücht umgeht, auch Einstein selbst, der fröhliche, der Kamera die Zunge zeigende Archetyp des gelehrten Genies mit dem verwuschelten Haar, habe seine Schwierigkeiten mit ihr gehabt. Was übrigens nur bedingt stimmt, denn Einstein hatte seine Schwierigkeiten mit der

Interpretation der Quantenphysik und war anderer Meinung als die Mehrheit. Verstanden hat er sie aber schon ganz gut.

Die zentrale Formel $E = mc^2$ der Relativitätstheorie ist längst als Sinnbild wissenschaftlicher Verstiegenheit und schrulliger mathematischer Zungenrede auf T-Shirts und Kaffeetassen gelandet. Die kurze Formel verkörpert aber parallel zu ihrem amüsanten Pop-Appeal auch eine bedrohliche und geradezu magische Seite des wissenschaftlichen Erfolgs. Da stehen so wenige, so einfache Zeichen auf dem Papier, nichts als ein paar Buchstaben und eine Zwei. Und Simsalabim, mit einem Gleichheitszeichen versehen werden Materie und Energie gleichgesetzt und die Möglichkeit geschaffen, eine elementare, unzähmbare und – seien wir ehrlich – unbegreifliche Kraft aus ihrem Gefängnis in den Kernen der Materie zu befreien und in Atombomben und Kernreaktoren auf die Welt loszulassen. Eine Kraft, die ganze Städte auslöschen kann, die ganze Ozeane radioaktiv verseucht und die im atomaren Megadeath-Arsenal der Supermächte als mächtiges «Damenklo-Schwert» (Rattelschneck) jahrzehntelang schwer über den Köpfen der kollektiven Menschheit hing. Und da auch noch eine Weile hängen bleibt, so Trump, Kim und ihre geschätzten Kollegen nichts daran ändern.

Praktisch alle heute lebenden Menschen kennen nur eine Welt, in der diese beunruhigende Kraft am Horizont lauert, kaum jemand lebt noch, der vor dem *Manhattan-Projekt*, vor *Little Boy* und *Fat Man*, dem kleinen Jungen und dem dicken Mann, geboren wurde. Wer dazu neigt, sich von der amüsanten Militärromantik dieser niedlichen Namen für die mörderischen Superwaffen einwickeln zu lassen, dem sei John Herseys erschütterndes dokumentarisches Buch «Hiroshima» ans Herz gelegt. Beim Lesen kann man im Hintergrund die achte Folge von David Lynchs «Twin Peaks – The Return» laufen lassen, einen Höhepunkt der visuellen Schreckenserzählung, so wie die Relativitätstheorie selbst, ungeachtet all ihrer Folgen, ein ganz besonderes Bäumchen menschlicher Erkenntnis ist. Dessen Früchte wir übrigens beispielsweise dann ernten, wenn unsere Mobiltelefone die GPS-Satelliten benutzen, um zu berechnen, wo sie sich befinden. Ohne die Allgemeine Relativitätstheorie würde keine Karten-App so gut (oder schlecht) funktionieren, wie sie es eben tut. Sondern gar nicht.

Als Einstein die Allgemeine Relativitätstheorie vorstellte, war an all das freilich noch nicht im Entferntesten zu denken, Theorien waren noch harmlose Kopfgeburten, die im schlimmsten Fall Weltbilder gefährdeten und nicht gleich ganze Welten. Aber $E = mc^2$, die mysteriöse Äquivalenz von Masse und Energie, von Ding und Möglichkeit, stand schon im Raum. In einem Raum allerdings, den die Allgemeine Relativitätstheorie mit ihren abstrusen Theorien krümmen und biegen sollte und in den auf unbegreifliche Weise die Zeit mit eingebacken wurde.

Arthur Eddington jedenfalls hatte 1919 eine Expedition auf die Insel Príncipe vor der Küste Afrikas unternommen, um dort während einer totalen Sonnenfinsternis Beweise für die irrsinnig anmutenden theoretischen Vorhersagen Einsteins zu sammeln. Das Licht eines fernen Sterns, der eigentlich von Príncipe aus gesehen hinter der Sonne hätte stehen sollen, würde aufgrund der vorhergesagten Krümmung des Raums einen kleinen Bogen um den brennenden Gasball im Zentrum unserer kleinen Welt schlagen und nach all der Mühe schließlich Eddingtons Fotokamera erreichen. Und das tat er tatsächlich.

Ende desselben Jahres stellte Eddington seine Ergebnisse bei der Royal Society in London vor[13] und wurde nach dem Vortrag von seinem Kollegen Ludwig Silberstein angesprochen, der der umwälzenden Entdeckung eher skeptisch gegenüberstand. Silberstein begann seine Kritik vorsichtig mit einem Kompliment: Er habe keinen Zweifel, dass Eddington als einer von weltweit wahrscheinlich nur drei Menschen, die die Relativitätstheorie verstünden, wisse, wovon er spreche. Eddington schwieg. Silberstein ermunterte ihn, doch nicht übertrieben bescheiden zu sein und das Kompliment ruhig anzunehmen. Darum gehe es gar nicht, erwiderte Eddington. Er frage sich nur, wer denn wohl der dritte sei.

In dieser Episode klingt wie in einem Orchesterakkord eine ganze Bandbreite von wichtigen Fragen rund um Erkenntnis, Wissenschaft und Wahrnehmung an. Der Umstand etwa, dass das Vertrauen, das wir den Experten in vielen Bereichen entgegenbringen müssen, im direkten Widerspruch dazu steht, dass wir meist schlecht bis gar nicht beurteilen können, ob die Experten da eigentlich Unsinn erzählen. Oder die Tatsache, dass die meisten wichtigen Erkenntnisse unseren Intuitionen mit Zähnen und Klauen abgerungen werden müssen. Und natürlich steckt in der Geschichte der Atombombe auch die Problematik des Wissens: Nicht alles Wissen hat angenehme oder positive Folgen und nichts, das einmal gedacht wurde, kann wieder zurückgenommen werden. Aber Unwissen ist in jedem Fall problematischer, allein schon, weil ja auch andere den entsprechenden Gedanken haben können. So furchtbar der Einsatz der Atombombe war, wäre die erste nicht in Los Alamos, sondern in Haigerloch entwickelt worden, sähe die Welt heute gehörig anders aus.

Einstein veröffentlichte die Allgemeine Relativitätstheorie im Jahr 1915. Seine Beschreibung der gekrümmten Raumzeit ruhte damals auf den gekrümmten, breiten Schultern des Mathematikers Riemann, der bei seinem Habilitationsvortrag im Jahr 1857 unter dem unscheinbaren Titel «Über die Hypothesen, die der Geometrie zugrunde liegen» eine wunderliche neue Geometrie vorgeschlagen hatte. In ihr studierte er den Begriff einer n-fach ausgedehnten Größe, Mannigfaltigkeiten von n Dimensionen und den inneren Grund der Maßverhältnisse des Raums. Abgedrehtes Zeug, mit anderen Worten. Damals schienen seine mathematischen Spekulationen hauptsächlich für Fachleute interessant zu sein. Aber fünfzig Jahre später stellte sich heraus, dass Riemanns mannigfaltige Räume mit ihren gekrümmten Geometrien nicht einfach eine mathematische Spielerei waren, sondern die versteckte Grundlage der gesamten physikalischen Wirklichkeit. Das Unplausible, das all unseren Vorurteilen widersprach, erwies sich am Ende als im wahrsten Wortsinne weltbewegende Erkenntnis, deren explosiver Knall rund um den Globus gehört wurde. Eines der Kernkraftwerke, das unter anderem aufgrund der weltfremd anmutenden und all unseren Vorurteilen über die Natur der Wirklichkeit widersprechenden mathematischen Spielereien Riemanns entwickelt werden konnte, gibt seit nunmehr acht Jahren kontinuierlich Radioaktivität an den Pazifik ab.

Und damit kehren wir zurück zu Pastor Thomas Bayes, dessen Theorem zu Wahrnehmung und Vorurteil zu seinen Lebzeiten unbekannt blieb und erst durch den späteren Einsatz von Laplace wenigstens Einzug in die Fachwelt mathematischer Spezialisten fand.

Ok Computer

Langes Vogelbein oder kleiner Ast? – kuriose Mannigfaltigkeiten – Assistenz für Pastor Bayes – ein Beutel voller Münzen und Wahrscheinlichkeiten

Wenn es Ihnen geht wie den meisten, dann sind Sie im Moment noch ein wenig skeptisch. Gut und schön, sagen Sie vielleicht, Bayes' Theorem gibt uns eine Gleichung an die Hand, mit der wir die langsame Ansammlung unsicherer Daten beschreiben können. Die Gleichung des Theorems sagt uns, wie sich die Wahrscheinlichkeit einer bestimmten Einschätzung verändert, wenn neue Beobachtungen gemacht werden, die mit dieser Einschätzung zu tun haben. Im konkreten Beispiel haben wir uns dabei das Werfen einer Münze angesehen. Aber wann kommen wir im täglichen Leben schon mal in derart aufgeräumte Situationen, in denen es genau zwei Möglichkeiten gibt: normale Münze oder Fälschung. So gut wie nie. Realistischer wäre folgendes Szenario: Ich höre beim Waldspaziergang ein Knacken im Unterholz. Durch die Blätter meine ich etwas Dunkles zu erkennen – oder ist es im Gebüsch einfach nur dunkler als hier auf dem Waldweg, und das, was ich sehe, ist eigentlich gar nicht so dunkel? War es ein langes Vogelbein in Bewegung – oder ein kleiner Ast? Riecht es plötzlich nach gebratenem Hühnchen, oder ist das nur mein Hunger? Sind Velociraptoren in der Nähe gesehen worden? Raschelt es ein Stück tiefer im Dickicht? Sind das verzweifelte Schreie oder der Pulsschlag in meinem Ohr?

Die Vielfalt der Sinneseindrücke und die Vielfalt der möglichen Erklärungen ist in jedem Moment so groß, dass Bayes' Theorem, so interessant es grundsätzlich ist, schon einen einfachen Waldspaziergang hoffnungslos vereinfachen müsste, um ihn noch vernünftig berechnen zu können. Wie soll eine derart simple Gleichung auf die Realität passen?

So dachte man lange Zeit, ähnlich wie man lange Zeit Riemanns Mannigfaltigkeiten für mathematische Kuriositäten gehalten hatte. Aber dann kam in beiden Fällen Einstein daher und stieß erst die Entwicklung der Quantenmechanik an und veröffentlichte dann die Relativitätstheorie.

Die Quantenmechanik erlaubte die Erfindung von Transistoren, die Transistoren wurden im Laufe der Zeit immer kleiner und immer zahlreicher, versammelten sich auf Microchips zu komplexen Schaltkreisen, und plötzlich gab es undenkbar schnelle und leistungsfähige Rechenmaschinen. Und damit veränderte sich die kollektive Wahrnehmung der These, dass menschliche Wahrnehmung zu komplex sei fürs Berechnen. Das ist ein wenig kurios, weil unsere Gehirne nach wie vor in vielen Bereichen leistungsfähiger sind als die besten Computer und zu Recht als die komplexesten Objekte gelten, die wir so kennen. Aber die merkwürdigen Aspekte der menschlichen Wahrnehmung sind ja unser täglich Brot, und es ist eine Tatsache, dass die Erfindung der Computer auch unser Bild des Gehirns und des menschlichen Geistes stark verändert hat. Womöglich nicht immer nur in Richtung der Wahrheit – der Philosoph John Searle beispielsweise hat etliche hochinteressante Argumente formuliert, die widerlegen sollen, dass das Gehirn ein Computer sei. Aber egal, wie man zu dieser Frage steht (und sie braucht uns für unser Thema nicht wirklich zu interessieren), die enormen Leistungen, die Computer vollbringen können, waren sehr fruchtbar für die Entwicklung der Wissenschaft des Geistes und der Wahrnehmung. Denn für einen Computer ist die Komplexität der beschriebenen Situation, mit ihrer Flut von Sinnesdaten und einem bunten Strauß möglicher Erklärungen, nicht zu kompliziert, um ihr mit Wahrscheinlichkeitstheorie zu begegnen, sondern wird zu einer einfachen Übung.

Mit Bayes' Theorem konnten wir, nachdem wir das Ergebnis eines Wurfes gesehen hatten, recht schnell und einfach berechnen, wie wahrscheinlich es ist, dass die geworfene Münze fair oder auf bestimmte Weise gezinkt ist – sollten Sie das mathematische Waldkapitel übersprungen haben, müssen Sie mir das jetzt einfach glauben. Wahrscheinlich hilft es Ihnen, wenn Sie sich vorstellen, dass ich einen weißen Kittel trage, während ich das behaupte.

In der Wirklichkeit wissen wir zwar prinzipiell, dass es gezinkte Münzen gibt, aber wir haben keinerlei verlässliche Informationen darüber, ob eine bestimmte Sorte dieser Münzen im Umlauf ist, und schon gar nicht darüber, ob der Taschenspieler vor dem Einkaufszentrum eine davon in seiner Tasche hat. Es könnte also gefälschte Münzen geben, die *immer* auf Zahl fallen oder die in jedem beliebigen anderen Verhältnis zwischen Kopf und Zahl ungleich fallen, oder solche, die nur auf Kopf fallen. Jede davon könnte im Einsatz sein.

Wenn wir nun dabei zusehen, wie eine solche Münze geworfen wird, bei der das Verhältnis von Kopf zu Zahl völlig unbekannt ist, bilden wir uns trotzdem im Laufe der Zeit eine Meinung dazu, ob die Münze zufällig fällt oder nicht. Wie können wir Bayes' Regel dafür benutzen? Jetzt müssen wir die Wahrscheinlichkeit nicht nur für zwei Münzen berechnen, sondern gleichzeitig für jede einzelne der möglichen gefälschten Münzen. Im Prinzip – will sagen: in der Theorie – scheint das zunächst unmöglich, denn das wären ja unendlich viele, und unendlich viele Dinge berechnen, das kann nicht einmal ein iPhone. Schon weil lange vorher die Batterie leer wäre.

In der Praxis ist es egal, ob eine Münze in 20 oder 21 Prozent der Fälle auf Zahl fällt. Wir müssten sie ja Tausende von Malen werfen, bevor sich der Unterschied überhaupt merklich auswirken würde. Es genügt, wenn wir die Münzen in groben Abstufungen von zum Beispiel fünf Prozent in unserer Berechnung berücksichtigen, also begonnen beim Extremfall von null Prozent (einer Münze, die nie auf Zahl fällt) über fünf und zehn Prozent bis hin zu hundert Prozent, also einer Münze, die bei jedem einzelnen Wurf auf Zahl landet. Diese Liste von 21 Münzen enthält übrigens auch die faire Münze, die ja in der Hälfte der Fälle auf Zahl landen muss.

Nach jedem Wurf können wir nun für jede dieser 21 Münzen nach Bayes' Formel die Wahrscheinlichkeit berechnen, dass wir es mit ihr zu tun haben. Und nach und nach werden durch die Ergebnisse der Würfe einige der Münzen sehr unwahrscheinlich werden, andere wiederum werden sehr wahrscheinlich: Es formt sich eine Wahrnehmung der Münze.

Das Theorem von Bayes nicht nur auf einzelne, sondern auf alle möglichen Wahrnehmungen zugleich anzuwenden, das erschien bis zur Erfindung der Computer so unplausibel und umständlich, dass niemand auf die Idee kam, über dieses Verfahren ernsthaft nachzudenken. Aber für Computer sind derartige Berechnungen einfach und banal. Und wie sich herausstellte, lassen sich viele Wahrnehmungen von Mensch und Tier durch einen solchen Bayesianischen Mechanismus beschreiben.

Der ideale Beobachter

Von Vasen, Hasen und Enten

Dieses Modell der Wahrnehmung, in dem der Beobachter alle Möglichkeiten gleichzeitig im Auge behält und jede neue Beobachtung nach der Regel von Bayes nutzt, um die wahrscheinlichste Erklärung für die Beobachtung zu finden, nennt man in der Wahrnehmungsforschung den *ideal observer* oder den *idealen Beobachter.* Das Wort *ideal* in diesem Begriff bezieht sich dabei nicht darauf, dass dieser Beobachter alles wahrheitsgemäß wahrnimmt. Wie wir gesehen haben, ist das vollkommen unmöglich. Es bedeutet vielmehr, dass ein solcher Beobachter unter den Umständen unserer empörend unsauber eingerichteten Realität mit all ihren chaotischen Unsicherheiten und Mehrdeutigkeiten das bestmögliche Ergebnis aus den vorliegenden Daten herausholen kann.

Er tut das, indem er nicht nur die wahrscheinlichste Erklärung für all seine Beobachtungen findet, sondern gleichzeitig auch noch den Überblick darüber behält, wie gut andere mögliche Erklärungen zu denselben Daten passen. So erhält man zum Beispiel Kippfiguren wie Wittgensteins berühmte Hasenente oder Rubins Vase, die berühmte Silhouette, die man entweder als zwei einander ansehende Gesichter oder eben als Vase sehen kann. In diesen Fällen konkurrieren zwei oder mehr mögliche Deutungen von Bildern miteinander, und je nach den Umständen der Beobachtung gewinnt mal die eine und mal die andere Erklärung.

Aber in dieser unschuldigen Formulierung der *Umstände der Beobachtung* schlummert wie in der Relativitätstheorie eine Bombe. Diese Bombe sprengt unser naives Verständnis der Wahrnehmung endgültig. Sie ist die wissenschaftliche Grundlage des Vorurteils.

Stolz aufs Vorurteil

Der ideale Beobachter bei der Arbeit

Denken wir noch einmal zurück an die Form von Bayes' Theorem:

$$p(M|B) = p(M) * \frac{p(B|M)}{p(B)}$$

Die Wahrscheinlichkeit p(M|B) dafür, dass unsere Meinung M stimmt, wenn bestimmte Beobachtungen B aufgetreten sind, errechnet sich in dieser Formel aus zwei Komponenten. Erstens aus der Wahrscheinlichkeit, dass diese Meinung der Wahrheit entspricht p(M), ganz ohne Berücksichtigung irgendwelcher Daten, und zweitens aus einem Faktor, der angibt, um wie viel wahrscheinlicher die gemachte Beobachtung wäre, wenn M zuträfe. In diesem ersten Faktor p(M) schlummert schnarchend ein furchtbarer Zyklop. Ohne diesen Faktor funktioniert Bayes' Theorem nicht, weshalb ohne ihn auch die Wahrnehmung unseres idealen Beobachters nicht funktioniert.

Aber was dieser Faktor repräsentiert, um es für den größeren Effekt noch einmal zu wiederholen, ist die Wahrscheinlichkeit dafür, dass unsere Meinung zutrifft, *unabhängig von der Beobachtung*. Für dergleichen Wahrscheinlichkeiten haben wir einen praktischen, kurzen und bedeutungsschweren Begriff. Wir nennen solche Wahrscheinlichkeiten *Vorurteil*.

Und die Mathematik der Wahrscheinlichkeit besagt unerbittlich: Ohne Vorurteil ist keine Schlussfolgerung darüber möglich, was wir von einer gemachten Beobachtung zu halten haben. Sehen wir da eine Amsel im Busch? Einen Albatros? Einen Igel? Eine Quellnymphe? Scheint uns der Lichtblitz in den Wolken wie ein Wetterballon? Wie ein Engel? Wie ein Ufo namens Herz aus Gold? Die Antwort hängt unerfreulicherweise stark davon ab, was wir schon vorher glauben. Denn wie die simple Form von Bayes' Gleichung zeigt, die einfach nur das Produkt aus Vorurteil und Beobachtung ist, kann ein sehr starkes Vorurteil jede Beobachtung überstimmen.

Die bestmögliche Wahrnehmung der Tiere und der Menschen, die Wahrnehmung eines *idealen Beobachters*, ist schlicht gelebtes Vorurteil. Und das ist ausgesprochen sinnvoll – der ideale Beobachter heißt nicht aus Spaß so, er ist wirklich und wahrhaftig der beste aller möglichen – und zugleich eine komplette Katastrophe.

Den kritischen Unterschied zwischen diesen beiden doch recht verschiedenen Fällen macht es, ob das Vorurteil zutrifft oder nicht. Trifft es zu, hilft es uns dabei, die Wirklichkeit schneller und besser zu erkennen. Trifft es nicht zu, gehen wir auf geradem Weg in die Irre. Dann liegt die einzige Rettung darin, dass Bayes' Theorem wiederholt angewendet wird. Vor der allerersten Beobachtung haben wir es noch mit purem Vorurteil zu tun. Aber nach jeder weiteren Beobachtung ersetzen wir dieses Vorurteil durch ein Urteil, das sich aus dem Vorurteil und der soeben gemachten Beobachtung zusammensetzt. Und wenn genügend Beobachtungen zusammenkommen, die dem Vorurteil widersprechen, dann kann zumindest in der Theorie dieses idealen Beobachters auch das stärkste Vorurteil schließlich überwunden werden.

Möglicherweise geht das sehr schnell. Wenn wir beispielsweise im Fall der Münze davon überzeugt sind, dass wir es mit einer Münze zu tun haben, die auf beiden Seiten Kopf zeigt, und es fällt Zahl, löst sich dieses sehr starke Vorurteil sofort in ein Logikwölkchen auf. Aber in der Regel dauert das Überwinden eines starken falschen Vorurteils sehr lange, und währenddessen fühlt es sich ebenso richtig an wie ein richtiges Urteil.

Meine Damen und Herren, ich präsentiere: den *idealen Beobachter* bei seiner Arbeit. Weiß alles schon vorher, schaut dann aber auch mal hin.

Wahrscheinliche Wahrnehmung

Fehler und Vorurteile – die beste Wahrnehmung von allen

Zeit für ein kleines Fazit auf offener Strecke, denn an dieser Stelle haben wir genug beunruhigendes Material gesammelt, um uns staunend zu fragen, wieso wir überhaupt irgendwas erkennen und nicht vielmehr nichts oder nur Falsches.

Die chaotische und unvorhersehbare Natur der Welt bringt es mit sich, dass wir bei all unseren Beobachtungen Fehler machen *müssen*. Wir haben nur die Wahl, ob wir lieber reale Dinge übersehen oder fiktive wahrnehmen wollen. Und obwohl wir unser Bestes tun, um unter diesen mehrdeutigen Umständen irgendwie den Durchblick zu bewahren, fließen auch noch unsere Vorurteile in die Wahrnehmung mit ein. Wahrnehmung muss also prinzipiell fehlerhaft sein, entweder ist sie mit Blindheit geschlagen, oder sie wird von Halluzinationen geplagt. Und sie wird regiert von Vorurteilen.

Der ideale Beobachter bei der Arbeit. Das Sammeln von Pareidolia, also das Erkennen von Mustern auch dort, wo sie gar nicht sein können, ist ein Hobby unseres Gehirns. Hier hört der Wüstenboden im Death Valley den Schrei des gerade gefallenen Regens (vielleicht).

All das ist keine Schwäche des Designs. Es sind lediglich die Einschränkungen, denen selbst die beste aller möglichen Wahrnehmungen unterworfen ist. Unter diesem Blickwinkel ist es nicht mehr überraschend, dass Irrtum, Vorurteil und Illusionen allgegenwärtig scheinen und dass Rationalität und eine *Wahr*nehmung, die ihrem Namen gerecht wird, so hart erarbeitet werden müssen.

Nutzen wir die Gelegenheit, um am Ende dieses Abschnitts über die theoretischen Grundlagen des Wahrnehmens ein kleines Experiment zu machen, rund um das vielleicht größte Rätsel, das wir bislang aufgedeckt haben. Denn wenn sich alle Wahrnehmung auf der Grundlage von Bayes' Theorem begreifen lässt, wie kommt es dann, dass wir auch bei Problemen versagen, die damit lösbar wären? Hilft es, wenn man sich das vor Augen führt? Machen wir doch die Probe aufs Exempel. Hefte raus, Lesearbeit.

Abschlusstest

Zuverlässigkeit und Vorurteil – das verblüffende verschwindende Risiko

Damit direkt klar ist, dass es hier um die Sojawurst geht, nehmen wir diesmal als Beispiel etwas, wovor wohl alle Angst haben, und, anders als bei Flüchtlingen oder Flugzeugabstürzen, durchaus zu Recht. Einer von drei Menschen in Deutschland wird im Laufe seines Lebens unter einer Krebserkrankung zu leiden haben. Was könnte also wichtiger sein, als medizinische Tests richtig zu interpretieren?

Ihr Arzt hat Ihnen Blut abgenommen und Sie zur Besprechung des Ergebnisses einbestellt. Ein Prozent der Menschen in Ihrer Altersgruppe und mit Ihren Vorerkrankungen bekommt Krebs, erzählt er Ihnen. Leider sei dieser Test, der zu 95 Prozent zutreffend ist, bei Ihnen positiv ausgefallen. Sie erschrecken natürlich fürchterlich. Aber wie hoch ist nun eigentlich die Wahrscheinlichkeit dafür, dass Sie tatsächlich den Krebs haben, auf den da getestet wurde?

Hier schieben wir wieder einen Verzögerungsabsatz dazwischen, denn das vielleicht Wichtigste an jeder Erkenntnis ist ja, dass man sie sich selbst erarbeitet. Überlegen Sie sich also vor dem Weiterlesen bitte zuerst wieder Ihre eigene Antwort auf die Frage.

Erledigt?

Ich hoffe nicht. Denn die Frage lässt sich so, wie sie gestellt ist, gar nicht beantworten. Eine Quote korrekter Ergebnisse lässt sich niemals mit einer einzelnen Zahl angeben, es gibt immer zwei Sorten Fehler, die ein solcher Test produzieren kann. Er kann etwas übersehen, und er kann falschen Alarm auslösen. Wird die Zuverlässigkeit einer Untersuchungsmethode mit nur einer Zahl angegeben, ist das mindestens vereinfacht und wahrscheinlich unseriös. Nehmen wir also wohlwollend zugunsten des Arztes an, dass er die beiden Werte zu einem zusammengefasst hat, weil sie gleich sind. Dann findet der Test also bei fünf Prozent der Gesunden Krebs und übersieht ihn bei fünf Prozent der Erkrankten. Das würde nun bedeuten, dass die Wahrscheinlichkeit für Sie, erkrankt zu sein, bei den 95 Prozent liegt, die auch unser Bauchgefühl uns einredet. Ein ziemlich beunruhigende Sachlage.

Aber wir haben ja noch eine weitere Information, dass nämlich Ihr Grundrisiko, an Krebs zu erkranken, nur bei einem Prozent liegt. Wir könnten nun wieder Bayes' Theorem bemühen, aber keine Bange, wir gehen einen anschaulicheren Weg, der zum mathematisch identischen Ergebnis führt. Wenn wir 10 000 Menschen Ihrer Risikogruppe testen würden, dann hätten in dieser Gruppe tatsächlich hundert Personen Krebs und 9900 nicht. Der Test würde bei 95 Prozent der hundert Erkrankten, also bei 95 Menschen, Krebs feststellen, und bei fünf würde er ihn übersehen. Zugleich würde der Test bei 95 Prozent der Gesunden das richtige, also negative Ergebnis liefern, aber bei fünf Prozent der Gesunden falsch positiv anschlagen.

Fünf Prozent von 9900 Gesunden sind 495 falsch positive Meldungen. Im Ganzen werden also von den 10 000 Untersuchten 590 ein positives Testergebnis haben, aber nur 95 von ihnen werden auch tatsächlich krank sein. Die Antwort auf unsere Frage ist also, dass die Wahrscheinlichkeit, bei positivem Testergebnis tatsächlich erkrankt zu sein, 95/590 oder ganze 16 Prozent beträgt.

Zur Kontrolle können wir das Ganze auch noch innerhalb der Bayesianischen Logik nachvollziehen und uns ein Fleißsternchen erwirtschaften. Das Theorem lautet, zur Erinnerung: $p(K|P) = p(K) * p(P|K) / p(P)$. Dabei steht K für eine Krebserkrankung und P für ein positives Testergebnis.

$p(K)$ ist also die Wahrscheinlichkeit einer Erkrankung, ein Prozent; $p(P|K)$ ist die Wahrscheinlichkeit für ein positives Testergebnis bei tatsächlich vorhandener Erkrankung und identisch mit der Zuverlässigkeit des Tests, 95 Prozent. Und $p(P)$ ist die Gesamtwahrscheinlichkeit für ein positives Testergebnis. Diese Wahrscheinlichkeit setzt sich aus zwei getrennten Gruppen zusammen. Zum einen der Gruppe der vom Test falsch positiv gemeldeten Gesunden, das sind bei 99 Prozent Gesunden und fünf Prozent Irrtumsrate des Tests dann 99 % * 5 % und also 4,95 %. Und zum anderen der Gruppe der korrekt positiv gemeldeten Kranken, das sind 95 % des einen Prozents Erkrankter und also 0,95 %. Insgesamt liegt die Gesamtwahrscheinlichkeit für ein positives Testergebnis also bei der Summe dieser beiden Gruppen und somit bei 4,95 % + 0,95 % = 5,9 %. Insgesamt rechnet unser guter Pastor Bayes also für uns im Namen des Herrn der Wahrscheinlichkeiten p(K|P) = 1 % * 95 % / 5,9 % oder eben wieder dieselben ungefähr 16 % aus.

Besonders aufmerksame Leser werden bemerkt haben, dass alle Zahlen unseres anschaulichen Beispiels den Zahlen in Bayes' Formel gleichen wie eine Eins der anderen. Das liegt natürlich daran, dass diese anschaulichere Bestandsaufnahme der 10 000 Patienten, der wir oben gefolgt sind, exakt derselben Logik entspringt, die auch der anmutig abstrakten Formel des schottischen Pastors zugrunde liegt.

So, jetzt haben wir aber genug gerechnet, es ist Zeit für die abschließende Gardinenpredigt. Denn dieses mickrige 16-prozentige Krebsrisiko, von dem ein doch zu atemberaubenden 95 Prozent zuverlässiger Test spricht – das will und will uns einfach nicht in den Kopf. Ebenso wenig wie die richtige Lösung des Ziegenproblems.

Das ist zum einen fatal, weil ja zum Beispiel, wie wir gesehen haben, die unerbittliche Logik solcher Tests auch Krebsdiagnosen und die Radarabwehr von anfliegenden Bombern regiert, wo es buchstäblich um Leben und Tod geht. Wir können das Beispiel nämlich unverändert auf den Radarschirm übertragen, an dem die ganze moderne Wahrnehmungstheorie ihren Ausgang genommen hat. Wenn dort ein Prozent der Radarreflexe tatsächlich Raketen sind und der Rest Störungen, und wenn unsere Operateure in 95 Prozent der Fälle korrekt erkennen, ob sie es mit einer Rakete oder einer Störung auf dem Schirm zu tun haben, dann liegt auch in diesem Fall eben die Wahrscheinlichkeit, wirklich eine Rakete vor sich zu haben, wenn es für den Menschen vor dem Radarschirm aussieht wie eine, bei lächerlich niedrigen 16 Prozent.

Da nun Chaos und Welt unsere Wahrnehmungen derart mit Rauschen und Ungenauigkeit zu sabotieren versuchen und Fehler im jeweiligen Moment unvermeidbar sind – wie können Fledermaus, Motte und Mensch ihre Chancen verbessern, trotzdem eine richtige Antwort zu finden? Wie schaffen wir es, die herannahende Gefahr zu erkennen, bevor sie vor der Tür steht – und das möglichst ohne in einen permanenten Zustand der Panik zu geraten, weil die falschen Alarme gar nicht mehr aufhören wollen?

Wie also können wir unseren idealen Beobachter so trainieren, dass er seinem Namen wenigstens ein bisschen Ehre macht?

AUS DER TRICKKISTE DER WAHRNEHMUNG

Illusion und Wahrheit in der Badewanne

Täuschungen sind alternative Wahrheiten – Bilder der Wirklichkeit – Tomaten im Rotlicht – Brautkleid bleibt blau – der Biber in der Badewanne – der Sportwagen beim Fallschirmspringen

Bisher haben wir uns ja eher im Abstrakten getummelt und es dabei mit den Grundprinzipien des Wahrnehmens zu tun bekommen. Die grimmige und überraschende Wahrheit ist, dass Fehler und Vorurteile nicht zu den Defekten, sondern zu den Bauprinzipien des Wahrnehmungsapparats gehören. Das gilt immer, egal mit welchem seltsam geformten Organ wir welcher Sorte seltsamer Informationen hinterherspüren. Die Segelohren des Disney-Elefanten Dumbo, die hundert Augen des mythologischen Riesen Argos, die bezaubernde Nase der Kleopatra oder die skurrile der Hufeisennasen-Fledermaus – alle real existierenden Sinnesorgane ringen mit den Gesetzen von Zufall und Unsicherheit um die Deutung der Wirklichkeit.

Wir haben mit der Hilfe der verstorbenen Denknützlinge Thomas Bayes und Simon Laplace gesehen, wie sich ein einzelnes Sinnesorgan kontinuierlich an Chaos und Unbestimmtheit abarbeiten und dabei nach und nach die Oberhand gewinnen kann. Mühsam orientiert sich das Eichhörnchen der Wahrnehmung, aber am Ende entdeckt es im Gewimmel von Laub und Unterholz doch noch eine Nuss. Und wenn die vermeintliche Walnuss am Ende doch nur einen Cashewkern enthält – nun ja, dann ist das Eichhörnchen wohl mal wieder einer Illusion aufgesessen. Mit Sinnestäuschungen dieser Art ließen sich ja ganze Bücher füllen, unter anderem auch dieses hier. Richtig?

Falsch.

Denn was wir normalerweise Illusion oder optische Täuschung nennen, ist eigentlich etwas ganz anderes und wird ziemlich falsch verstanden, wenn wir es mit den hier beschriebenen Wahrnehmungsfehlern in einen Topf werfen. Der Begriff Illusion selbst ist sogar eine der gewichtigeren Lügen, die uns unser Gehirn erzählt, um sich selbst am Laufen halten zu können. Wenn es nämlich Illusionen gibt, dann muss es ja wohl auch eine objektive Wahrheit geben, die die Illusionen arglistig verschleiern. Aber dieser Schleier selbst ist eine Illusion.

Wir wissen jetzt also, wie das Wahrnehmen wesentlich funktioniert. Chaos und Zufall machen es prinzipiell unmöglich, Sicherheit über den Zustand der Welt zu bekommen, aber wir können hier einen in allen Lebenslagen anwendbaren Satz bemühen, der mir das erste Mal beim schon erwähnten Rationalisten Christopher Hitchens begegnete. Hitchens hatte sich den Satz bei Voltaire ausgeliehen, der wiederum ein italienisches Sprichwort als Quelle nannte. Wen das italienische Sprichwort zitiert, ist unklar, aber klar ist: It's the shoulders of giants all the way down.

Der Satz ist: «Machen wir nicht das Beste zum Feind des Guten.» Anders gesagt: Verwerfen wir nicht eine an sich gute Sache, nur weil sie Mängel hat. Eine gute Sache mit Mängeln ist in der Regel besser als ihre Abwesenheit (von schlechten Sachen mit oder ohne Mangel gar nicht zu reden). Und wenn die Mängel unvermeidbar sind, wird das Mantra geradezu zum Befehl.

Vom Ideal, einer objektiven und völlig wahrhaftigen Wahrnehmung der Wirklichkeit, trennt uns kein Schleier, den es zu durchstoßen gilt, um die bestmögliche Wahrnehmung zu erhalten. Objektivität ist als Ideal prinzipiell unmöglich und unerreichbar. Dass wir sie nicht erreichen, spricht dann nicht gegen uns, sondern ist schlicht der erwartbare Stand der Dinge.

Das Bild des Schleiers und die Worte Illusion und Täuschung suggerieren, dass es eine Art Vorhang gebe, den man mit der richtigen Hilfe, mit der richtigen Inspiration beiseiteschieben könnte, um einen Blick auf die Wirklichkeit zu werfen. Weitaus produktiver ist es, sich zu vergegenwärtigen, dass Wahrnehmung uns immer nur Zugang zur Welt unserer Sinne verschafft. Und in der Welt unserer Sinne ist ein Kreis größer, wenn er neben einem kleineren Kreis steht, und ein graues Quadrat wird blau, wenn wir ihn in einer gelben Umgebung betrachten. In der Welt unserer Sinne ist das, was wir fälschlich «Täuschungen» nennen, eigentlich das Gegenteil, nämlich die Regel, nach der die Wahrnehmung abläuft.

Oder umgekehrt ausgedrückt: Wenn wir darauf bestehen, dass es eine Illusion ist, zwei parallel auf dem Hintergrund eines Strahlenkranzes gezeichnete Linien als gebogen zu sehen, dann haben wir keine Wahl, als auch den gesamten Rest der Wahrnehmung eine Illusion zu nennen. Und damit wäre nur etwas gewonnen, wenn wir Besseres anzubieten hätten als das, was wir da Illusion nennen. Und das wäre ja gelogen.

Die einzige Möglichkeit eines wahrnehmenden Organismus ist es, aus seinen Sinnesdaten ein Bild der Wirklichkeit zu bauen, und dieses Bild der Wirklichkeit ist eben immer nur ein Bild und nicht die Wirklichkeit selbst. Aber eine interessante Frage scheint doch zu bleiben. Wenn die Wahrnehmung doch evolutionär dem Zweck dient, Überlebenschancen zu verbessern, wieso entspricht dann unser Bild der Welt so selten den objektiven Tatsachen?

Das ist zwar selbst keine Frage, auf die eine objektive und richtige Antwort überhaupt möglich wäre, aber wir bewegen uns sicherlich in die richtige Richtung, wenn wir mit mahnendem Zeigefinger auf die Komplexität der Welt verweisen. Denn anders als in unseren simplen Beispielen von Radarschirmen und Türen mit Ziegen stürmt in der Wirklichkeit eine unüberschaubare Menge von Sinnesdaten auf uns ein, die auf komplizierte Weise entsteht. Das meiste, was so auf der Welt passiert, sieht nicht nur irgendwie aus, es macht dabei auch ein bestimmtes Geräusch, es erzeugt einen bestimmten Geruch und hinterlässt einen bestimmten Nachgeschmack: das Weltgeschehen ist ein Feuerwerk für alle Sinne.

Wir wahrnehmenden Lebewesen müssen also nicht nur mit einem Sinn Informationen sammeln, sondern mit mehreren zugleich. Dieses Zusammenspiel verschiedener Sinne ist offensichtlich ein direkter Vorteil, weil es zu mehr Informationen führt. Und mehr Informationen – wenn man sie nur richtig miteinander verrührt – können zu zuverlässigeren Urteilen führen. Insbesondere da das Ganze auch deshalb so kompliziert ist, weil einzelne Sinne ein und denselben Eindruck von ganz verschiedenen Wirklichkeiten erzeugen können.

Sehen wir Menschen etwa eine verführerische rote Kreisfläche, dann kann diese Farbfläche von einer reifen Tomate im Tageslicht erzeugt worden sein – oder von einer unreifen Tomate unter dem Rotlicht der Gemüseauslage des Supermarkts. Um diese beiden Fälle unterscheiden zu können, müssten wir andere Sinne hinzuziehen, und diese Mühe macht sich unser Gehirn nur, wenn das in der evolutionären Vergangenheit sinnvoll war. Hätte die Evolution statt der

Dinosaurier in der Kreidezeit betrügerische Supermarktbesitzer hervorgebracht und statt der Farnwälder Discounterfilialen, wir würden vermutlich nicht mehr aufs Gemüserotlicht reinfallen. Weil aber statt Supermarktmanagern durch Regalreihen eben Donnerechsen durch Farnwälder stapften, haben wir heute noch Angst vor riesigen Raubechsen, aber unser Gehirn spart sich die Mühe beim Licht, und wir kaufen unreife Tomaten. Das ist zwar ein kleiner evolutionärer Nachteil, doch so neu, dass er sich noch nicht ausgewirkt hat.

Vor ein paar Jahren geisterte ein Foto durchs Netz, auf dem man ein Brautkleid sah. Ungefähr die Hälfte der Betrachter sah, dass das Kleid weiß mit goldenen Streifen war, während die andere Hälfte sah, dass es ein schwarzes Kleid mit blauen Streifen war. Das ist im Grunde derselbe Effekt wie der, den der Supermarkt zum Tomatenverkauf einsetzt, aber das Kleid erregte trotzdem erheblich mehr Aufsehen. Wir wissen, dass Supermärkte uns belügen, und wir alle halten der Beleuchtung wegen die Früchte in der Auslage für reifer, als sie tatsächlich sind. Im Fall des Kleides starrten die Menschen in einer Mischung aus Entsetzen und Faszination auf das Foto. Sie hörten andere Menschen mit Überzeugung sagen, dass Weiß Schwarz und dass Blau Gold ist. Oder eben umgekehrt. Und in solchen Situationen scheint es, als würde ein grundlegender Gesellschaftsvertrag aufgekündigt werden. Wenn man sich nicht einmal über die Farbe eines Brautkleides einig werden kann, wie soll man Abrüstungsverträge oder Klimaschutzabkommen verhandeln? Oder Familienangehörige dazu kriegen, ihr Zimmer aufzuräumen?

Die Sache mit dem Brautkleid ist vorerst eine Unsicherheit, die wir aushalten müssen, denn auch die Fachwelt ist sich nicht einig, wie es zu den unterschiedlichen Wahrnehmungen kommt und warum die Tomaten im Supermarkt weniger kontrovers sind. Eine einfache Erklärung ist sicherlich, dass der Unterschied bei den Tomaten weniger auffällt. Selbst wenn der Nachbar an der Gemüsetheke die Tomaten als hellrot wahrnimmt,und wir als vollreif dunkelrot, würde ein Austausch darüber vermutlich mit einem Schulterzucken enden. Verschiedene Rotstiche liegen im Rahmen der Wahrnehmungsschwankung, die wir ohnehin erwarten. Aber Weiß und Schwarz sind buchstäblich Gegensätze. Wie kann der eine ein weißes Kleid sehen und der andere ein schwarzes? Wie bei der Schlagzeile «Mann beißt Hund» hat sich der Nachrichtenwert hier drastisch erhöht.

Eine andere Erklärung hat damit zu tun, dass beim Gemüselicht unser Hirn nicht viel Spielraum hat. Der Supermarkt ist rundum in Tageslicht ausgeleuchtet, und nur die Tomaten bekommen einen Rotstich. Die Illusion ist robust. Das Kleid sehen wir durch den engen Ausschnitt eines Fotos, und es ist alles andere als leicht, die Farbe der Beleuchtung zu erkennen. Vielleicht spielt eine Rolle, in welcher Beleuchtung wir selbst das Foto sehen. Klar sind zwei Dinge: Irgendwo wird in einem Labor zur Farbwahrnehmung daran gearbeitet, die Geheimnisse des Brautkleides zu lüften, und die enormen Wahrnehmungsunterschiede verstören uns nicht wenig.

Wären wir keine Menschen, sondern Biber, wir ließen die unreife Tomate sicherlich im Laden liegen und das Kleid unklarer Farbe an der Kleiderstange hängen. Was auch soll ein Biber mit einer Tomate, reif oder unreif, beleuchtet oder nicht? Aber wären wir Biber, dann säßen wir in der Badewanne, unser Mitbewohner spielte das Geräusch fließenden Wassers über Lautsprecher ein, und wir fingen an, aus Quietscheentchen und Seifenschale in der Badewanne eine Biberburg zu bauen. Wären wir einigermaßen kluge Biber, würden wir sicherlich gegen diesen Impuls ankämpfen. Wir würden von einer Illusion sprechen, die unser Mitbewohner erschaffen hat, um uns einen plätschernden Bach vorzutäuschen, der gar nicht da ist.

Aber wären wir nicht nur einigermaßen, sondern sogar außerordentlich kluge Biber, dann wüssten wir, dass wir keiner Illusion aufgesessen sind. Sondern dass wir die Signale eben so kombiniert haben, wie das in der Vergangenheit für uns sinnvoll gewesen ist – bevor unsere beeindruckende Biberzivilisation Badewannen mit Quietscheentchen hervorgebracht hat, die uns jetzt in die Irre führen. Wer damals im Wasser saß und es plätschern hörte, der hat immer gut daran getan, mit dem Dammbau zu beginnen. Nur in einer Badewanne mit modernem Soundsystem kann das danebengehen.

Seien wir also schlaue Biber und sagen wir uns: Unsere Irrtümer sind keine Illusionen, und unsere Wahrheiten sind keine objektiven Wahrheiten. Alles, was wir wahrnehmen, ist eine Konstruktion aus Sinnesdaten, und wenn die Konstruktion nicht auf die Situation passt, nennen wir sie Illusion. Wenn aber doch, nennen wir sie Wahrheit. Evolutionshistorisch überwogen freilich die sogenannten Wahrheiten, und deshalb sind wir und die Biber noch da und nicht die fiktiven Nachfahren von seit Jahrmillionen ausgestorbenen verwirrten Urtierchen. Aber vergessen wir nicht, dass «Wahrheit und Illusion» besser «nützliche und unnütze Illusion» heißen sollten. Und dass Nützlichkeit keine Eigenschaft der Dinge ist, sondern erheblich von den Umständen abhängt. Beim Fallschirmspringen ist ein schneller Sportwagen ein ziemlicher Klotz am Bein, beim Formel-1-Rennen kommt man ohne ihn nur schwer zum Sieg – das macht aber nichts, beim Ziegenproblem haben wir ja einen als Trostpreis gewonnen. Und so sind wir in der Lage, die Farben der Dinge unter den sonderbarsten Beleuchtungen einigermaßen richtig wahrzunehmen, freilich um den Preis, beim Einkauf allzu leichtgläubig zu sein.

Der Bischof im Unterholz

Licht fällt auf die Kugel am Zweig – Farbkonstanz durch Farbkontrast – schlechte Bischofsverstecke

Unsere sinnliche Wahrnehmung ist nicht nur grundsätzlich von Fehlern durchsetzt wie ein Hefezopf mit Rosinen, sondern sie ist zusätzlich auch noch fast immer mehrdeutig. Damit meine ich, dass derselbe Sinneseindruck, dieselbe Wahrnehmung fast immer durch sehr verschiedene Ursachen erklärt werden kann. Denken Sie an das Foto vom Brautkleid und die verblüffenden Unterschiede bei seiner Wahrnehmung. Eine Lösung des Problems, aus mehrdeutigen Daten eindeutige Wahrnehmung zu machen, liegt in der Kombination verschiedener Sinnesdaten, sowohl innerhalb desselben Sinnes als auch über ganz verschiedene Sinne hinweg. Die Zusammenführung von verschiedenen Quellen zu einem Gesamteindruck ist deshalb auch ein Grundprinzip jeder Wahrnehmung.

Aber wie Sie sich an dieser Stelle sicher denken können, lauern auch hier allerhand Untiefen. Die einfachsten Methoden, mit denen sich verschiedene Wahrnehmungen kombinieren lassen, sind die Bildung von Kontrasten und die Deutung einer Beobachtung im Kontext anderer Informationen. Wo Kontrast ins Spiel kommt, wird ein Sinneseindruck nicht für sich allein genommen gedeutet, sondern im Vergleich zu einem anderen Sinneseindruck. Ein perfektes Beispiel ist die

Tomate aus dem vorigen Abschnitt, die wegen der Beleuchtung roter und reifer erscheint, als sie wirklich ist. Wieso funktioniert das?

Die genaue physikalische Zusammensetzung des Lichts, das von einer am Zweig baumelnden Kugel ausgehend in die Augen eines hungrigen Äffchens fällt, wird von vielen Umständen beeinflusst. Eine gläserne Christbaumkugel zum Beispiel schillert unabhängig von ihrer Farbe metallisch, ein Apfel ist in der Regel eher matt. Es sei denn, es hat gerade geregnet und er ist feucht, dann würde auch der Apfel glänzen. Aber den größten Einfluss auf das Aussehen hat natürlich die Farbe der Frucht selbst – und die Farbtönung der Beleuchtung, unter der wir sie sehen. Ein Apfel im Sonnenlicht sieht anders aus als derselbe Apfel im fleckig grünen Schummerlicht eines Blätterdaches, und eine Orange im Schatten sieht anders aus als eine Orange in der Dämmerung oder im roten Kunststoffnetz im Supermarkt.

Dass wir überhaupt Farben sehen können, ist schon eine Erweiterung des einfachsten Bildersehens, das nur Helligkeiten unterscheiden könnte. Und dieses einfache Sehen von Schwarzweißbildern ist wiederum eine Erweiterung der allereinfachsten Variante, die die Helligkeit ganz ohne jede Bildauflösung sähe. Erweitern wir eine solche Wahrnehmung einfacher Helligkeit ohne Bildauflösung nun um Nachbarpunkte, dann bekommen wir zunächst einfach ein Bild. Aber wir bekommen zugleich auch die Möglichkeit, durch Vergleich der Helligkeit von benachbarten Bildpunkten, also durch die Bildung eben von Kontrasten, Kanten in diesem Bild zu finden. Das ist deshalb so nützlich, weil Kanten in der Regel anzeigen, wo in der Welt ein Objekt endet und ein neues Objekt beginnt.

Nehmen wir zu diesem Helligkeitsbild nun auch noch

Farbe hinzu, können wir nicht nur Helligkeits-, sondern auch Farbkanten finden und farbige Objekte identifizieren, deren Helligkeit ihrer Umgebung gleicht. Das wird besonders interessant und dramatisch, wenn diese Objekte zum Beispiel Raubtiere sind. Ein im Unterholz lauernder Bischof wäre im Schwarzweißbild womöglich schwer zu finden, denn die Helligkeit seiner Robe und die des Laubs wären sehr ähnlich. Deswegen versteckt er sich vermutlich überhaupt im Laub. Aber farblich stäche das Purpurrot der Bischofsrobe deutlich aus dem grünen Laub hervor. So können Früchte suchende Affen versteckten Bischöfen leicht ausweichen und werden nicht von ihnen gefressen. Nur im Herbst, wenn auch die Blätter sich rot färben und die Bischöfe in Vorbereitung auf den Winterschlaf besonders hungrig werden, würde es selbst für farbensehende Affen gefährlich.

Dieses Prinzip der Kontrastbildung und des Vergleichs funktioniert nicht nur punktuell wie beim Finden der Umrisse von Orangen und Bischöfen im Bild. Es funktioniert auch fürs Gesamtbild, wo unser Farbeindruck nicht nur von der Farbe des Objektes selbst abhängt, sondern auch von der Farbe der Beleuchtung. Es macht schließlich auch einen praktischen Unterschied, ob der Apfel nur wegen des Lichts des dramatischen Sonnenuntergangs rötlich erscheint oder weil er tatsächlich reif und essbar ist. Nicht nur, weil der reife Apfel höheren Nährwert hat, sondern auch, weil ein reifer Apfel bedeutet, dass Herbst ist und die Bischöfe wieder hungrig durchs Unterholz streifen.

Der Mechanismus, mit dem unsere Augen und unser Gehirn diese Signale trennen, funktioniert ähnlich wie der direkte Kontrast zur Kantenfindung, bei dem benachbarte Punkte im Bild auf große Unterschiede untersucht werden. Aber in diesem Fall wird ein Farbstich, der über dem ganzen

Bild liegt, benutzt, um die gesehenen Farben nicht gegen einen neutralen Grauton, sondern eben gegen diesen Farbton zu vergleichen.

Das gleicht dem Prozess, der bei der Fotografie Weißabgleich heißt. Dort wird wie beim menschlichen Sehen ein durch die Beleuchtung entstandener Farbstich aus dem Bild entfernt, um im Ergebnis zu wahrheitsgetreueren Farben zu kommen. Der Profifotograf erreicht das, indem er die ganze Aufnahme so korrigiert, dass die Farbe eines weißen Stücks Karton auch im digitalen Bild weiß erscheint.

Dass man das in der Fotografie tun muss, damit das Bild am Ende nicht falsch aussieht, und dass Supermärkte uns unreifes Obst und Gemüse mit einer einfachen roten Leuchte unterjubeln können, hat denselben Grund. Der Mechanismus, mit dem die Farben korrigiert werden, nimmt an, dass die gesamte Szene von Licht der gleichen Farbe erfüllt wird. Das Foto des Kleides, das wir in der Hand halten oder auf dem Smartphone ansehen, und die Auslage mit den Tomaten sind aber nur ein kleiner Teil einer Szene, die ansonsten anders beleuchtet sein kann.

Dieser Mechanismus der Farbkonstanz ist sehr leistungsfähig. Er erlaubt uns überhaupt erst, Farbe als die Eigenschaft eines Gegenstandes wahrzunehmen, und nicht wie zum Beispiel seine Temperatur als etwas, das teils vom Objekt und teils von der Umwelt verursacht wird – was den physikalischen Gegebenheiten viel besser entsprechen würde. Aber wenn das farbige Licht nur einen Teil einer Szene beleuchtet, geht diese Korrektur daneben. Und um den Eingangspunkt dieses Abschnitts noch einmal zu wiederholen: Man kann es eine Illusion nennen, wenn man möchte. Aber man muss nur in elektrischem Licht ein Foto ohne Weißabgleich oder Farbkorrektur machen, um zu sehen, wie falsch die Farbwahrnehmung im strikten Sinn sogar dann ist, wenn alles gut funktioniert. Ein weißes Stück Papier erscheint uns im Licht einer Glühbirne weiß, aber eigentlich, das sieht man auf dem Foto, ist das Licht, das das Papier aussendet, gelb, weil auch das Licht der Glühbirne gelb ist. Unter der Lampe aber sieht es so gelb aus, wie uns die Tomate im Supermarkt rot erscheint.

Welcher dieser Fälle ist nun die Illusion? Der, in dem wir die Farbe so sehen, wie sie wirklich ist? Oder der, in dem wir das Papier so sehen, wie es unter weißem Licht aussehen würde?

Deshalb hat das Wort Illusion in der Theorie der Wahrnehmung eigentlich keine rechte Funktion. Beim Wahrnehmen ist immer alles gelogen, und das ist die Wahrheit.

Im Stereolab

Wer zwei Augen hat, hat eins zu viel – wer zwei Augen hat, sieht mehr – wer zwei Augen hat, sieht den Raum – festes Gucken im Stereoskop – die Kombination der Sinnesdaten – mehr Sinne heißt mehr Vorurteil

Die Möglichkeiten bei der Kombination verschiedener Sinne und Signale gehen aber über die Berechnung von Unterschieden und Kontrasten deutlich hinaus. Auch qualitativ völlig neue Wahrnehmungen werden dadurch möglich. Ein interessantes Beispiel ist das Sehen mit beiden Augen, das sogenannte Stereosehen, das die Bilder, die unsere Augen jeweils sehen, zu einem gemeinsamen Sinneseindruck kombiniert.

Auf den ersten Blick erscheint das vielleicht nicht sonderlich einleuchtend und sogar überflüssig. Warum soll man sich mit zwei Augen ansehen, was mit einem doch genauso aussieht? Und so wurde die Sache auch von den Philosophen und Medizinern betrachtet, die sich in der Antike um derartige Fragen kümmerten. Der Mensch und die meisten Tiere haben zwei Augen, weil symmetrische Gesichter hübscher sind, lautete eine verbreitete Erklärung. Es gibt zwei Augen, damit man nicht gleich erblindet, wenn mal eins kaputt geht, so eine andere.

Es dauerte lange, bis jemandem auffiel, dass unsere Augen gar nicht exakt dasselbe sehen, sondern dass es feine Unterschiede zwischen diesen beiden Bildern gibt. Der offensichtlichste Unterschied ist das abweichende Blickfeld. Beim Menschen überlappen sich die Blickfelder der beiden Augen in der Mitte, aber an den Rändern gibt es einen ziemlich großen Bereich, den auf der linken Seite nur das linke Auge sieht und auf der rechten Seite das rechte.

Für eine Demonstration schließen Sie Ihr rechtes Auge, schauen Sie mit dem linken geradeaus und führen Sie dann Ihren rechten Zeigefinger rechts am Kopf vorbei nach hinten, bis Sie ihn gerade eben nicht mehr sehen können. Wenn Sie jetzt das rechte Auge öffnen und das linke schließen, taucht nicht nur Ihr Finger wieder auf, sondern rechts davon auch eine ganze Menge des vorher unsichtbaren Raums.

Werfen wir nun die Bilder von linkem und rechtem Auge zusammen, erweitern wir also unseren Sehbereich offensichtlich um diesen zusätzlichen Raum. Das macht bei uns Menschen schon einen merklichen Unterschied. Aber bei allen Tieren, deren Augen stark seitlich am Kopf sitzen, kann sich das Sichtfeld beinahe verdoppeln. Haie zum Beispiel haben annähernd Panoramablick, nur ein kleines Stück vor ihrer Nase und das Meer direkt hinter sich können sie nicht gleichzeitig sehen.

Aber die Erweiterung des Sichtfeldes ist erst der Anfang und nur der banalste Gewinn bei der Kombination der Bilder. Der zweite Zugewinn hat wieder mit dem Rauschen und der Unsicherheit zu tun, die alle Wahrnehmung ständig plagt. In jeder Messung nehmen Fehler ab, wenn man sie mehrmals wiederholt, und so verhält es sich auch beim Sehen, mit dem Sie Ihre Umgebung vermessen. Das liegt daran, dass zwar das Gemessene bei jeder Wiederholung gleich bleibt, die Fehler aber jedes Mal unterschiedlich ausfallen. Über mehrere Messungen hinweg weichen die Ergebnisse deshalb mal in die eine, mal in die andere Richtung ab. Fasst man die Messungen dann zusammen, heben die Fehler einander zum Teil wieder auf, und das durchschnittliche Ergebnis liegt näher an der Wahrheit, als wir das vom Ergebnis einer einzelnen Messung erwarten können.

Das bedeutet nun, dass zwei Augen nicht nur ein größeres Blickfeld abdecken, sondern dass sie in dem Bereich, in dem sich die Blickfelder überlappen, auch schärfer sehen. Beide Vorteile könnte man quantitative Vorteile nennen. Was ein Auge schon sehen konnte, wird mit zwei Augen besser gesehen, oder es wird mehr davon gesehen.

Noch interessanter sind allerdings die qualitativen Vorteile. Denn die beiden Augen sehen nicht wirklich dasselbe. Der Unterschied zwischen den Bildern ist zwar so subtil, dass er jahrtausendelang niemandem auffiel, aber das Ergebnis ist trotzdem bemerkenswert. Der kleine Abstand zwischen den Augen, beim Menschen sind es ungefähr sechs Zentimeter von Pupille zu Pupille, bedeutet, dass das linke Auge eine minimal andere Perspektive auf die Welt hat als das rechte. Im Gegensatz zu vorhin, wo wegen der verschiedenen Anordnung der Augen der Ausschnitt des Bildes ein anderer ist, ist durch den seitlichen Abstand der Augen das Bild selbst in jedem Auge ein bisschen anders. Wenn Sie einen Ihrer Zeigefinger zwanzig Zentimeter mittig vor Ihre Nase halten und den anderen zwanzig Zentimeter weiter entfernt und sich das Ganze erst mit dem linken und dann mit dem rechten Auge ansehen, dann werden die beiden Finger die Plätze im Bild tauschen. Mal ist im Bild der nähere Finger links, dann ist er rechts vom weiter entfernten.

Und beim Blick in einen Wald kann vielleicht das linke Auge den buschigen Schwanz des Eichhörnchens hinter dem Baum gerade noch eben sehen, für das rechte wird er völlig durch den Baumstamm verdeckt. Überall, wo Objekte andere Objekte verdecken, gibt es aus perspektivischen Gründen einen solchen kleinen Unterschied in dem, was beide Augen sehen. Der Erste, der darüber nachweislich nachdachte, war der Universalgelehrte Leonardo da Vinci im 15. Jahrhundert. Und von dort aus dauerte es noch über 200 Jahre, bis jemandem auffiel, dass es nicht nur kleine Unterschiede darin gibt, was wovon verdeckt wird, sondern dass überhaupt alles, was wir sehen, von unseren Augen aus einem minimal abweichenden Winkel wahrgenommen wird und deshalb minimal anders aussieht. Und dieser kleine Unterschied ist die Grundlage dessen, das wir heute 3D-Sehen oder Stereosehen nennen.

Zuerst hergestellt und beschrieben wurden solche Stereobilder von Charles Wheatstone im Jahr 1838. Er baute ein Gerät, das es mittels Spiegeln und Linsen möglich machte, zwei verschwindend unterschiedliche Zeichnungen von einfachen Objekten wie Pyramiden und Würfeln so zu betrachten, dass sie leicht zu einem Gesamtbild verschmolzen. Wheatstone beschrieb den überzeugenden Eindruck eines festen, voluminösen Objektes, der dabei entstand, und nannte seine neue Methode nach den griechischen Worten für fest oder solide (*stereos*) und für Ansehen (*skopeo*): *Stereoskopie*.

Als Wheatstone 1837 seine Entdeckung machte und den dazu gehörigen Bildbetrachter erfand, steckte auch die Fotografie noch in den Kinderschuhen – Nicéphore Niépce hatte erst zehn Jahre zuvor das älteste heute noch erhaltene Foto produziert. Doch schon bald verkauften sich die von Wheatstone und seinem Konkurrenten David Brewster entwickelten Stereoskope samt zugehöriger Bildkarten mit Stereofotografien wie zu leicht unterschiedlichen Doppelscheiben geschnittenes Brot. Alle Welt wollte so einen Stereo-Guckkasten im Wohnzimmer haben. Denn wirkten gewöhnliche Fotografien in ihrer lebensechten Abbildung der Welt schon beeindruckend aufs Publikum, so grenzten Stereofotos geradezu an Zauberei. Das Abgebildete erschien größer als das Foto selbst, die Farben wirkten lebhafter, und die plastischen Formen, die sich aus den beiden flachen Bildern erhoben, erschienen greifbar echt.

Aufgrund dieser enormen Popularität war die Stereoskopie als Begriff so bekannt, dass sich die Musikindustrie dort bediente, als sie in der ersten Hälfte des zwanzigsten Jahrhunderts einen Namen für eine der Stereoskopie entsprechende Innovation in der Akustik suchte. Dort sollte der Raumklang überzeugend wiedergegeben werden, indem zwei separate Aufnahmen aus zwei separaten Lautsprechern abgespielt wurden. Analog zur längst etablierten Stereoskopie nannten die Entwickler dieses Verfahren dann Stereophonie – im strengen Wortsinn eigentlich nicht ganz korrekt, weil in der Stereophonie ja eher die Wahrnehmung der räumlichen Verteilung der Lärmproduzenten und nicht ihre Wahrnehmung als solide Objekte das Ziel ist, aber der Begriff setzte sich dennoch durch, weswegen die Stereoanlage heute so ähnlich heißt wie damals Wheatstones Spiegelapparat.

Sowohl beim Sehen mit zwei Augen als auch beim Hören

Zu leicht unterschiedlichen Doppelscheiben geschnittenes Brot. Kreuzen Sie Ihre Augen, bis die beiden Punkte über dem Bild sich übereinander schieben. Sie sollten dann drei Punkte sehen, und den Brunnen darunter in 3D, mit durchscheinenden Wasserflächen, die sich vom Hintergrund abheben.

mit zwei Ohren ist es also möglich, nicht nur die Qualität des Sehens und Hörens zu verbessern, sondern aus den zwei verschiedenen Quellen auch neue Seh- und Hörfähigkeiten zu erschließen. Beim Sehen wird durch die Kombination zweier Bilder eine plastische Wahrnehmung räumlicher Formen und Orientierungen ermöglicht, beim Hören die Wahrnehmung der räumlichen Verteilung der Schallquellen.

Diese beiden Wahrnehmungsformen wären allerdings auch noch durch schlaue Auswertung der Signale eines einzelnen Sinnesorganes möglich. Es wird geschätzt, dass bei etwa einem Drittel der Bevölkerung aus verschiedenen Gründen die Stereoskopie gestört ist, aber viele dieser Menschen bemerken das im Alltag nicht oder wissen es nicht einmal.

Das liegt daran, dass es für die Form von Objekten und die räumliche Orientierung von Flächen eine ganze Reihe von möglichen Signalen gibt. Dazu gehören zum Beispiel die Perspektive innerhalb eines einzelnen Bildes, die Schattierungen der Oberflächen und die Schatten, die Objekte werfen, die von da Vinci zuerst beobachteten Verdeckungen weiter entfernter Objekte durch näher gelegene oder auch die Variation von Oberflächenmustern je nach Neigung der Oberfläche – die Linien des Karomusters auf einem geneigten Blatt Zeichenpapier scheinen in der Neigungsrichtung enger beieinander zu liegen als quer dazu.

Ähnlich kann auch beim räumlichen Hören ein Ohr alleine die Richtung bestimmen, in der eine Schallquelle liegt. Das liegt unter anderem an der Form der Ohrmuschel, die buchstäblich dafür sorgt, dass verschiedene Richtungen verschieden klingen. Zusätzlich haben vor allem Tiere, die sich sehr auf ihre Ohren verlassen, bewegliche Ohrmuscheln, die fast wie Radarantennen die Lautstärke eines Geräuschs während der Drehung des Ohrs verfolgen und so bestimmen können, woher es kommt.

Im Falle unseres räumlichen Sehens werden all diese unterschiedlichen Signalquellen kombiniert – hinzu kommen im Alltag auch noch Signale, die gar nichts mit dem Sehen zu tun haben, wie das Abtasten eines Gegenstandes mit den Händen und das Gedächtnis –, um einen Wahrnehmungseindruck von der Form eines Objektes oder eines Raumes zu erhalten. Und ähnlich wie innerhalb eines einzelnen Sinnes unterliegt auch diese Kombination vieler Sinne der Bayesianischen Regel. Das heißt einerseits: Je mehr Sinnesdaten aus unterschiedlichen Quellen zusammenkommen, desto näher liegt der gebildete Sinneseindruck an der Wirklichkeit. Und es heißt zugleich, dass auch Wahrnehmungen aus mehreren

Quellen vom Bayesianischen Vorurteil regiert werden, denn diesem Grundprinzip ist nicht zu entfliehen. Beziehungsweise dass wir es bei der Kombination verschiedener Sinne gleich mit einem ganzen Bündel von Vorurteilen zu tun bekommen.

Adelberts Raum

In schrägen Räumen – die Scheinriesen unter uns – Wachsen durch die Kraft des Vorurteils

Der amerikanische Psychologe Adelbert Ames entwarf 1946 einen Raum mit schrägen Wänden, mit einem schiefen Fliesenmuster auf dem Boden und mit verzerrten Fenster- und Türrahmen. Mit nur einem Auge durch ein kleines Guckloch in der Wand betrachtet, war die rechte hintere Ecke des Raumes sehr nah und die Decke niedrig, die linke Ecke weit entfernt und die Decke hoch. Die Rückwand war an ihrer rechten Seite nur etwa einen Meter hoch und an ihrer linken vier, aber der Winkel, in dem Ames das alles hatte bauen lassen, sorgte dafür, dass sie vom Guckloch aus perspektivisch wie eine normale Wand aussah. Dasselbe galt für alle verzerrten Elemente des Ames-Raumes. Die schrägen Linien auf dem Boden wirkten wie ein rechtwinkliges Karomuster, die schrägen Fenster und Türen wie normale rechteckige Öffnungen.

Obwohl der Raum also in Wirklichkeit krumm und schief war, konnte man ihn durch diese eine Gucklochöffnung regelmäßig und gerade sehen. Man könnte ihn natürlich auch als krumm und schief wahrnehmen, schließlich ist er das ja. Aber, und das wird Sie nach unserer Diskussion Bayesianischer Theorien und der Rolle der Vorurteile nicht sehr überraschen, wir sehen den Raum so, wie Räume eben normalerweise sind: rechtwinklig, mit normalen Fenstern und einem regelmäßigen Bodenmuster.

Das an sich ist schon eine milde überraschende Erkenntnis, aber vollends abenteuerlich wird das Ganze, wenn unser Freund Adelbert Ames seinen Raum betritt. Sagen wir, er betritt ihn durch eine Tür am entfernten, hohen Ende der Rückwand. Die Decke ist dort doppelt so hoch wie Adelbert, ein Altbau, schließen wir. Nun geht Adelbert die schräge Rückwand entlang nach rechts. Durch unser Guckloch sehen wir einen Menschen, der an der Rückwand eines rechteckigen Raums entlang von links nach rechts geht. Zugleich nimmt aber wegen der schiefen Form des Raumes die Deckenhöhe immer weiter ab, sodass Adelbert sich schließlich zu einem kleinen Ball zusammenkauern muss, um im rechten Eck überhaupt Platz zu finden.

Für unsere Wahrnehmung gäbe es zwei prinzipielle Möglichkeiten. Sie könnte das Vorurteil aufgeben, dass der Raum rechtwinklig und gerade ist, und die Dinge so sehen, wie sie nunmal sind. Oder sie könnte das Vorurteil aufgeben, dass Menschen nicht in wenigen Sekunden auf die vierfache Größe anwachsen.

Sie ahnen sicher, für welche absurde Lösung sich die Evolution beim Design unseres Wahrnehmungssystems entschieden hat: Wir sehen durchs Guckloch einen Psychologen namens Adelbert, der durch einen ganz normalen Raum geht und dabei auf seine vierfache Größe anwächst. Eine Szene wie aus «Gullivers Reisen». Wenn Sie das nicht glauben wollen – und wer, der es noch nicht selbst erlebt hat, würde glauben wollen, dass unserem Wahrnehmungsapparat ordentliche Räume so enorm wichtig sind, dass er lieber anschwellende und schrumpfende Psychologen vermutet als krumme Wände –, empfehle ich einen kurzen Besuch bei Youtube. Denn Foto- und Filmkameras haben sich nicht nur historisch aus einem dunklen Raum mit kleinem Loch in der in der Wand entwickelt, der *camera obscura,* sie sind im Falle des Ames-Raumes auch der perfekte Ersatz für unseren einäugigen Blick durchs Guckloch.

Durch den feststehenden Blickwinkel der Kamera wird der Eindruck sogar noch überzeugender: Adelbert «Gulliver» Ames wandelt sich während seines kurzen Spaziergangs erst vom Zwerg zum Riesen und wieder zurück. «Wenn ich mehr gesehen habe als andere», könnte Ames sagen, «dann weil ich einen Raum gebaut habe, in dem ich wie ein Riese aussehe.»

Fehlersuche in Stereo

Luftüberwachung braucht beide Augen – Unterschiede in Bildern und wie man sie findet – die Freiheit, zu schielen – die Tapetenillusion – die Erfindung der *Magic-Eye*-Bilder – geschielte Fehlersuche

Ames' Raum funktioniert, weil ohne das beidseitige Sehen ein starkes Wahrnehmungsvorurteil zum Zuge kommt. Es konstruiert einen rechtwinkligen Raum, selbst wenn dafür das andere Vorurteil, dass Menschen nicht plötzlich ihre Größe vervielfachen, aufgegeben werden muss. Kommt nun das zweite Auge dazu, dann kann das Gehirn die Entfernung der Raumecken stereoskopisch wahrnehmen, und der Effekt des Vorurteils auf unsere Wahrnehmung verschwindet. Hier haben wir also einen echten Zugewinn des Sehens mit zwei Augen.

Die richtige Einschätzung von Entfernungen und Größen ist hoheitliche Aufgabe bei der Vermeidung von Nadelbaumstichen auf der Zunge.

Ein noch dramatischerer stereoskopischer Wahrnehmungseffekt wurde lange Zeit bei der Auswertung von Luftbildern eingesetzt. Dank der Entwicklung von Computern ist das heutzutage nicht mehr nötig, aber Sie können sich denselben Mechanismus zunutze machen, wenn Sie die Aufgaben in Unterhaltungszeitschriften lösen wollen, bei denen die Fehler im Vergleich zweier Bilder gesucht werden sollen. Eines der Probleme der Luftüberwachung ähnelte lange Zeit dem des Rätsellösers. Es liegen zwei Luftaufnahmen derselben Region vor, in zeitlichem Abstand aufgenommen, und es geht um die Unterschiede zwischen diesen beiden Bildern. Sie zu finden ist ein mühsamer und langwieriger Prozess, und der Erfolg ist alles andere als garantiert.

Es handelt sich bei dieser Übung um eine sogenannte sequenzielle Suchaufgabe. Sequenziell, weil alle Bildstellen sukzessive miteinander verglichen werden müssen, um die Unterschiede zu finden. Wenn die Bilder groß und kompliziert genug sind, dauert eine solche Suche deshalb ziemlich lang.

Ein anderes Beispiel für eine sequenzielle Suche ist eine Zeitungsseite voller Cs, von denen nur ein einzelnes gespiegelt ist, dessen Bogenöffnung also nach links zeigt. Die Suche nach diesem umgedrehten Buchstaben kann schier endlos sein und endet häufig ohne Erfolg, vor allem, wenn wir nicht sicher wissen, ob er überhaupt vorhanden ist.

Denken wir uns jetzt eine Zeitungsseite mit lauter grünen Cs und einem einzelnen roten C dazwischen. Das andersfarbige C wird in Sekundenschnelle auffallen. Die Suche nach einer abweichenden Farbe ist eine sogenannte parallele Suche, bei der überall auf dem Bild zugleich die Farbunterschiede berechnet werden. Solange es nur wenige sind, ziehen sie die Aufmerksamkeit sofort auf sich.

Auch im Fall der Luftaufnahmen können wir den sequenziellen Vergleich in einen parallelen verwandeln und so enorm beschleunigen, und zwar mit Hilfe von Wheatstones Stereoskop. Wenn wir die zwei Luftaufnahmen, die wir vergleichen wollen, gleichzeitig so betrachten, dass das linke Auge die eine und das rechte die andere sieht, dann werden sie vom selben Wahrnehmungsmechanismus ausgewertet, dem auch stereoskopische Wahrnehmung zugrunde liegt. Und wenn sich nun in einem der beiden Bilder dort ein heller Fleck befindet, wo im anderen ein dunkler Fleck ist, dann gäbe es in der realen Welt zwei mögliche Erklärungen dafür. Die erste ist, dass ein kleines Objekt, zum Beispiel eine Fliege, nahe vor dem einen Auge fliegt und deshalb nur in einem Bild auftaucht. Das wäre sozusagen eine Bildstörung und vielleicht ein Anlass, nach der Fliege zu schlagen. Vielleicht ist sie ja ein Parasit und will dem Auge Böses. Die andere Erklärung ist, dass das Objekt, das wir an diese Stelle sehen, unter den leicht verschiedenen Blickwinkeln der beiden Augen stark unterschiedliche Farben hat, also seine Oberfläche entweder spiegelt oder jedenfalls metallisch schimmert.

In der Wahrnehmung der Bilder werden sich die Eindrücke jedenfalls überall dort summieren, wo die Bilder identisch sind. Das entstehende Gesamtbild ist ein wenig kontrastreicher und schärfer als jedes der Einzelfotos für sich genommen. Aber wo Unterschiede im Bild sind, sehen wir ein Schimmern oder Flirren, und genau wie auf einer Seite voll grüner Buchstaben ein einzelner roter sofort auffällt, wird auch beim Verschmelzen der beiden Luftaufnahmen jeder kleinste Unterschied sofort unsere Aufmerksamkeit auf sich ziehen. Dieser verblüffende Effekt war lange Zeit, bis zur Entwicklung moderner Computer mit ihren Superkräften der Bildverarbeitung, die Grundlage für die Auswertung von Luftüberwachungsbildern, um neue Gebäude und Straßen, Bewegungen von Fahrzeugen und dergleichen mehr zu finden: Menschen, die in Stereoskope starren.

Wie aber können Sie nun diesen Mechanismus nutzen,

um die Fehlersuche beim Bildvergleich zu beschleunigen, ohne ständig ein Wheatstone-Stereoskop in einem Handkarren hinter sich herziehen zu müssen? Das Geheimnis ist die sogenannte «freie Betrachtung» von Stereobildern, bei der durch gezieltes Anschielen von zwei nebeneinander stehenden Fotos dieselbe Überlappung der Bilder hergestellt wird, die im Stereoskop mit Spiegeln und Linsen produziert wird.

Dabei gibt es zwei verschiedene Möglichkeiten. Entweder kreuzt man die Augen so stark, dass das linke Auge das rechte Bild anpeilt und das rechte Auge das linke. Oder man schaut quasi durch das Fotopapier hindurch in weite Fernen und stellt dadurch die beiden Augen nahezu parallel. Dann sieht das linke Auge das linke Bild und das rechte Auge das rechte. Der Nachteil bei dieser Parallelmethode ist, dass die beiden Bilder jeweils maximal so breit sein dürfen wie der Augenabstand des Betrachters, also ungefähr sechs Zentimeter. Sonst müsste man die Augen nach außen driften lassen, was für gesunde Menschen unmöglich ist.[1] Für die meisten Betrachter ist es viel leichter, die Augen zu kreuzen, als sie parallel zu stellen. Das liegt unter anderem daran, dass eine parallele Stellung der Augen normalerweise bedeutet, dass wir etwas weit Entferntes betrachten. Wenn wir die Augen parallel ausrichten, stellt sich die Linse reflexartig für große Entfernungen ein, und die in wenigen Zentimetern Abstand gehaltenen Bilder verschwimmen.

Diese Kopplung der Bildschärfe mit der Augenstellung muss erst gelockert werden, bevor die Stereo-Bildbetrachtung mit der Parallelmethode gelingen kann. Dass dem Gehirn dabei eine große Sehentfernung vorgetäuscht wird, ist zugleich ein Gewinn. Denn mit der wahrgenommenen Distanz steigt auch die scheinbare Größe des Bildes und mit ihr die Größe aller darauf zu sehenden Objekte.

Der Granitmonolith Half Dome im Yosemite National Park in Kalifornien. Die beiden Bildhälften dieses Stereofotos unterscheiden sich an vier Stellen. Es ist möglich, diese Unterschiede durch sequenziellen Bildvergleich zu finden. Viel leichter und schneller geht es aber, wenn man wie im vorigen Beispiel durch Augenkreuzen die beiden schwarzen Punkte zur Deckung bringt.

Erst zu Beginn der neunziger Jahren des zwanzigsten Jahrhunderts kam Christopher Tyler, einer meiner Kollegen in San Francisco, auf eine verblüffende Idee, wie man dieser Methode der Bildbetrachtung noch eine zusätzliche Dimension

•

abtrotzen konnte.[2] Schon lange war bekannt, dass auch tapezierte oder gekachelte Wände derart *frei betrachtet* werden können. Zwar sind benachbarte Muster auf den Tapetenbahnen in der Regel identisch, aber durch die gekreuzten oder in die Ferne gerichteten Augen erscheinen sie entweder sehr nah oder viel weiter entfernt als die Wand, was einen lustigen psychedelischen Eindruck hervorruft, ganz ohne Drogen. Ein *natural high* durch Schielen.

Dieser halluzinatorische Effekt, den Tapeten auf ahnungslose Betrachter haben können, hieß aus naheliegenden Gründen *wallpaper illusion* oder Tapeten-Illusion. Christopher Tyler fiel nun auf, dass eine kleine Veränderung im Muster auf einer der Tapetenbahnen die Wirkung erheblich verstärkte. Wenn man einen Ausschnitt der Tapete ein wenig nach links oder rechts verschiebt, wird das Muster dort unterbrochen. Und in der evolutionären Vergangenheit lagen solche kleinen Unterschiede eben nicht an gelangweilten Tapetenmalern, sondern daran, dass das Ding, das man da sieht, sich in einer anderen Entfernung befand. In der psychedelischen Wahrnehmung der *wallpaper illusion* tritt das Tapetenstückchen aus der Ebene der Umgebung heraus.

Macht man das Muster kompliziert und detailliert genug, kann man durch geschicktes Hin- und Herschieben der Musterbestandteile sogar eine beliebige Oberfläche modellieren, die vor dem Betrachter zu schweben scheint. Kommt Ihnen das vielleicht bekannt vor? Christopher Tyler ist der Miterfinder der berühmten *Magic-Eye*-Bilder, in denen dieses simple geometrische Prinzip aus scheinbar chaotischen Farbtapeten springende Delphine, brüllende Dinosaurier und dammbauende Biber in Badewannen entstehen ließ.

Nicht jeder konnte und kann diese *Magic-Eye*-Bilder sehen. Die Hürde, die dabei überwunden werden muss, ist uns schon begegnet, es ist dieselbe wie beim freien Sehen: die Entkopplung des Reflexes, der die Scharfstellung mit der Sehentfernung koppelt. Misslingt das, sieht man die Bildtapete unscharf, und die beiden Bilder können nicht zum Delphin verschmelzen, der durch ein Herz springt. Haben wir diese Hürde erst überwunden, dann kann uns die *Magic-Eye*-Methode beim Lösen der Bildvergleichsrätsel helfen. Wir müssen nur die beiden Versionen des Bildes wie die zwei Hälften eines Stereogramms oder wie zwei Bahnen einer *Magic-Eye*-Tapete behandeln und so anschielen, dass sie zu einem verschmelzen.

Weil die beiden Bilder weitgehend identisch sind, wird der Gesamteindruck dann ein einzelnes flaches Bild sein. Aber überall, wo die beiden Bilder voneinander abweichen, entsteht ein flirrender Eindruck, ein scheinbares Loch in der Fläche – und diese Eindrücke verändern die Fehlersuche. Wo die normale Fehlersuche das langsame und mühsame Absuchen des gesamten Bildes Stück für Stück erforderte, ist die Suche in diesem verschmolzenen Gesamtbild *pop-out*. Die Unterschiede zwischen den beiden Bildern werden plötzlich so eindeutig sichtbar wie einzelne rote Buchstaben in einem Wald aus grünen.

Hier ist, direkt zum Ausprobieren, eine Textversion des Ganzen. Kreuzen Sie Ihre Augen, bis die beiden Textblöcke sich überlappen, geben Sie Ihrem Auge einen Moment Zeit, den Buchstabensalat scharfzustellen, und die eingebauten Fehler sollten Sie geradezu anspringen. Sie können Sie natürlich auch nach der konventionellen Methode suchen, das wird aber etwas dauern.

```
         ●                            ●

znNc5uU3nqW10v11ckeC       znNc5uU3nqW10v11ckeC
E5af9kpyoSQJ6yWtWsgp       E5af9kpyoSQJ6yWtWsgp
YLTQcEW6RWG4InCg0ZJP       YLTQcEW6RWG4HnCg0ZJP
fuVBVYI27MyHX7Cw0r3k       fuVBVYI27MyHX7Cw0r3k
bHEzDIiSmHjpgwI4Q20N       bHEzDIiSmHjpgwI4Q20N
utnPWXk29qsY4C3ZbBU1       utnPWXk29qsY4C3ZbAU1
NslLIan40sP2VlI13F91       NslLIan40sP2VlI13F91
AhK3GdoM0GC19xfI9clI       AhK3GdoL0GC19xfI9clI
1gbz1Hg17vRyg3gGUkBt       1gbz1Hg17vRyg3gGUkBt
ccIrDQJKr2qazYlhAgD2       ccIrDQJKr2qazYlhAgD2
```

Das Ganze ist ein hübscher Effekt und sehr nützlich, wenn Sie einmal in eines dieser Kniffelrätsel geraten, in denen finstere Zauberer oder sadistische Logiker unschuldige Menschen in Gefängnisse stecken, wenn sie bestimmte Fragen nicht schnell oder effektiv genug beantworten können. Und falls der sadistische Logiker dann zur Freilassung verlangt, dass Sie in Windeseile alle Fehler in zwei Versionen eines Gemäldes finden.

Also womöglich doch nicht sehr nützlich.

Aber machen wir einen Schritt zurück und würdigen wir, womit wir es hier eigentlich zu tun haben. Durch die Kombination zweier gleichartiger Sinneseindrücke, nämlich der fast identischen Bilder zweier Augen, haben wir die Pforten zu völlig neuen Wahrnehmungen aufgestoßen. Wir können plötzlich räumliche Tiefe sehen, wo vorher nur Oberfläche war, wir sehen dank Christopher Tyler magische Segelschiffe, wo der Uneingeweihte nur bunte Tapeten erkennt, und wir haben uns die Möglichkeit erschlossen, Luftaufnahmen und Rätselseiten auf völlig neuartige Weise zu betrachten. All das durch die bloße Kombination der eigentlich ganz gleichartigen Signale unserer Augen.

Was mag uns erst blühen, wenn wir dem Auge statt eines zweiten seiner Art etwas völlig anderes, etwa ein Ohr, ankleben? Wenn wir also Ton und Bild zu einer Einheit verschmelzen und aus dem Stummfilm in die Tonfilmära wechseln?

Besuch im Kopfkino

Die Ohren der Schleiereulen – Kermits gesehener Ort, Kermits gehörter Ort – die Bauchredner-Illusion – Wahrheit und Plausibilität – Harry McGurks Dada

Wie erwähnt haben die Ohren ihren eigenen Stereo-Mechanismus. So wird, vor allem über rechts und links verschiedene Lautstärken und kleine zeitliche Verzögerungen eines Geräuschs, einer wahrgenommenen Schallquelle eine Richtung zugeordnet. Wir hören nicht einfach nur ein Geräusch, wie hören es meist in einer bestimmten Richtung. Anders allerdings als Fledermäuse und Schleiereulen, die diese Methode bis zur Perfektion getrieben haben, sind wir ziemlich lausige Geräuschorter. Schleiereulen hören extrem gut, unter anderem, weil die Federn, die ihrem Gesicht das markante Aussehen verleihen, die ankommenden Schallwellen bündeln und auf die Ohren leiten. Mit dieser natürlichen Radarschüssel rund um den Eulenschnabel können sie den Herzschlag einer unterm Laub versteckten Maus aus einer Entfernung von mehreren Metern hören. Und Schleiereulen haben auch zwei unterschiedlich geformte und positionierte Ohren, mit denen sie in einem ähnlichen Mechanismus wie dem des Stereosehens akkurat die Richtung bestimmen können, aus der der Mäuseherzschlag durch die Waldesnacht wummert. Dieser Mechanismus ist auch in den Gehirnen der Tiere dem des Stereosehens so ähnlich, dass die Erforschung des räumlichen Hörens der Schleiereule tatsächlich Erkenntnisse darüber gebracht hat, wie unser eigenes räumliches Sehen im Gehirn funktioniert.

Im Vergleich zum extrem leistungsfähigen Stereohören der Eulen ist unser eigenes doch sehr eingeschränkt. Wenn wir uns das Weiße Album anhören, können wir wohl erkennen, dass Johns Gitarre von links gniedelt und Georges von rechts, aber viel genauer wird es nicht. Versuchen Sie mal, bei einer Stereoaufnahme von Beethovens Fünfter rauszuhören, ob die erste Geige links oder rechts von den Celli sitzt. Ein Ding der Unhörbarkeit.

Die räumliche Information im Signal des Hörsinns ist wenig exakt und sehr fehlerlastig. Interessant wird es nun, wenn ein solches ungenaues Signal mit einem viel genaueren kombiniert wird. Wenn man also zum Beispiel Kermit den Frosch vor sich sieht, neben einem adretten jungen Mann, dessen Hand im Hintern des Frosches zu stecken scheint. Und wenn nun der Frosch den Mund auf- und zuklappt und man ihn zugleich «Applaus! Applaus! Applaus!» rufen hört. Auch in diesem Fall können wir wieder auf die bewährte Logik unseres alten Freundes Thomas Bayes zurückgreifen. Ohne die Mathematik hier im Detail ausbreiten zu wollen (höre ich da Seufzer der Erleichterung? Schämen sollten Sie sich!), können wir leicht einsehen, wie seine Regel hier anwendbar ist. Sowohl das Sehen als auch das Hören legen ja im Fall des sprechenden Kermit eine Vermutung nahe, wer wo gesprochen hat. Wir haben also für jede Richtung zwei Wahrscheinlichkeiten, dass der Frosch sich dort befindet, und können sie nach Bayes' Regel verrechnen.

Jetzt passiert aber etwas sehr Interessantes. Die Verteilung der Wahrscheinlichkeiten für die *gesehene* Froschrichtung ist eng begrenzt. Wir sehen ja recht genau, wo Kermit sitzt. Im Gegensatz dazu ist die Wahrscheinlichkeit für die *gehörte* Richtung breit gefächert. Die ungefähre Richtung können wir zwar hören – kommt das Applausquaken von links oder rechts –, aber in dieser ungefähren Richtung verteilen sich die möglichen Froschorte über einen großen Bereich. Bayesianisch ausgedrückt bedeutet das, dass die gehörte Richtung auf die Wahrscheinlichkeit der Wahrnehmung einen eher geringen Einfluss hat. Ob Kermit ganz links außen sitzt oder ein kleines Stück daneben, ist ungefähr gleich plausibel. Beim Sehen ist das ganz anders: Kermit ist genau da, wo wir ihn sehen, und direkt daneben sinken die Wahrscheinlichkeiten sofort auf praktisch null.

Führt man das nun bayesianisch zu einer globalen Wahrnehmung zusammen, in einem Vorgang, der übrigens «Bayesianische Inferenz» genannt wird, dann hat das mathematisch zur Folge, dass die Information über Kermits Aufenthaltsort, die wir durch Hören gewonnen haben, beinahe vollständig ignoriert wird: Die beste Art und Weise, ein unzuverlässiges Signal mit einem zuverlässigen zu kombinieren, ist es, dem unzuverlässigen Signal praktisch kein Gewicht zu geben.

Wenn wir nun also direkt vor uns Kermits Kiefer auf- und zuklappen sehen und seine Stimme dabei von einem guten Stück weiter rechts zu kommen scheint, weil sie ja nicht aus dem Frosch, sondern aus dem Puppenspieler schallt, dann brauchen wir diesen Widerspruch nicht mal zu ignorieren. Die Bayesianischen Prinzipien unseres Wahrnehmungsapparates sorgen dafür, dass der wahrgenommene Ort von Kermits Stimme sich nur ein winziges Stückchen von dort, wo wir seinen Kopf sehen, wegbewegt, in die Richtung, in der wir seine Stimme gehört haben. Insgesamt nehmen wir das kombinierte audiovisuelle Spektakel «Kermit spricht» dann praktisch genau dort wahr, wo wir den Frosch sehen.

Dass das so funktioniert, wird in der jahrhundertealten bewährten Tradition, alle überraschenden Tatsachen über Wahrnehmung zunächst einmal als Illusion zu bezeichnen, die «Bauchredner-Illusion» genannt. Sie ist die Grundlage dafür, dass Bauchredner und Puppenspieler den Eindruck erwecken, dass der Haufen knopfäugiger Stoff, mit dem sie hantieren, beseelt ist und wir das Knäuel wirklich und wahrhaftig sprechen hören. Die Bauchredner-Illusion ist aber auch der Grund dafür, dass wir im Kino nicht verwirrt sind, wenn die Stimmen der Schauspieler aus Lautsprechern neben der Leinwand kommen.

Daraus können wir die Erkenntnis ziehen, dass wir bei der bestmöglichen Kombination zweier verschieden zuverlässiger Wahrnehmungssignale stets mehr zum genaueren tendieren. Das ist eine gute Gelegenheit, um einen weiteren Kracher unterzubringen: Dass ein Signal zuverlässiger und genauer ist als ein anderes, hat nämlich im Allgemeinen nichts damit zu tun, dass es auch das richtigere der beiden Signale ist.

Mit großer Überzeugung Unsinn wahrzunehmen und zu glauben, ist schließlich ebenso möglich, wie mit einem Bauchgefühl des Ungefähren den Nagel auf den Kopf zu treffen und es nicht einmal zu bemerken. Wenn Ihnen diese Unterscheidung ein wenig nebulös und nicht völlig plausibel erscheint, machen Sie sich keine Sorgen. Denn auch diese Verwechslung von *Wahr* und *Überzeugt* ist ein völlig normaler Prozess in unseren Gehirnen. Seine Funktion ist es offensichtlich nicht, dafür zu sorgen, dass wir richtig liegen, sondern dafür, dass wir das Gefühl haben, richtig zu liegen, selbst wenn der Preis dafür ist, dass wir uns irren. Und so hören wir überall mit Überzeugung die Stimme von Bauchrednern aus dem Mund zappelnder Stofffrösche kommen und denken uns weiter nichts dabei.

Und damit Sie nicht denken, das Sonderbarste über die Kombination von Sehen und Hören wäre schon gesagt, wollen wir auch noch rasch von McGurk sprechen. Die Rede ist von Harry McGurk, der 1976 recht zufällig einen Effekt entdeckte, der seitdem nach ihm benannt ist und allein schon deswegen zu den schönsten Effekten der Psychologie zählt. Auch dieser McGurk-Effekt tritt auf, wenn Gesehenes und Gehörtes einander widersprechen, aber hier ist es nicht der Ort, sondern der Inhalt, der das Problem verursacht. McGurk und sein Student John MacDonald hatten Kleinkindern Videoaufnahmen gesprochener Silben vorgespielt, um zu untersuchen, wie deren Sprachwahrnehmung funktioniert. Für eine Versuchsreihe paarten Sie dabei die Bildaufnahmen einer gesprochenen Silbe mit den Tonaufnahmen einer anderen. Ziel war, herauszufinden, welche der beiden Silben von den Kindern wahrgenommen werden würde. McGurk und MacDonald stellten fest, dass nicht nur die Kinder, sondern auch die Forscher selbst in diesen zusammengeschraubten Videos nicht die durch die Lippenbewegungen definierte Silbe hörten. Aber zu ihrer Überraschung hörten sie genauso wenig das, was eigentlich akustisch wahrnehmbar hätte sein sollen, sondern stattdessen einen dritten, ganz anderen Laut. Auf der Tonspur erklingt *baba*, die Lippen bewegen sich, als würde *gaga* gesprochen, und McGurk und MacDonald hörten trotzdem nichts als *dada*. Der Effekt hätte in einer Parallelwelt nach dem Oberdada Johannes-Baader-Syndrom oder auch Huelsenbeck'sche Audio-Visual-Konfusion heißen können. Er heißt aber nun mal McGurk-Effekt.

Dieser McGurk-Effekt ist seit seiner Entdeckung gut dokumentiert, aber seine Grundlagen sind wie so vieles bestenfalls unvollständig erklärbar. Interessant für uns ist, dass der McGurk-Effekt stärker bei Leuten aufzutreten scheint, die besonders gut darin sind, das Gesehene und das Gehörte gemeinsam wahrzunehmen. So können wir festhalten, dass das Wahrnehmen durch die Kombination verschiedener Sinneseindrücke nicht unbedingt einfacher wird. Solange die Signale in allen zusammenfließenden Sinneskanälen wenigstens auf denselben Reiz zurückgehen, haben wir dank des Zusammenspiels immerhin einen relativ einfach zu verstehenden Vorteil: Das Bild zweier Augen ist eben schärfer und kontrastreicher als jedes einzelne für sich genommen. Aber sobald in den Kanälen Unterschiedliches strömt, gibt es dort, wo die Ströme sich treffen, Verwirbelungen und unerwartete Strudel. Die ohnehin schon fehleranfällige und Vorurteilen unterworfene Wahrnehmung wird vollends undurchschaubar und kapriziös wie ein dadaistischer Text. Wo so viel zusammenfließt, droht die Überflutung.

Reizüberflutung und die magische Zahl Sieben

Das Arbeitsgedächtnis und die sieben Reizlein – die Schleusen der Wahrnehmung – Inbesitznahme des Geistes in klarer und lebhafter Gestalt

«Die magische Zahl sieben, plus minus zwei» hieß der Artikel, in dem der Psychologe George Miller 1956 von seiner Beobachtung berichtete, dass das menschliche Arbeitsgedächtnis mit einiger Anstrengung ungefähr sieben Einzelinformationen halbwegs beieinander behalten kann.[3] Alles, was über diese sieben Sachen hinausgeht, überfordert uns und führt zu Konfusion, Vergesslichkeit und Übersehen.

Nun aber hat zum Beispiel jedes durchschnittliche Bild einer heutigen Digitalkamera deutlich mehr als sieben Pixel, und das menschliche Auge ist nach wie vor jeder Digitalkamera überlegen. Haben Sie schon mal ein Foto der blauen Murmel Erde mit dem Sternenhimmel im Hintergrund gesehen? Nein, ätschibätsch, haben Sie nicht, denn alle solchen

Bilder sind Fälschungen aus dem Photoshop. Es gibt keine Kamera, die dieses Motiv abbilden könnte. Entweder ist der sogenannte blaue Planet zu hell oder die Sterne zu dunkel, beides zusammen kriegt ein Kamerachip nicht belichtet. Nur unsere Vorstellung und Bildbetrüger am Computer können so was.

Aber warum ist unser inneres Auge einer Digitalkamera überlegen, wenn wir doch nur sieben Sachen zugleich bedenken können? Und generell, wie kommt ein Gehirn, dessen Aufnahmefähigkeit derart eingeschränkt ist, mit dem Mehrkanalton und -bild der Wirklichkeit zurecht, die Sekunde für Sekunde auf uns einprasseln? Warum sind wir nicht andauernd überwältigt und überfordert?

Halt, das ist nicht ganz die richtige Frage, denn womöglich sind wir ja genau das: überfordert. Aber wie können wir trotz der Datenflut, die auf uns einstürmt, handlungsfähig und wenigstens halbwegs zurechnungsfähig bleiben?

Der Schleusenmechanismus, der den anstürmenden Daten-Tsunami an den Pforten der Wahrnehmung auf ein zur Verarbeitung erträgliches Maß reduziert, heißt Aufmerksamkeit. «Jeder weiß, was Aufmerksamkeit ist», schrieb einer der Väter der modernen Psychologie, William James. «Es ist die Inbesitznahme des Geistes, in klarer und lebhafter Gestalt, durch einen von mehreren möglichen Gegenständen oder Gedankengängen. Fokussierung, Konzentration des Bewusstseins sind ihr Wesen. Sie bedeutet die Abwendung von gewissen Dingen, um andere effizient behandeln zu können.»

Seit James das vor 130 Jahren schrieb, haben wir eine Menge Details gesammelt, aber im Wesentlichen ist das immer noch die zentrale Definition: das Ignorieren des Unwichtigen, um sich ums Wichtige kümmern zu können. Nur haben wir da, wie überall in der Wahrnehmung, wieder das alte Problem. Denn um beurteilen zu können, ob etwas wichtig oder unwichtig ist, müsste man es ja erst mal begutachtet haben. Wer die Entscheidung trifft, etwas herauszufiltern, bevor es überhaupt wahrgenommen wurde, der muss diese Entscheidung aufgrund von Vorurteilen treffen. Und wer hinschaut, bevor er die Entscheidung trifft, der hat den ganzen schönen Vorteil, den die Aufmerksamkeit bringen sollte, gleich wieder zunichte gemacht. Wenn man zuerst alles angucken muss, bevor es ignoriert werden kann, hat man am Ende ja nicht weniger Arbeit. Ähnlich wie die Wahrnehmung Fehler machen *muss*, muss auch die Aufmerksamkeit notwendigerweise immer wieder wichtige Dinge übersehen. Oder sie wird von unwichtigen Dingen abgelenkt.

Vielleicht finden Sie den Vergleich von Digitalkamera und unserem Arbeitsgedächtnis zu extrem. Wir haben doch einen recht detailreichen Eindruck von unserer visuellen Umwelt, und die Anzahl von Objekten, die wir gleichzeitig sehen können, geht über sieben plus minus zwei weit hinaus. Doch dieser Eindruck einer umfassenden Sicherheit, mit der sich Sehende ihrer visuellen Umwelt bewusst zu sein glauben, ist ein weiterer grundlegender Irrtum unserer Wahrnehmung. Wir sehen tatsächlich viel weniger, als wir zu sehen glauben.

Mit dem X das U wegmachen

Ein Auge auf Kosten und Nutzen – unsichtbare Unschärfe – blinder Fleck, sichtbar gemacht – die gebackene Halluzination Wirklichkeit – the line must go on – Bildgedächtnis? Fehlanzeige!

Dieser Irrtum betrifft vor allem die Menge an Bild, die wir in jedem einzelnen Moment sehen können. Der Grund, warum wir einen Aufmerksamkeitsfilter für alle Wahrnehmung brauchen, ist, dass die Verarbeitung von Informationen aufwendig, anstrengend und teuer ist. Unser Gehirn verbraucht bis zu 20 Prozent unseres gesamten Energieumsatzes, und ein großer Teil des menschlichen Gehirns ist mit dem Sehen beschäftigt. Würden wir tatsächlich überall so scharf sehen, wie unser Eindruck ist, würde das ohnehin schon hungrige Organ vermutlich noch hungriger werden.

Eins der Grundprinzipien des evolutionären Designs ist das Ausbalancieren von Kosten und Nutzen. Es ist für ein Tier offensichtlich von Vorteil, seine Umgebung in allen Richtungen so scharf und klar zu sehen wie möglich. Die Größe des Kopfes begrenzt sowohl die Größe des verarbeitenden Gehirns und damit die Leistung, die ins Sehen maximal investiert werden kann, als auch die Größe der Augen als Sinnesorgane. Auflösung und Optik brauchen Platz. Was die Größe des Kopfes angeht, ist der Mensch vermutlich ohnehin am Ende seiner Möglichkeiten angekommen. Obwohl menschlicher Nachwuchs sehr früh geboren wird und viele Jahre auf Betreuung angewiesen ist, ist die Geburt extrem schmerzhaft und gefährlich für die Mutter, vor allem wegen des enormen Kopfumfangs. All diese Faktoren setzen der Beschaffenheit eines leistungsfähigen Sehsystems klare Schranken.

Nun hätte die Natur die zur Verfügung stehenden Ressourcen einsetzen können, indem sie dem Menschen eine Art Sehband rund um den Kopf legt, (ähnlich wie die alberne Brille, die Geordi La Forge in «Star Trek – The Next Generation» trägt), das überall dieselbe Auflösung hat und Sehen in alle Richtungen gleichzeitig erlaubt. Dieses Sehen hätte dann, weil wir unsere Sehzellen auf die gesamte Umgebung verteilen müssten, eine vergleichsweise niedrige Auflösung. Das andere Extrem wäre ein sehr bewegliches Auge in einem beweglichen Kopf, das aber stets nur einen sehr kleinen Bereich in den Blick nimmt. Diesen Bereich sieht es dafür in extrem hoher Auflösung, weil jetzt alle Sehzellen, die im anderen Fall die Rundumsicht abdecken, dort versammelt wären. Dieses Auge müsste wie eine Radarantenne permanent die Umgebung absuchen, um nichts zu verpassen, das außerhalb des sehr engen Sichtfeldes passiert.

Das Design unseres visuellen Systems liegt genau dazwischen. Unser Auge hat in der Mitte des Sehfeldes einen recht kleinen Bereich mit sehr hoher Auflösung und eine große Außenzone darum herum, in der die Auflösung vergleichsweise gering ist. Gleichzeitig sind unsere Augen in ständiger Bewegung und richten den Fokus immer wieder dorthin, wo womöglich etwas Interessantes passiert. Diese Fokussierung setzt sich übrigens auf dem weiteren Weg der Information durch den Kopf fort: Je weiter das Gesehene von der Blickrichtung entfernt liegt, desto weniger Gehirnmasse ist dafür zuständig, es zu verarbeiten.

In jedem einzelnen Moment sehen wir also nur einen ziemlich kleinen Ausschnitt unserer Umgebung einigermaßen scharf, der Rest müsste eigentlich formloses Farbwabern sein. So ist es aber nicht. Parken Sie Ihren Blick bitte auf dem Bindestrich in der Mitte des gleich folgenden Wortes und versuchen Sie dann, weiterzulesen, ohne die Augen vom Bindestrich zu nehmen. Bereit?

Blindenblick-Parkplatz.

Diese Zeile hier geht möglicherweise noch. Das hängt auch von Ihrem Leseabstand und Ihrer Sehschärfe ab. Aber ab hier dürfte es auch für die größten Adleraugen schwierig werden, und wenn Sie mir jetzt noch folgen können, dann haben Sie den Blindenblick-Parkplatz mit Sicherheit wieder verlassen.

Warum nehmen wir die Unschärfe, die wir da sehen, nicht wahr?

Und es ist ja nicht nur die Unschärfe. Sie wissen vermutlich, dass aufgrund eines kleinen Konstruktionsfehlers im Design des Auges der optische Nerv, sozusagen das Anschlusskabel der Netzhaut ans restliche Gehirn, an der Stelle, an der er die Netzhaut gehirnwärts verlässt, einen blinden Fleck verursacht. Es gibt also eine Stelle, an der wir nichts sehen. Aber auch diese Schwäche ist für uns unsichtbar; den blinden Fleck können wir nur indirekt sehen. Schließen Sie Ihr linkes Auge, schauen Sie mit dem rechten auf das X und bewegen Sie die Seite langsam von sich weg – und zurück:

X U

In einer Entfernung von ungefähr 20 Zentimetern wird das U aus Ihrem Blickfeld verschwinden wie ausgestanzt. An seiner Stelle wird nicht der leiseste Hinweis darauf bleiben, dass hier gerade etwas schiefgeht. Nur eine Lücke in Ihrer Wahrnehmung.

Eine Lücke übrigens, die sofort verschwindet, wenn Sie in genau dieser Position Ihr linkes Auge wieder öffnen. Da ist das U ja wieder, aber schillert es jetzt nicht ein wenig? Sie sehen es ja nur mit einem Auge und erleben denselben Effekt, über den wir vorhin bei den Stereogrammen und den Unterschieden zwischen den Bildern beider Augen gesprochen haben.

Was wir von der Welt sehen, ist eine Halluzination, die unser Gehirn erzeugt. Das ist eine unbestreitbare Tatsache, die das Gehirn selbst allerdings meist vor uns versteckt. Nur in diesen Momenten, wenn einer unserer blinden Flecken vor unseren Augen – oder genau genommen ja *in* unseren

Augen – ein U verschlingt, könnte man vielleicht einen Moment lang misstrauisch werden. Aber in der Regel hat das keine realen Folgen. Würden wir zwischendurch immer wieder schlagartig erblinden, wir wären entsetzt und liefen sofort zum Arzt, beziehungsweise gegen die nächste Tür. Aber blinde Flecken? Kurios, aber na ja. Ist halt so.

Man könnte denken, dass das halb so schlimm ist, denn das Gehirn backt diese überzeugende Halluzination Wirklichkeit immerhin auf der Grundlage unserer Sinnesdaten, das ist ja schon was anderes als ein Cocktail aus LSD und Magic Mushrooms. Oder? Verrührt werden diese Sinnesdaten nämlich mit dem Schneebesen Bayesianischer Wahrscheinlichkeiten. Und dessen wichtigster Beitrag zum Teig ist das, was man hochtrabend die «A-priori-Verteilung der Erwartungswerte» nennen kann oder vielleicht auch lieber das «realitätsverzerrende Vorurteil».

Für den blinden Fleck bedeutet das nur, dass ein U, dessen Bild statt auf die Netzhaut aufs Nervenkabel fällt, der Wahrnehmung keinerlei Anzeichen für seine Existenz mehr liefert, und schwupp, ist es weg. Wir nehmen dann das U weder wahr, noch bemerken wir sein Fehlen. Weil das Ganze übrigens das Ergebnis eines Vorurteils ist, einer Erwartung darüber, was am Ort des blinden Flecks zu sehen sein wird, funktioniert der Effekt noch viel besser, wenn das U statt auf einer Seite voller Buchstaben allein auf einem leeren Papier steht. Denn die Leerstelle des blinden Flecks wird mit dem gefüllt, was aufgrund der sonstigen Sinneseindrücke zu erwarten wäre – und das ist im Fall einer ansonsten leeren Seite mehr Leere, im Falle einer Seite voller Buchstaben eben mehr Buchstaben.

X U

X

Machen Sie es wie eben: linkes Auge schließen, mit dem rechten das obere X ansehen und die Seite vor und zurück bewegen, bis das U verschwindet. Lassen Sie die Seite nun, wo sie ist, lassen Sie das linke Auge, wie es ist, nämlich geschlossen, und richten Sie das rechte Auge stattdessen auf das untere X. Vermutlich wird das U oben wieder auftauchen, weil es jetzt nämlich nicht mehr auf Ihren blinden Fleck fällt. Aber vor allem sehen Sie wahrscheinlich keine Lücke innerhalb der Linie rechts, obwohl der blinde Fleck nun mitten auf sie fällt und ein Loch hineinreißen müsste. Die Lücke wird aber mit dem gefüllt, was das Gehirn aufgrund des Vorurteils erwartet, und das ist in diesem Fall die Fortsetzung der Linie.

Man könnte nun vermuten, dass das Ganze auf einem Bildgedächtnis beruht, das sich gemerkt hat, wie lang die Linie war, als sie noch nicht auf den blinden Fleck fiel. Und das auf dieser Grundlage das Loch in der Wahrnehmung mit der gemerkten Wahrheit auffüllt. Aber man würde das Sehsystem damit ziemlich überschätzen. Das zeigt sich unter anderem daran, dass das U, das ja ebenso in diesem Bildgedächtnis gespeichert sein müsste, ohne Widerstand und Aufbegehren verschwindet, wenn man vom unteren X wieder aufs obere schaut.

Blind für Veränderung

Warum wir so schlecht sind beim Bildvergleich – das verschwundene Triebwerk – der Wasserfall-Effekt – die Fabel vom Portier und vom Glaser – die Körperfresser kommen nicht – oder jedenfalls sehen wir sie nicht – ein Gorilla kommt – eine Katze verschwindet

Dass wir kein Bildgedächtnis haben, legen noch viel bemerkenswertere Defizite nahe. Ein Beispiel ist die große Mühe, die es kostet, oft eklatante Unterschiede zwischen zwei Fotos zu finden. Wie wir oben gesehen haben, ist das im direkten Vergleich der Bilder relativ einfach. Aber wenn wir sie abwechselnd betrachten müssen, ist es schon deutlich komplizierter. Unser Gedächtnis reicht nur für sieben plus minus zwei Dinge, und so müssen wir endlos hin und her schauen, bis in einem der kleinen Pakete von sieben Bildelementen, die wir uns gemerkt haben, eine der gesuchten Veränderungen enthalten war.

Sie sind vermutlich noch nicht überzeugt. Wenn jemandem, sagen wir, ein Foto von einem Flugzeug mit einsteigenden Passagieren gezeigt wird und dann plötzlich die riesige Turbine am Flügel hinter den Fluggästen verschwindet, dann sieht doch jeder sofort den Unterschied. Ist das nicht ein Beweis für die Existenz eines Bildgedächtnisses?

Gut, dass Sie für Ihren Einwand ausgerechnet ein Flugzeug mit verschwindender Turbine als Beispiel gewählt haben. Denn das tat auch Richard Rensink, als er im Auftrag von Nissan Mitte der 1990er Jahre Studien dazu anstellte, warum Autofahrer immer wieder andere Autos und Passanten übersehen, obwohl sie sie direkt angeblickt hatten.[4] Er wechselte zwischen den Fotos des Flugzeugs mit und ohne Triebwerk hin und her. Und wenig überraschend sahen seine Probanden das verschwundene Triebwerk innerhalb weniger Sekunden.

Aber das war nur der sogenannte Kontrollstimulus, mit dem man in der Wissenschaft die eigentlichen Effekte vergleicht. Eigentlich interessiert war Rensink an etwas, von dem er selbst bei einer Konferenz gehört hatte. Er zeigte seinen Versuchsteilnehmern erst das ursprüngliche und dann das veränderte Foto am Computer, und zwar so, dass dazwischen eine winzige Pause war, in der der Bildschirm schwarz wurde. Der Effekt war drastisch. Die Menschen saßen teils minutenlang vor den immer wieder mit einem kleinen Flackern hin und her wechselnden Bildern und sahen keinen Unterschied.

Das liegt nun nicht etwa daran, dass die Änderung unsichtbar geworden wäre. Wer schon weiß, dass das Triebwerk verschwinden wird, oder wer es zufällig gerade betrachtet, bevor das Bild flackert und neu auftaucht, der sieht ihn ganz deutlich. Aber darüber hinaus fällt die Abweichung, so massiv sie ist, überhaupt nicht mehr auf. Sie zieht keinerlei Aufmerksamkeit auf sich. Denn was die Probanden in der ersten Versuchsanordnung gesehen hatten, war gar nicht der Unterschied zwischen den Bildern gewesen. Es hatte sich um die *Veränderung* des einen Bildes zum anderen gehandelt. Das klingt womöglich nach Wortklauberei – Veränderung oder Unterschied, Kartoffel oder Erdapfel –, denn die Veränderung ist ja die Quelle des Unterschieds. Aber für die Wahrnehmung sind eine Veränderung und der Unterschied, den sie zwingend hervorruft, keineswegs dasselbe.

Wenn Sie schon einmal längere Zeit in die Augen der Schlange Kaa aus dem Dschungelbuch oder auch auf jede andere sich drehende Spirale gestarrt haben, dann kennen Sie den Effekt: Alles, was man ansieht, scheint sich in umgekehrter Richtung zur Spirale zu bewegen. Hat die Spirale sich zusammengezogen, dehnt sich nun alles aus, und umgekehrt. Man spricht dabei vom Wasserfalleffekt, denn das Gleiche passiert, wenn man länger auf etwas schaut, das sich gleichmäßig in eine Richtung bewegt, wie zum Beispiel Wasser, das einen Hang hinabfließt. Die Bewegungssensoren in unserem Gehirn werden durch das andauernde Strömen verstellt und sehen stillstehende Objekte als bewegt. Das Kuriose daran ist, dass diese scheinbare Bewegung, obwohl wir sie eindeutig als Bewegung wahrnehmen, nicht dazu führt, dass das, was sich da ausdehnt, auch seine Größe oder seinen Ort verändert.

Das liegt daran, dass unser Sehsystem verschiedene Teile enthält, die die Bewegung von Objekten und ihren Ort jeweils separat erkennen. Normalerweise verändern Dinge, die sich bewegen, dabei auch ihre Position. Aber das Betrachten der Spirale hat nur die Bewegungssensoren durcheinandergebracht, die Positionssensoren nicht. Und so sehen wir dann eben Dinge, die sich verändern und dabei trotzdem gleich bleiben. Das stört unsere Wahrnehmung kein bisschen, sie ist weiträumig, sie enthält Vielheiten.

Und so ähnlich kann es auch gehen, wenn ganze Flugzeugtriebwerke aus den Bildern fallen. Eine solche Veränderung ist etwas, das sich zu einem bestimmten Zeitpunkt im Bild abspielt. Manche Stellen ändern dann ihre Farbe und ihren Kontrast, Kanten verschwinden, neue Kanten entstehen. All diese Änderungen sind selbst direkte Sinnesreize, die unsere Aufmerksamkeit auf das verschwundene Triebwerk ziehen. Aber die einfache Zwischenschaltung eines winzigen Moments schwarzer Leere zwischen den beiden Bildern entfernt all diese Reize. Ohne diesen schwarzen Moment verschwindet ein Triebwerk aus einem ansonsten unveränderten Bild. Mit diesem Moment verschwindet das Bild als Ganzes, und wenn es dann wieder auftaucht, ist kein direkter Vergleich zur vorigen Version möglich.

Die einzige Chance wäre ein Bildgedächtnis, in dem die vorige Version noch gespeichert ist, sodass wir sie mit der neuen direkt vergleichen können. Hätten wir ein solches, dann würden, wie beim Vergleich der Buchstabenfelder durch freies Betrachten vorhin, alle Änderungen sofort auffallen (die veränderten Buchstaben liegen übrigens in den Zeilen 3, 6 und 8. I, B und M links werden zu H, A und L rechts). Stattdessen sehen wir selbst massive Veränderungen erst nach minutenlanger mühsamer Suche. Die Schwäche unseres Wahrnehmungsapparates, die Rensink damals so dramatisch demonstrierte, heißt seitdem *Change Blindness*. Und ihre Existenz zieht unserem intuitiven Gefühl, von einer reichhaltigen visuellen Welt umgeben zu sein, an die wir uns auch erinnern können, wenn wir gerade mal nicht hinsehen, gründlich den Stecker.

Dieses intuitive Gefühl flüstert Ihnen womöglich die Überzeugung ein, dass Sie große Veränderungen in einem Bild sicherlich bemerken würden. Und dass so ein kleines Flackern daran auch nichts ändern kann. Diese Überzeugung und Überschätzung der eigenen Wahrnehmungsfähigkeiten ist ebenso weit verbreitet wie gründlich falsch und hat deswegen in der Forschungsgemeinde einen eigenen Namen bekommen. Sie heißt *Change Blindness Blindness*. Und wer nicht einsehen will, dass er *Change Blindness Blindness* hat, der hat – nein, lassen wir das. Die Forschung hat es schwer genug, da muss man nicht auch noch über sie spotten.

Aber auch wir haben es schwer, denn beim Übersehen verschwindender Flugzeugteile hören unsere Probleme natürlich noch lange nicht auf. *Change Blindness* als Phänomen hat viel mit Aufmerksamkeit zu tun, also diesem einen Prozess, den jeder kennt und der einen Gegenstand der Wahrnehmung auf Kosten aller anderen in den Fokus rückt. Und Gegenstände der Wahrnehmung sind natürlich nicht aufs Sehen beschränkt, sondern ziehen sich durch die gesamte Hierarchie unserer geistigen Fähigkeiten. Ebenso ist zum Beispiel die Frage, ob es gefährlicher ist, Flüchtlinge im Land zu haben als bei Rot über die Ampel zu gehen, ein Gegenstand der Wahrnehmung. Die Frage ist nicht besonders sinnvoll, weil Risiken und Umstände dieser beiden sehr verschiedenen Dinge eigentlich sehr schlecht vergleichbar sind. Aber rein statistisch ist der Straßenverkehr natürlich ungleich gefährlicher für Leib und Leben als jede Art von Gewaltverbrechen. Das hindert unsere Gehirne aber nicht daran, der einen Gefahr ungleich größere Aufmerksamkeit zu widmen als der anderen.

Aber sind solche komplexeren Wahrnehmungen denn überhaupt von *Change Blindness* betroffen? Die Antwort ist natürlich ein klar und deutlich wahrnehmbares Ja.

Kollegen von Rensink, Daniel Simons und Daniel Levin, entwickelten Ende der 1990er Jahre eine Reihe von Experimenten, die das Flackern der Bilder in die wirkliche, dreidimensionale Welt voller Stereokörper übersetzten.[5] Eins davon geht so: Sie (beziehungsweise die Versuchsperson) kommen an die Rezeption eines Hotels. Der Portier ist sehr freundlich, Sie plaudern ein wenig, dann kommen Sie auf Ihr Anliegen zu sprechen. Ob er nicht vielleicht einen Stadtplan für Sie hätte. Freilich, sagt der Portier, und taucht hinter seinem Tresen ab. Dann taucht er wieder auf, gibt Ihnen den Stadtplan und wünscht Ihnen einen schönen Tag.

Auf dem Weg vom Hotel in die Innenstadt haben Sie Gelegenheit, Ihr Karmakonto auszugleichen, denn ein Tourist fragt Sie nach dem Weg. Sie zücken Ihren nagelneuen

Den wenigsten fiele vermutlich auf, wenn alle Familienmitglieder durch große Laubblätter ersetzt würden, während sie grade nicht hinschauen. Vielleicht ist das sogar schon passiert.

Stadtplan und wollen ihm gerade zeigen, wo es zum Hammermuseum geht, für das er sich interessiert. Da kommen zwei Handwerker vorbei und tragen eine große, in Papier verpackte Glasscheibe zwischen Ihnen beiden hindurch. Aber so eine Glasscheibe ist ja nicht endlos lang, und schnell haben Sie dem orientierungslosen jungen Mann seinen Weg gewiesen und gehen selbst beschwingt und zufrieden des Ihren. Und obwohl Sie (wie die Hälfte der Versuchspersonen) nichts davon bemerkten, haben Ihnen Simons und Levin hier gleich zwei Mal einen Streich gespielt. An der Rezeption tauchte der Portier hinter dem Tresen ab, und ein ganz anderer Mann in gleicher Uniform tauchte mit dem Stadtplan wieder auf. Und beim Vorbeitragen der Glasscheibe tauschte der junge Mann, der Sie nach dem Weg fragte, blitzschnell seinen Platz mit dem hinteren der beiden Träger. Der Fragende ging mit dem

Glas davon. Den Weg zum Hammermuseum haben Sie dann dem Glaser erklärt.

Wenn Sie jetzt den vorhersagbaren Einwand liefern, dass Ihnen so was nicht passieren würde, denn Sie achten auf Ihre Mitmenschen und respektieren sie, und wenn sie durch Kopien ersetzt würden, dann würden Sie das bemerken, mit Fingern auf sie zeigen und dabei in unmenschlicher Tonlage kreischen wie Donald Sutherland in *«Die Körperfresser kommen!»*, dann gratuliere ich gerne zur filmischen Referenz.

Aber wenn Sie das oder etwas Ähnliches denken, dann lesen Sie noch einmal nach, was für eine Krankheit *Change Blindness Blindness* ist. Die Chance ist nicht ganz schlecht, dass Sie unter ihr leiden. Und Simons und Levin fanden auch heraus, dass diese Chance pikanterweise wächst, wenn die ausgetauschte Person zu einer anderen sozialen Gruppe gehört als Sie selbst.

Und da haben wir wiederum eine Erkenntnis, gegen die sich unsere gesamte Intuition sträubt wie eine Katze gegen das Baden: Veränderungen, auf die wir unsere Aufmerksamkeit nicht gelenkt haben, entgehen uns oft selbst dann, wenn sie sehr wichtige und grundlegende Aspekte unserer Umwelt betreffen.

Die Rolle der Aufmerksamkeit bei der *Change Blindness* hat Daniel Simons und seinen Kollegen Christopher Chabris zu einem weiteren Forschungszweig inspiriert, dessen Ergebnis sicherlich zu den berühmteren der letzten Jahre gehört.[6] In diesem Experiment zeigte Simons seinen Versuchspersonen die Videoaufnahme von zwei Mannschaften aus je drei Spielern, die sich jeweils einen Basketball zuspielen und dabei durcheinander laufen. Die Aufgabe für die Betrachter war, alle Pässe der weiß gekleideten Mannschaft zu zählen und die Pässe der schwarz gekleideten Mannschaft zu ignorieren.

Wenn Sie diesen Versuch und sein Ergebnis noch nicht kennen sollten, dann sollten Sie an dieser Stelle das Weiterlesen unterbrechen und sich das Demonstrationsvideo im Internet ansehen. Sie finden es zum Beispiel auf Daniel Simons' Youtube-Kanal unter dem Titel *Selective Attention Test.*[7] Es wäre sehr schade, wenn Sie das Ergebnis hier nachlesen würden, anstatt es selbst nachempfunden zu haben, schon zur Behandlung Ihrer *Change Blindness Blindness.* Aber seien Sie auch gewarnt, Sie sind jetzt vorbereitet und gehören allein deswegen vielleicht schon zu jenen, die den Test selektiver Wahrnehmung in diesem Video bestehen. Sie sind gewissermaßen schon auf dem Wege der Besserung.

Denn wie so viele blinde Flecken in unserer Wahrnehmung schließt sich auch dieser hier sofort, wenn man erst einmal die Lösung weiß. Sie kennen vielleicht das suchbildartige Foto des Fotografen R.C. James, das auf den ersten Blick nur ein abstraktes Muster von schwarzen und weißen Flecken zeigt. Wer einmal erkannt hat, was sich da in der Abstraktion schnüffelnd verbirgt, der kann das nicht mehr unentdeckt machen und sieht es auch Jahre später noch nahezu sofort.

Zeit, um über die Lösung des Experiments zu sprechen. Während die Versuchspersonen mit dem Zählen der Pässe der weißen Mannschaft beschäftigt waren, schickten Simons und Chabris eine Frau in einem schwarzen Gorillakostüm durchs Bild. Der Gorilla geht langsam zwischen den Spielern entlang, trommelt sich auf die Brust und läuft dann wieder aus dem Bild. Nur ungefähr ein Viertel der konzentriert zählenden Betrachter bemerkte ihn.

Simons und Chabris nannten das Ganze *Inattentional Blindness,* also Unaufmerksamkeitsblindheit. Etwas kann noch so auffällig und sonderbar sein, wenn unsere Aufmerksamkeit ausreichend abgelenkt ist, nehmen wir es nicht wahr. Das ist ein Effekt, den sich Zauberkünstler zunutze machen, seit ihre Kunst drei Minuten nach dem Urknall erfunden wurde. Wer es versteht, die Aufmerksamkeit seines Publikums zu lenken, kann nahezu alles anstellen, ohne dabei erwischt zu werden.

Wir haben also am Ende wieder eine Situation, in der wir uns zwischen Regen und Traufe entscheiden müssen. Nass werden wir so oder so. Die beschränkte Kapazität unserer kümmerlich kleinen Gehirne zwingt uns dazu, wichtige Ereignisse von den unwichtigen zu unterscheiden und gezielt nur Erstere zur Wahrnehmung zuzulassen. Aber damit die Regeln, nach denen die Aufmerksamkeit diese Auswahl trifft, auch tatsächlich funktionieren, muss unsere Wahrnehmung von vornherein korrekt sein. Hier beißt sich die Grinsekatze der Wahrnehmung in den Schwanz, bis nur noch ihr sardonisches Lächeln in einem Meer von schwarzen und weißen Flecken schwebt und dann verschwindet.

Was soll sie auch tun, die aufmerksame Katze? Achtet sie auf alles, wird sie erstickt von einer Flut irrelevanter Daten und Beobachtungen. Benutzt sie den eigentlich extrem nützlichen Filter der Aufmerksamkeit, um diesem Schicksal zu entgehen, übersieht sie notgedrungen alles, mit dem sie nicht von vornherein gerechnet hat.

Und wieder werden die Mechanismen, mit denen wir doch ausgezogen waren, um Neues zu erlernen, vom Vorurteil regiert. Vielleicht ein guter Moment, um kurz Bilanz zu ziehen, bevor wir die ganze Misere aus einem etwas anderen Blickwinkel beleuchten.

The story so far

Perfekte Wahrnehmung macht Fehler – und basiert auf Vorurteilen – wozu all die Mühe?

Wahrnehmung ist ein mühsames Geschäft, mit dem die Gehirne der Tierchen (und in minderem Umfang natürlich auch die Sinnesorgane der Pflanzen, Bakterien und Pilze) aus dem chaotischen Gewimmel ihrer Umwelt relevante Wahrheiten zu extrahieren versuchen. Dieser Prozess ist notwendig fehlerhaft. Fehler, das haben wir gesehen, sind kein Indiz dafür, dass der Wahrnehmungsapparat wie das Ikearegal eines Erstsemesters falsch zusammengebaut wurde und nun ein paar übriggebliebene Schrauben und Dübel in einer Ecke des Gehirns rumliegen. Fehler sind ein unvermeidlicher Teil der Wahrnehmung.

Oder umgekehrt zugespitzt und als Flagge in den Boden der Erkenntnis gerammt: Auch perfekte Wahrnehmung wäre fehlerhaft.

Mathematisch lässt sich Wahrnehmung als die Suche nach korrekten Wahrscheinlichkeiten beschreiben: Wie wahrscheinlich ist es, dass diese und jene meiner Vermutungen über die Umwelt der Wahrheit entspricht? Die Bayesianische Methodik lehrte uns, dass eine solche Suche mittels wiederholter Beobachtung nicht ohne Annahmen auskommen kann, die unabhängig von aller Beobachtung sind. Solche Annahmen nennen wir im Alltag Vorurteile.

Holen wir uns einen Hammer aus dem Hammermuseum (wie Sie da hinkommen, wissen Sie ja) und hauen eine zweite zugespitzte Flagge neben die erste: Wahrnehmung ist nicht möglich ohne Vorurteil.

Es sieht nicht gut aus für unser Projekt der Weltdeutung.

Fehler und Vorurteil, das ist unser Stand, sind keine Schwächen der Maschine, sie sind eher der Treibstoff, mit dem sie durch die geistigen Landschaften tuckert. Das ist einerseits tröstlich, weil so die allgegenwärtige Neigung zu Irrtum und geistiger Unbeweglichkeit sehr viel verständlicher wird. Aber es ist auch ein Problem, sobald Wahrnehmung mehr ist als nur die Nabelschau des sich entwickelnden Universums. Wenn der Blick der Tiere auf die wimmelnde Welt nicht nur der Erbauung und Unterhaltung dieser Tiere dient, während sie sich zwischen den Mahlzeiten die Langeweile vertreiben, wenn also wahrhaftige Wahrnehmung praktische Konsequenzen hätte, dann wären das womöglich eher schlechte Nachrichten.

Es wird höchste Zeit, dass wir uns etwas näher ansehen, wozu dieses Wahrnehmen innerhalb des Lebens der Tiere und innerhalb des Gehirns dieser Tiere eigentlich gut ist.

Was also ist und was soll Wahrnehmung?

Fragen wir doch unseren Homie.

WAHRNEHMEN – CUI BONO?

Der Homie in unseren Köpfen

Wahrnehmen ohne Bewegung ist Verschwendung – Bewegung ohne Wahrnehmen ist Verirren – Wahrnehmen und Handeln sind eins – der Homie auf dem Regiestuhl – der Homie schaut Tatort – nieder mit dem Homie!

Blicken wir noch einmal zurück in die Ursuppe, zum ursprünglichen Geistesblitz des Hinguckens. Irgendein Organismus ist hier soeben beim blinden Rumschwimmen auf den Trichter gekommen, wie er herausfinden kann, ob es eher vor oder eher hinter ihm blitzt. Hätte er sich nicht aufgrund dieser seiner frischgebackenen Wahrnehmung einen soliden Vorteil erarbeiten und sich den Gesetzen der Evolution zufolge nach und nach durchsetzen müssen, bis die blinden Zeitgenossen ausgestorben wären und überall außer in den tiefsten, dunkelsten Höhlen nur noch wahrnehmende, erwachte und fortschrittliche Wesen existierten? Könnte man wohl denken. Man irrte sich aber sehr.

Denn Wahrnehmung allein wäre pure Energieverschwendung für die Organismen. Sowohl die Produktion von Sinnesorganen als auch die nötige Verwaltungsarbeit, die die Auswertung der Signale im Gehirn erfordert, sind ja ziemlich aufwendig. Informationen darüber, wo das Katzengold gebunkert liegt, wo es besseres Essen gibt, und im nächsten Schritt dann darüber, wo sich Fressfeinde oder Nahrungskonkurrenten aufhalten – die Erfindung des Soziallebens –, all das ist erst dann nützlich, wenn man auch in der Lage ist, das Restaurant oder die Straßenseite auf der Grundlage seiner Einsichten zu wechseln. Wer eine Gefahr wahrnimmt, aber keine Mittel hat, um ihr auszuweichen, der steht nicht nur nicht besser da als seine gefahrblinden Kollegen, sondern sogar messbar schlechter. Er hat wertvolle Ressourcen, die er in seine Vervielfältigung oder in eine dickere Haut hätte stecken können, für diese neumodische Spinnerei Wahrnehmung verschleudert.

Interessanterweise gilt dasselbe mit kleinen Einschränkungen auch umgekehrt für die Erfindung der Bewegungsfähigkeit. Auch für blinde Organismen kann es sinnvoll sein, den Ort zu wechseln. Zum Beispiel, wenn der Organismus seine Nahrung schneller verbraucht, als sie sich lokal neu bilden kann. Für eine wahrnehmungslose Herde blinder Kühe wäre es schlau, ab und zu weiter zu wandern, weil sie sonst wohl in Schlamm und Kuhfladen watend verhungern würde. Aber erst mit der Fähigkeit zur Wahrnehmung ergibt die Fähigkeit zur gezielten Bewegung wirklichen praktischen Sinn.

Und diese Erkenntnis ist das Herzstück eines der vielleicht grundlegendsten Missverständnisse über die Natur der Wahrnehmung. Ein Missverständnis, das zugleich aber durch ihre Natur erzwungen wird. Demzufolge sind die Sinne der Wahrnehmung klar von anderen kognitiven Funktionen abgegrenzt: Wir nehmen wahr, wir entscheiden, wir bewegen uns, wir fühlen, wir verdauen, wir erinnern uns. Und all diese Dinge tun wir separat voneinander.

Aber Wahrnehmung kann niemals unabhängig von Aktionen und Handlungen sein. Das ist ein evolutionäres Argument, denn wer keine Muskeln hat, die er steuern kann, der braucht auch nichts zu sehen. Gestützt wird es von relativ neuen Erkenntnissen der modernen Neurowissenschaft und

Psychologie über die innere Struktur unseres geistigen Erlebens. Der Gedanke der Einheit von Wahrnehmung und Handlung war in seiner Striktheit auch dort lange unbekannt.

Die wissenschaftliche Vorstellung des Geistes ging lange von einem kleinen Menschen aus, der in einem Kontrollraum im Schädel auf einem Regiestuhl sitzt. Kleiner Mensch heißt auf Lateinisch *homunculus*, und deswegen ist dies auch der Name der fiktiven Figur des Kopfdramas, das wir uns selbst fortwährend erzählen. Auf die Rückenlehne seines Stuhls hat Homunkulus «Homie» geschrieben, denn so nennt er sich selbst. Er möchte unser Kumpel sein und uns erklären, wie es in unserem Kopf zugeht. Und so nett und freundlich sich das anhört – wenn wir das Wesen der Wahrnehmung begreifen wollen, müssen wir Homie beweisen, dass es ihn gar nicht gibt.

In unserer Vorstellung saß Homie also in seinem Regiestuhl und wurde von den Sinnesorganen mittels komplizierter Apparate mit Informationen über die Umwelt seines Menschen versorgt. Das optische Bild der Umgebung, das die Augen seines Menschen für ihn aufnehmen, sieht er zum Beispiel auf einem edlen Projektionsschirm mit Naturholzrahmen – Homie hat Geschmack und Stil, und wenn er schon den ganzen Tag in der Denkrübe einer anderen Person eingesperrt ist, dann soll es da drin wenigstens hübsch aussehen.

Vor sich hat Homie ein großes Pult mit Reglern und Hebeln und Stellrädern, mit denen er die Muskulatur seines Menschen und natürlich auch alle anderen physiologischen Körperfunktionen steuert, vor allem die Ausschüttung von Hormonen. Wenn sich Homie nun beispielsweise am Sonntagabend einen Krimi ansehen möchte, dreht er virtuos an den Reglern und zieht an den Hebeln, in fein ausgeklügelter Reihenfolge und Geschwindigkeit, und steuert so seinen

Menschen aufs Sofa, lässt ihn dort nach der Fernbedienung greifen und den Tatort einschalten. Eine weitere virtuose Steuerbewegung, und der Menschen seufzt laut, steht auf und holt sich ein Bier aus der Küche. Vielleicht zaubert Homie über ein Pedal noch ein kleines Tränchen in den Augenwinkel. So bringt Homie seine komplexe emotionale Reaktion auf den Zustand deutscher Fernsehunterhaltung zum Ausdruck. Oder er ist auch einfach nur gerührt von der Schauspielkunst Till Schweigers.

Aber was auch immer der Anlass für die Träne war, in diesem klassischen Modell des Geistes finden alle kognitiven oder emotionalen Prozesse, die eine solche Träne verursachen können, nicht im von Homie gesteuerten Körper, sondern in Homie selbst statt. Homie steht für den Geist des Menschen, der über die Sinnesorgane wahrnimmt und den Körper steuert. So stellen wir uns eben unseren Geist vor, als etwas, das beobachtet und steuert und das über oder neben den materiellen Dingen steht.

Aber das logische Problem dieser Erklärung des geistigen Lebens liegt im Innenleben dieses Homunkulus. Über dieses Innenleben ist damit ja noch gar nichts gesagt. Es ist ebenso unerklärt, wie es das Innenleben des Menschen war, bevor man Homie erfunden hat. Man hat also das Rätsel, das man zu lösen hoffte, nur in den Kopf eines kleineren Menschen verschoben. Eltern haben von dieser Methode der Problemlösung gehört und wissen, dass sie nicht funktioniert.

Will man nun Homies unerklärtes Innenleben verstehen, kann man für ihn dasselbe Modell annehmen wie für seinen Menschen. Das würde aber die Annahme eines neuen, noch kleineren Homunkulus im Inneren Homies bedeuten, für den dann wiederum eine Erklärung *seines* Seelenlebens nötig würde. Das sich hier entwickelnde Bild gleicht eher dem

Der Homie bei der Arbeit

schwindeln machenden Ausblick in neblige Unendlichkeit, der sich zwischen einem Paar paralleler Spiegel eröffnet. Damit ist nichts geklärt. Den Ausweg aus dem Spiegelkabinett böte eine echte Theorie dafür, wie aus Homies Sinneseindrücken sein inneres kognitives Erleben und seine Entscheidungen entstehen.

Hätte man eine solche Theorie, würde sie Homie allerdings komplett überflüssig machen, denn wir hatten ihn ja ursprünglich angeschafft, um genau das zu erklären. Wir hätten Homie im besten Wortsinne wegrationalisiert. Und das ist auch gut so, denn der Homunkulus ist eine offensichtliche Sackgasse, in die sich das Nachdenken über den Geist manövriert hat. Er ist eine Antwort auf die immer weiter vorrückenden Beschreibungen der biochemischen Prinzipien, nach denen unser Nervensystem organisiert ist, und auf die Befürchtung, unser geistiges Leben, der Kern der menschlichen Existenz selbst, werde von einer erbarmungslosen Wissenschaft entzaubert und auf seine Bestandteile reduziert.

Möglich, sagt diese Sorge, dass unser Gehirn elektrische und chemische Signale bekommt, deren Abfolge strikt den Naturgesetzen folgt, möglich, dass unsere Muskulatur derart gesteuert wird, möglich auch, dass Hormone und andere chemische Faktoren unser Befinden beeinflussen, aber im Zentrum des Ganzen steht eben doch der unabhängige Geist in all seiner Würde und regiert die bloße Materie mit subtiler Kraft und dank der Entfaltung seines freien Willens.

Mein Ziel ist es, Ihnen diesen Irrtum so gründlich wie möglich auszutreiben – wenn Sie ihm denn anhängen sollten. Das ist womöglich ein wenig unangenehm, wie es immer unangenehm ist, wenn unsere Vorurteile in Frage gestellt werden. Dann bröckelt für einen Moment das Bayesianische

Fundament, und es knirscht im Gebälk. Bröckeln und Knirschen sind aber letztlich gesund, lassen Sie sich ruhig drauf ein.

Falls Sie andererseits ohnehin schon der Meinung sind, dass es sich bei Homie um eine irrige Erfindung handelt, wird Ihnen dieser Abschnitt besonders gefallen. Denn es wartet auf Sie das wohlige Rieseln, für dessen Erzeugung sonst das Kabarett zuständig ist, nämlich das schöne und erhebende Gefühl, mit einer milde kontroversen Meinung übereinzustimmen. Baden Sie in diesem warmen Schein, solange Sie können. Sie kommen nämlich im nächsten Teil dran, wenn wir über Kooperation und übers Kopieren sprechen müssen.

Aber bevor es so weit ist, müssen wir erst noch den Eckpfeiler der europäischen Geistesgeschichte absägen, der unser aller bauchgefühlten Irrglauben an die Freiheit des Willens und an die Unbestechlichkeit von Wahrnehmung und Denken seit Jahrhunderten perfide stützt.

Nieder mit Homie! Nieder mit dem Dualismus!

Dualismus

Das Leib-Seele-Problem – Descartes' Irrtum – die fehlende Eignung der Zirbeldrüse – prästabilierte Harmonie – Quantenwürfel in Miniröhren – der machtlos zuschauende Geist

Seit der Mensch ernstlich genug davon hatte, mit saurem Schweiß zu sagen, was er nicht weiß, und sich systematisch an die Erforschung dessen gemacht hat, was die Welt im Innersten zusammenhält, stieß er auf eine zunehmend drängende Frage. Die Frage danach nämlich, wie sich das Uhrwerk dieser materiellen Welt und ihrer naturgesetzlichen Abläufe mit unserem inneren Erleben, der Welt des Geistigen und der Gedanken, unter einen weltanschaulichen Hut bringen lassen.

Wie kann es sein, dass es in einer Welt, die umfassend (wenn auch unvorhersehbar) von den Gesetzen von Ursache und Wirkung regiert wird, einen Geist gibt, der mit freiem Willen auf diese Welt Einfluss nehmen kann? Der Komplex rund um diese Frage heißt in der Philosophie heutzutage das *Mind-Body-*, beziehungsweise in einer Sprache, die wir Banditen verstehen, das Leib-Seele-Problem.

Die Frage nach dem Zusammenhang zwischen Leib und Seele wurde in der europäischen Tradition zum ersten Mal von einem französischen Philosophen namens René Descartes mit einiger Sorgfalt behandelt. Descartes' Antwort darauf hat den bestechenden Vorzug, dass sie unseren eigenen Intuitionen sehr entgegenkommt und quasi unser bewusstes Erleben in eine systematische philosophische Form gießt. Descartes' Lösung hat aber leider auch den großen Nachteil, komplett falsch zu sein und obendrauf auch noch grob irreführend und sogar schädlich.

Sehen wir uns die Sache mal aus der Nähe an. Descartes meditierte 1641 die These in die Welt, dass geistige und körperliche Phänomene grundsätzlich voneinander verschieden seien.[1] Beide existieren unabhängig voneinander, so Descartes, als ausgedehnte Substanz und denkende Substanz, eben als Materie und Geist. Dieser Gedanke der gründlichen Teilung hat eine offensichtliche und fatale logische Schwäche. Denn die physikalische Welt der Materie wird von Ursache und Wirkung regiert, das zeichnete sich zu Descartes' Zeiten bereits ab, und das ist heute, mit der möglichen kleinen Ausnahme eben des Quantenzufalls, ausgesprochen gründlich belegt. Wir haben keinerlei Hinweis darauf, dass Dinge geschehen, für die es keinen materiellen Anlass gibt.

Welche Rolle hätte aber in den Weltläuften ein Geistiges zu spielen, das doch eine getrennte und also von diesen Gesetzen von Ursache und Wirkung unabhängige Substanz sein soll? Wenn das Geistige aus der nicht abreißenden Kette von Ursache und Wirkung der beobachtbaren Naturphänomene herausgenommen ist, dann kann es keinen Einfluss auf die Welt der Körper nehmen und ist praktisch belanglos. Wenn umgekehrt der Geist aber Einfluss auf die Welt der Körper nehmen kann, dann ist er eine Ursache und übt eine Wirkung aus, und der prinzipielle Unterschied löst sich rückstandsfrei auf. Dann ist Geist nur ein Aspekt des Körperlichen.

Angesichts dieses Dilemmas, das eigentlich die Theorie des Dualismus direkt ad absurdum hätte führen müssen, bevor dieser sehr große Stein überhaupt erst ins Rollen geraten konnte, wählten verschiedene ihrer Verfechter im Laufe der Geschichte verschiedene Auswege. Und all diese Auswege sind schlecht. Gute Auswege gleichen einander, aber schlechte Auswege sind alle auf ihre eigene Weise schlecht.

Descartes' schlechter Ausweg bestand darin, dass er seine eigene These ein bisschen einschränkte. Das Geistige und das Körperliche sind grundsätzlich getrennt, aber nur fast immer und fast überall. Denn an einem ganz besonderen Ort, mitten im Zentrum unseres geistigen Universums, also in der buchstäblichen Mitte unserer Köpfe, trotzt eine kleine Drüse der kategorischen Trennung. Die wenige Millimeter große Zirbeldrüse, die auch unter den Namen Hirnanhangdrüse oder Epiphyse firmiert, wurde von Descartes kurzerhand zu dem Ort erklärt, an dem das Geistige Einfluss aufs Körperliche nehmen kann. Und in der kleinen zapfenförmigen Drüse wirkt auch das Körperliche aufs Geistige zurück, weil: warum nicht?

Es geht nun nicht darum, sich über den großen Geist Descartes' zu erheben, der zu einer Zeit die Zirbeldrüse zum Sitz der Seele machte, als an eine Theorie des Nervensystems ohnehin noch nicht zu denken war. Damals war diese Theorie möglicherweise diskussionswürdig. Heute ist sie allerdings offensichtlicher und nachweislicher Unfug. Nicht nur ist die Zirbeldrüse in ihrer Funktion und in ihren Verbindungen denkbar ungeeignet, alleiniger Vermittler zwischen Körpern und Geistern zu sein. Auch der Mechanismus, mit dem eine solche Vermittlung überhaupt stattfinden soll, wurde immer unklarer, je mehr wir über die Funktionsweise des Nervensystems erfuhren.

Descartes' Kollege Gottfried Leibniz versuchte gar nicht erst, einen Mechanismus zu finden, mit dem geistige und körperliche Substanzen interagieren könnten. Stattdessen postulierte er, dass Körper und Geist unabhängig nebeneinander her ticken wie zwei Wanduhren im Kuckucksuhrengeschäft, die trotzdem zur gleichen Zeit ihre Vögel zeigen. Sie entscheiden sich, die Hand zu heben? Das hat Ihr Körper ohnehin just zu tun begonnen. Die geradezu wunderbare Tatsache, dass Geistiges und Körperliches in derartiger Harmonie nebeneinander her durch ihr geistiges beziehungsweise körperliches Leben rumpeln, schrieb Leibniz kurzerhand der weltbekannten Universalquelle für Wunder zu. Er erklärte, Gott selbst habe eben dafür gesorgt, dass Geist und Materie auf ihren parallelen Bahnen stets dasselbe wollten und taten. Diesen haarsträubenden Mechanismus nannte Leibniz die «prästabilierte Harmonie» und glaubte offenbar, damit sei irgendwas erklärt.

Der jüngste ernstliche Versuch, den Dualismus doch noch

zu retten, wurde Mitte der neunziger Jahre vom weltberühmten Mathematiker Sir Roger Penrose und dem Anästhesisten Stuart Hameroff betrieben.[2] Sie sahen sich einem jahrhundertealten Berg empirischer Welterforschungsergebnisse gegenüber. Und in all den gesammelten Daten sprach beinahe nichts für die Möglichkeit, dass die postulierte geistige Welt aufs Materielle Einfluss nimmt. Penrose und Hameroff zogen sich für ihre Theorie an den einzigen Ort zurück, an dem der Geist eventuell noch Fuß fassen konnte: Sie krabbelten in winzige Röhren im Inneren der Nervenzellen, in sogenannte Microtubules, und postulierten von dort aus, dass die in diesen Röhren ablaufenden Quantenprozesse wie alle Quantenprozesse scheinbar dem Zufall unterlägen. Nur dass dieser Zufall in Wahrheit keiner sei, sondern der Wohnort des Geistes in den Dingen. Es würfelt in Penrose und Hameroffs Quantenröhren nicht der Alte, den noch Einstein beschworen hatte, sondern wir alle werden an Gottes statt zu Glücksspielern in unseren eigenen Gehirnzellen.

Diese poetisch ansprechende Theorie ist nicht wirklich widerlegbar, weil ihre Vorhersagen nur schlecht bis gar nicht überprüfbar sind. Schon das Beobachten dieser Miniröhren ist für jeden Forscher, der ja nicht in sie hineinkriechen kann, eine ernsthafte Herausforderung. Aber es herrscht weitgehende Einigkeit unter Neurobiologen, dass das Ganze in mehrerlei Hinsicht extrem unplausibel ist. Das Hauptgegenargument ist, dass, selbst wenn die Hypothese stimmen sollte und unser Bewusstsein quantenmechanische Wahrscheinlichkeiten genau so verschiebt, dass es die Funktion des Gehirns parallel zum Gedanken ändert, der da in die Materie eingegriffen hat – selbst wenn wir diese abenteuerlich anmutende Idee kritiklos hinnehmen, ist es biophysikalisch nahezu unmöglich, dass diese Miniröhren einen praktischen

Einfluss auf die Funktion von Nervenzellen haben. Sie sind dafür schlicht zu klein.

Bleibt noch ein letzter Ausweg von Bedeutung für die Verfechter des Dualismus. Es ist denkbar, dass unsere Körper vorbestimmt auf Schienen dahinrattern wie führerlose Waggons und dass jede Kurve vorgezeichnet ist. Aber trotzdem steht unser Geist an der Spitze des Wagens, zieht an funktionslosen Hebeln und dreht wirkungslos am Steuer, der Illusion verfallen, dass er Einfluss auf die Fahrtrichtung habe. Die Haltung, der dieser sonderbare Gedanke entstammt, heißt Epiphänomenalismus, weil die Fachleute ohne komplizierte Begriffe so nackt wären wie der Kaiser in Andersens Märchen. Der Epiphänomenalismus ist unter allen Versuchen, den Dualismus zu retten, jedenfalls noch der plausibelste.

Aber falls die Vorstellung des Leib-Seele-Dualismus unsere Würde gegen die Angriffe der materiellen Wissenschaften verteidigen sollte, dann versagt der Epiphänomenalismus in dieser Hinsicht wohl spektakulär. Denn das Geistige, das uns doch der Unabhängigkeit von den Ketten der materiellen Welt versichern sollte, wird hier zu einem gänzlich machtlosen, getäuschten Zuschauer. Würde man bei einem derart ohnmächtigen Wesen wirklich von Würde sprechen? Wohl nicht.

Damit soll es aber erst mal genug sein mit dem plakativen Blitzangriff auf den Dualismus. Denn seine Verkörperung, der Homie, hat ein sogar noch größeres Problem, als die Frage, aus welcher Substanz er denn eigentlich bestehen soll, nicht beantworten zu können. An dem Ort nämlich, an dem sich der Dualismus und unsere Intuition den Geist und das wahrnehmende und entscheidende Ich vorstellen, an der Schnittstelle also zwischen Wahrnehmung und Handlung, zwischen Sinnesorgan und Muskeln, ist gar kein Platz für ein

Büro. Da steht schon ein ganzer Anlagenpark anderer Gerätschaften herum.

Und die sind alle ein bisschen seltsam.

Sensomotorik

Gefahr der vogelfreien Dusche – Erkenntnis durch Unfall – die apperzeptive Agnosie wirft einen Brief ein – Wahrnehmung braucht einen Zweck – Blinde, die sehen, ohne es zu wissen – von Wölfen auf Hügel gehetzt

Dass Wahrnehmung und Handlung sich nicht an entgegengesetzten Enden unseres geistigen Erlebens befinden, sondern vielmehr eine verwobene Einheit bilden, deren Schlingen uns selbst meist gar nicht bewusst sind, bis wir drüber stolpern – das lässt sich zum Beispiel an einem unter Fachleuten sehr berühmt gewordenen Unfall illustrieren. Im Jahr 1988 versagte der Gasboiler im Bad einer kanadischen Frau, während sie gerade duschte. Die Identität der Duscherin ist ein streng gehütetes Geheimnis. In zahlreichen wissenschaftlichen Aufsätzen wird sie stets als D.F. abgekürzt. D.F.s Heißwasserboiler hatte einen defekten Brenner, das Gas verbrannte unvollständig. Bei unvollständigen Verbrennungen entsteht Kohlenmonoxid, und mit diesem Gas füllte sich damals D.F.s Duschkabine.

Kohlenmonoxid war früher vor allem unter Tage im Bergbau gefürchtet. Es ist schwerer als alle anderen Luftbestandteile und sammelt sich deshalb an tiefen, abgeschlossenen Stellen wie Bergwerksstollen oder Duschkabinen. Dort verdrängt es dann zum einen alle anderen Gase, was im Fall von

Stickstoff und Kohlendioxid egal ist. Im Falle des Luftsauerstoffs ist es nicht so egal. Aber vor allem wirkt es im Blut giftig, indem es sich an die roten Blutkörperchen stärker bindet als Sauerstoff und so selbst dann die Sauerstoffversorgung des Körpers sabotiert, wenn in der Duschkabine noch Sauerstoffreste vorhanden wären.

Weil Kohlenmonoxid zudem farb-, geschmack- und geruchlos ist, kann man erst wahrnehmen, dass man statt Sauerstoff schon seit einer Weile Kohlenmonoxid geatmet hat, nachdem man längst umgefallen ist. Und weil das Monoxid einen nicht nur umfallen lässt, sondern auch noch das Bewusstsein ausknipst – was immer so ein Bewusstsein überhaupt sein mag, jetzt ist es jedenfalls weg –, liegt man dann untätig in einer Kohlenmonoxid-Gaspfütze und erstickt.

Beim Bergbau brachte man deshalb früher Kanarienvögel mit in die Grube, die in ihren Käfigen an die Stollenwand gehängt wurden. Kanarienvögel reagieren deutlich empfindlicher auf Sauerstoffmangel als der Mensch und können deshalb als Warnsystem dienen. Hört der Kanarienvogel erschöpft auf zu singen oder fällt gar bewusstlos von der Stange, ist es an der Zeit, das Bergwerk zu verlassen. D.F. hatte in ihrer Duschkabine allerdings keinen Vogelkäfig aufgehängt und auch sonst keine gasempfindlichen Haustiere bei sich. Sie verlor wegen der Kohlenmonoxidvergiftung zunächst das Bewusstsein und erlitt dann durch die Sauerstoffunterversorgung dauerhafte Gehirnschäden.

Sie wurde allerdings gefunden, bevor ihre Lage lebensgefährlich wurde. Und ähnlich wie bei Phineas Gage, einem anderen weltberühmten Unfallopfer aus der Geschichte des Hirns, dessen persönliches Unglück, bei einem Sprengunfall eine Stahlstange durch die Stirn geschossen zu bekommen, dank seines Überlebens zu einer faszinierenden Fallstudie wurde, gewann nun auch D.F.s Gasvergiftung eine erstaunliche neue Dimension.

Die Schäden, die eine Sauerstoffunterversorgung anrichtet, verteilen sich oft über das ganze Gehirn und sind nicht auf einzelne Orte beschränkt. Und so konnte auch bei D.F. trotz ausgiebiger Untersuchungen nicht eindeutig geklärt werden, wo genau das Hirngewebe betroffen ist und welche funktionalen Teile gestört sind. Völlig klar ist aber, dass D.F. in der Folge dieses Unfalls eine Störung entwickelte, die der Fachmann aus oben schon erwähnten Gründen der Andersen'schen Nacktheit eine «apperzeptive Agnosie» nennt. (Viele Akademiker leiden am sogenannten Impostor-Syndrom, dem Gefühl, sich nur durch Lug und Trug und keineswegs durch eigene Fähigkeiten an ihre herausgehobene Stelle gemogelt zu haben, und Ausdrücke wie «apperzeptive Agnosie» oder «Impostor-Syndrom» machen dieses Gefühl ein bisschen weniger schlimm.) Der Begriffsteil «Agnosie» drückt aus, dass D.F. Schwierigkeiten hat, Objekte zu erkennen und ihre Eigenschaften zu beschreiben. Der Zusatz «apperzeptiv» bezieht sich darauf, dass bei ihr die Grundlagen der Wahrnehmung selbst gestört sind.

In der Praxis äußert sich das folgendermaßen[3]: Zeigt man D.F. einen Briefschlitz in einer kreisrunden und drehbar gelagerten Metallplatte und fragt sie nach der zufällig eingestellten Orientierung des Schlitzes, kann sie die Frage nicht beantworten, und das, obwohl ihr Sprachvermögen ansonsten unbeeinträchtigt ist. Zeigt man ihr einen Würfel, findet sie weder für seine Größe noch für seine Position Worte. Unglückliche Unfallopfer, Schlaganfallpatienten und andere pathologische Fälle haben uns viel über die Funktion des menschlichen Gehirns gelehrt. Aber die bisher beschriebenen Störungen D.F.s machen sie zwar zu einem tragischen

Fall, aber wissenschaftlich noch nicht sonderlich interessant.

Die Faszination stellt sich ein, wenn man D.F. nicht um Antworten, sondern um Handlung bittet. Wenn man ihr zum Beispiel vor dem schiefen Briefschlitz kurzerhand einen Brief in die Hand drückt. Was dann passiert, ist der Grund dafür, dass D.F. in Fachkreisen zu einer Berühmtheit wurde und seit ihrem Unfall in immer neuen Experimenten untersucht wurde. Den Brief kann sie nämlich ohne größere Schwierigkeiten so drehen, dass er auf Anhieb in den Schlitz passt. Dessen Orientierung sie aber, so versichert sie uns glaubhaft, nicht wahrnimmt. Und wenn man sie bittet, den Würfel, über dessen Größe und Position sie keinerlei Auskunft geben kann, hochzuheben, stellen sich ihr Daumen und ihr Zeigefinger auf die richtige Griffweite ein und sie greift an der richtigen Stelle zu.

In D.F.s Gehirn haben sich die bewusste Wahrnehmung ihrer Umwelt, über die sie sich sprachlich äußern kann, und die unbewusste Wahrnehmung, auf deren Grundlage sie Handlungen ausführt, voneinander getrennt. Und nur eine der beiden Wahrnehmungsformen, die sprachliche und bewusste, wurde bei D.F.s Unfall in ihrer Funktion komplett gestört. D.F. ist zwar auch beim Briefeinwurf und Würfelaufheben langsamer und weniger exakt als gesunde Vergleichsprobanden – aber das nimmt der Erkenntnis, die wir aus D.F.s Fall ziehen können, nichts von ihrem Wumms.

Die Wahrnehmung, die wir uns gern als einen simplen Prozess vorstellen wollen, an dessen Anfang ein Objekt und ein wahrnehmendes Sinnesorgan und an dessen Ende unser bewusstes Erleben und das von ihm angestoßene Handeln stehen, ist tatsächlich ein vielschichtiger, mehrfach parallel ablaufender Vorgang. Und unser bewusstes Erleben ist für unser Handeln womöglich nicht annähernd so zentral, wie wir gern glauben möchten. Vielleicht sind wir wirklich nur Zuschauer. Wumms.

Die Wahrnehmung desselben Dings findet jedenfalls innerhalb desselben Gehirns und zur selben Zeit mehrfach statt. Und jeder dieser Vorgänge ist vom anderen verschieden, und die Ergebnisse müssen am Ende nicht übereinstimmen. Diese Schlüsse zogen Melvyn Goodale und David Milner, die D.F. in den neunziger Jahren als Erste untersuchten, aus dem Verhalten ihrer Patientin, und sie erschütterten damit unsere Vorstellung davon, wie das Gehirn aus Sinnesdaten Handlungen macht.

Mit Homie, dem Homunkulus, der als Metapher für ein sich zunehmend als kompliziert erweisendes Gehirn ohnehin nicht mehr recht taugen wollte, haben dergleichen Ergebnisse jedenfalls nicht viel zu tun. In den Neurowissenschaften ist Homie deshalb auch vor geraumer Zeit in den Ruhestand versetzt worden. Das hindert ihn aber nicht daran, weiterhin untot und wie ein Gespenst durch die sogenannte Alltagspsychologie zu schleichen. Wir kommen auf diesen Punkt zurück, wenn wir uns damit beschäftigen, was eigentlich dieses *Ich* sein soll, das wir alle so gern hätten.

Aus dem Krankheitsbild ihrer Patientin schlossen Goodale und Milner jedenfalls, dass diese parallelen Wahrnehmungsströme im Gehirn sich vor allem hinsichtlich ihres praktischen Zwecks unterscheiden. Im Falle von D.F.s Störung waren diese unterscheidbaren Ziele einerseits ihr bewusstes Erleben und andererseits ihr motorisches Handeln. Besonders dieser letzte Pfad, der direkt von der Wahrnehmung zur Handlung führt, hat damit die faszinierende Eigenschaft, dass er zwar Informationen über die Umwelt in Handlungsanweisungen übersetzt, in D.F.s Fall eben die Orientierung des Briefschlitzes in die Drehung der Hand. Aber währenddessen kommt nichts davon dem Menschen zu Bewusstsein, dessen Ich sich normalerweise doch für diesen ganzen Vorgang verantwortlich wähnt. Die beobachtende Funktion des Geistes also, die der Homunkulus ursprünglich illustrieren sollte, existiert zumindest auf diesem Pfad überhaupt nicht.

Ein weiteres Beispiel für diese kuriose Trennung zwischen Bewusstsein, Wahrnehmung und Handlung ist die sogenannte Blindsicht (englisch *blindsight*). Diese Störung tritt aus teils noch unklaren Gründen auf, wenn jene Gehirnareale geschädigt werden, die als Erste die Bildinformation aus den Augen verarbeiten, nämlich der visuelle Kortex im Hinterhauptlappen. Patienten mit *Blindsight* geben an, subjektiv völlig blind zu sein. Zeigt man ihnen einen Ball, erklären sie, nichts zu sehen. Fragt man sie, welche Farbe er hat, lachen sie, weil die Frage an einen Blinden recht absurd anmutet. Zwingt man sie, zu raten, liegen sie deutlich öfter richtig, als der Zufall es wollen würde. Wirft man ihnen einen der bunten Bälle zu, fangen sie ihn auf.

Fragt man sie, wie sie das gemacht haben, woher sie die Farbe kennen oder wie sie es schaffen, ein unsichtbares Flugobjekt aus der Luft zu pflücken, behaupten sie, glücklich geraten zu haben. Gesehen jedenfalls, sagen sie, hätten sie nichts. Kurioserweise kommen sie auch nach mehreren Wiederholungen nicht auf die Idee, ihre beeindruckenden Kräfte als Wahrsager beim Roulette oder Lotto einzusetzen.

Eine besonders beeindruckende Demonstration lieferte 2008 ein *Blindsight*-Patient namens T.N. Er wurde von der Forschergruppe gebeten, mit Hilfe seines Blindenstocks einen Gang entlangzugehen. Ohne sein Wissen hatten die Forscher einen Hindernisparcours aus Bürogerätschaften aufgebaut, durch den der erklärt Blinde nun mit Geschick manövrierte.

Er drückte sich zwischen Wand und einem kleinen Mülleimer vorbei und umwanderte vorsichtig einen Tageslichtprojektor, ohne ihn mit dem Stock zu berühren. Am Ende befragt, erklärte er alle Ausweichmanöver zu persönlichen Launen. Gesehen hatte auch er nichts. Diese Fälle sonderbarer Patienten illustrieren gleich zwei Dinge, die für unsere Suche nach der wahren Wahrnehmung wichtig sind.

Erstens ist das, was wir eigentlich mit Wahrnehmung meinen, nämlich die bewusste Einordnung unserer Umwelt und das persönliche Erleben, womöglich nur ein unwesentlicher Nebeneffekt des eigentlichen Ziels: des kompetenten Handelns. Dieses Hauptziel der Wahrnehmung wäre also das, was im Dialekt der Forschung eine «sensomotorische Transformation» heißt. Das bedeutet: die Umwandlung von Sinneseindrücken in Bewegung. Diese Sicht auf die Wahrnehmung als etwas, das nicht in erster Linie Erkenntnis verspricht, sondern praktische Anwendung, unterstreicht ein weiteres Mal, dass es dabei nicht in erster Linie ums Rechthaben geht oder darum, das Erleben in möglichst gute Deckung mit der Realität zu bringen.

Denn wenn das Ziel der Wahrnehmung die Handlung ist, dann muss die Evolution, wenn sie die Wahrnehmung formt, am Ergebnis dieser Handlung ihren Hebel ansetzen. Das innere Erleben hat keinen direkten Einfluss auf Erfolg oder Misserfolg eines Organismus, aber seine Handlungen schon. Ob sich die innere Repräsentation, auf der diese Handlungen basieren, mit der Realität deckt, ist der Evolution schnurz, solange das Ergebnis stimmt. Und ohnehin zeigen D.F. und T.N. und ein Bündel anderer Patienten, dass das bewusste Erleben womöglich gar nicht viel mit dem zu tun hat, was unser Gehirn im Hintergrund leistet, damit wir nicht über Mülleimer stolpern.

Stellen Sie sich vor, Sie stehen erschöpft vor einem recht steilen Hügel und müssen entscheiden, ob Sie da jetzt auch noch raufsteigen wollen. Sie werden die Steigung umso steiler einschätzen, je müder Sie sind. Hetzt Sie ein Wolfsrudel, fällt Ihnen die Steigung vielleicht gar nicht auf. Hügel?, fragen Sie atemlos, während es hinter Ihnen hungrig heult. Welcher Hügel? In all diesen Fällen aber wird Ihre Hand, wenn ein Mensch in weißem Kittel Sie anhält und bittet, den Anstieg der Hügelflanke nachzubilden, die richtige Position finden. Ihre bewusste Wahrnehmung, mit anderen Worten, steckt voller Halluzinationen. Ihr Bewegungsapparat, jedenfalls in diesem Fall, deutlich weniger.

Wenn wir uns bislang schlaglichtartig den Weg von der Wahrnehmung zur Handlung angesehen haben, so ändern wie jetzt die Laufrichtung: Was folgt aus unseren Handlungen für unsere Wahrnehmung?

Eine ganze Menge, wie sich zeigt.

Die Folgen unseres Tuns

Bewusstsein als Ablenkung – ist die Katze verwirrt, tanzen die Mäuse auf der Netzhaut – das verschobene Auge – warum wir vorhersagen müssen, was wir tun – Pfeilgift im Dienste der Forschung – springende Ziele und ballistische Augen – eine Gleichgewichtsvergiftung und ihre Folgen

Organismen, die wahrnehmen, tun das, um aufgrund ihrer Wahrnehmung handeln zu können. Denn zugespitzt gesagt ist der Evolution unser reiches seelisches Innenleben zunächst einmal völlig egal. Für die blinden Kräfte der natürlichen Auslese zählt nur, was hinten dabei rauskommt.

Diese Sicht ist ungefähr auch die des vom US-amerikanischen Psychologen John Watson 1913 begründeten Behaviorismus, eines damals neuartigen Ansatzes in der Psychologie, der die Methoden der exakten Wissenschaften zur Untersuchung des Geistes einsetzen wollte. In seiner extremen Form bestand der Behaviorismus darauf, dass außer den Wahrnehmungen eines Organismus und seinem beobachtbaren Verhalten nichts relevant für sein Verständnis ist. Insbesondere die Untersuchung des Bewusstseins sei demzufolge nicht nur nicht hilfreich, sondern sogar eine irreführende Ablenkung. Es ist sicher kein Irrtum, wenn man Watsons Ansatz als eine ablehnende Reaktion auf die Freud'sche Psychoanalyse deutet.

Der wohl berühmteste Behaviorist, Burrhus Frederic Skinner, relativierte die strikte Ablehnung der Untersuchung seelischer Zustände und machte damit einen großen Schritt in Richtung auf die heute dominierende Sicht des Geistigen in den Neurowissenschaften. Skinner postulierte, dass auch das scheinbar rein private innere Erleben durch äußere Einflüsse und Ereignisse beeinflusst und geformt werden kann.

Ein überzeugendes Beispiel dafür findet sich, wenn man einen näheren Blick auf das komplexe Zusammenspiel von Wahrnehmung und Handeln wirft. Dass die Wahrnehmung das Handeln ursächlich beeinflusst, ist offensichtlich, das ist gewissermaßen ihr zentraler Zweck für das Überleben des Organismus. Ins große Weltkasino kommen, sehen, würfeln und gewinnen.

Dass aber auch umgekehrt alle Handlungen die Wahrnehmung beeinflussen müssen, ist zunächst nicht unmittelbar klar. Aber stellen Sie sich vor, Sie sind eine Katze und haben soeben die Maus erspäht, die Ihr Abendessen werden soll. Während Sie sich alle Mühe geben, sich möglichst leise anzuschleichen, bemerken Sie, dass sich das Bild der Maus auf Ihrer Netzhaut bewegt. Die Maus muss Sie trotz aller Vorsicht gehört haben. Sie gehen aufs Ganze und machen einen großen Satz vorwärts, aber zugleich macht auch das Bild der Maus auf Ihrer Netzhaut einen großen Satz. Verwirrt schlagen Ihre Pfoten ins Leere, während sich die Maus vom Schreck erholt und flugs aus dem Staub macht.

Was ist hier passiert? Die Bewegungen eines Organismus bewirken auch, dass sich die Position seiner Sinnesorgane verändert. Das bedeutet, alles, was Sie sehen, hören und fühlen, während eigentlich Sie selbst sich bewegen, scheint sich in Ihren Wahrnehmungen zu bewegen. Deswegen muss der Wahrnehmungsapparat beweglicher Organismen zwischen Änderungen der Wahrnehmung aufgrund eigener Bewegungen und denen aufgrund von Bewegungen in der Umwelt unterscheiden.

Das wäre noch verhältnismäßig einfach, wenn alle Tiere auf Schienen montiert wären und nur in eine bestimmte Richtung laufen könnten. Aber Tiere können sich in alle Raumrichtungen bewegen, sie können das mit verschiedenen Geschwindigkeiten und Beschleunigungen tun, sie können die Form ihrer Körper verändern, und sie können die Sinnesorgane selbst relativ zum Körper bewegen, ihre Augen zum Beispiel oder die Ohren.

Der hauptsächliche Mechanismus, mit dem unsere Gehirne dieses Problem angehen, wird «Efferenzkopie» genannt. Der Gedanke dahinter ist, dass das Nervensystem eine Kopie jenes Nervensignals anfertigt, das an die Muskeln gesandt wird, um dort eine bestimmte Bewegung auszulösen. Diese Kopie wird dann benutzt, um die Auswirkung der Bewegung auf die Wahrnehmung vorherzusagen, noch bevor die Bewegung überhaupt stattgefunden hat.

Um die Funktion dieser Signale zu demonstrieren, schlug Hermann von Helmholtz ein Experiment vor, das Sie sehr einfach durchführen können. Wenn Sie das eine Auge schließen und mit dem Finger leicht von außen gegen das andere drücken, dann scheint sich Ihre gesamte Umgebung ein wenig zu bewegen. Das ist auf den ersten Blick nicht überraschend, denn natürlich verschiebt sich ja auch das Bild auf Ihrer Netzhaut, wenn Sie das Auge ein wenig zur Seite drücken.

Aber auch wenn Sie eine normale Augenbewegung von links nach rechts machen, ganz ohne Zuhilfenahme der Finger, springt ja das Bild der Umgebung auf der Netzhaut, und zwar sogar noch um einiges weiter. Aber der Eindruck in Ihrer Wahrnehmung ist in diesem Fall trotzdem der einer stabilen Umwelt. Sehr beruhigend! Aber aus Augensicht ziemlich falsch.

Helmholtz führte das darauf zurück, dass im zweiten Fall das Gehirn die Bewegung des Bildes vorausberechnet, weil das Auge intern gesteuert wird, während der von den Fingern bewegte Augapfel dem Sehsystem keinen Anhaltspunkt für die Ursache des Hüpfens liefert. Es ist einen Seitengedanken wert, dass die Bewegung des Auges trotzdem auf einem Befehl an die Muskeln beruht, nur eben nicht an einen der sechs Augenmuskeln, sondern an die Fingermuskeln. Vorherzusagen, wie die Fingermuskeln die Augenposition verändern werden, ist unserem Gehirn offensichtlich zu viel Aufwand.

Um anhand der Efferenzkopien in die Zukunft blicken zu können, braucht das Gehirn eine interne Maschine, die dasselbe tut wie die Muskeln, nur virtuell: ein Modell seiner eigenen Handlungen. Im Falle der Augen wäre das dann beispielsweise ein Modell, das aus der Anweisung «Augen rechts!» eine Vorhersage ableiten könnte, was mit den Bildern auf der

Hätte dieser Fisch berücksichtigt, wie seine Bewegungen seine Wahrnehmung verändern, hätte er sich wahrscheinlich nicht so gründlich verschwommen.

Netzhaut passiert, wenn die Anweisung befolgt wird. Das scheint es für den ungewöhnlichen Fall, dass das Auge nicht analog mittels der Augenmuskeln, sondern digital durch Fingerkraft bewegt wird, nicht zu geben.

Helmholtz' Experiment zeigt übrigens streng genommen nur die Hälfte dessen, was die Theorie besagt. Die andere Hälfte wäre demonstriert, wenn bei einer Lähmung der Augenmuskeln ein vom Gehirn geschicktes Kommando für «Augen rechts!» zwar die Augen nicht bewegt, weil die ja gelähmt sind, aber dafür den subjektiven Eindruck erzeugt, die gesehene Szene habe sich bewegt. Weil eben das innere Modell jetzt das gesehene Bild nach rechts verortet. Um das zu überprüfen, müsste man die Augenmuskeln einer Versuchsperson mit einem Nervengift lähmen, etwa dem südamerikanisches Froschgift Curare, das zu völliger Starre führt. Das ist natürlich viel zu gefährlich, als dass es jemand vor 1974 hätte versuchen wollen.

1974 aber injizierten sich insgesamt drei Wissenschaftler, John Stevens, Robert Emerson und Alan Rosenquist, im Dienste der Wissenschaft das Pfeilgift, Ersterer in einer Dosis, die ihn vollkommen bewegungsunfähig werden ließ.[4] Nur im rechten Arm wurde die Blutzufuhr durch eine Manschette unterbrochen und damit die Lähmung verhindert, sodass Stevens durch Fingerzeig das Experiment jederzeit abbrechen konnte, wenn ihm die völlige Lähmung aus unvorhersehbaren Gründen zu unangenehm werden sollte.

Wie sich herausstellte, tritt das vorhergesagte Phänomen tatsächlich auf. Versuchten die Gelähmten nach rechts zu blicken, blieben die Augen, wo sie waren, aber die ganze gesehene Szene verschob sich ans Ziel der angeforderten und ausgebliebenen Augenbewegung. Die Forscher berichteten, dass diese Verschiebung keine visuell wahrnehmbare Bewegung war, sondern dass die Szene an der einen Stelle verschwand und dann an der neuen wieder auftauchte. Unter anderem wegen dieses heroischen und ein bisschen irren Experiments gilt die Theorie der Efferenzkopien als gesichert.

Ein anderes Beispiel ist der Tastsinn. Hier muss ein Modell vorhersagen, wie sich die Bewegung der Finger anfühlt und welche Hautpartien wann Druck melden sollten, wenn man zwei Finger zusammenführt. Tritt dieses Signal dann früher ein und ist stärker, bemerken wir nicht nur, dass wir die Finger geschlossen haben, sondern auch, dass wir ein Objekt ergriffen haben. Die Meldung der druckempfindlichen Nerven ist in beiden Fällen sehr ähnlich, aber die Abweichung von der Vorhersage des inneren Modells erzeugt eine äußere Wahrnehmung.

Ähnlich wird eine Bewegung im Bild auf der Netzhaut,

während unsere Augen still stehen, unsere Aufmerksamkeit auf sich ziehen. Sie legt nahe, dass sich ein Objekt in der Welt bewegt hat. Vielleicht eine Küchenschabe! Ogottogott! Krabbelt die Schabe aber ihres Weges, während die Augen selbst in Bewegung sind, fällt sie womöglich gar nicht weiter auf.

In den letzten Jahrzehnten ist sogar ein eigenes Forschungsfeld entstanden, das sich mit den Momenten beschäftigt, in denen die Augen in Bewegung sind. Denn dann stoßen diese inneren Modelle auf interessante Weise an ihre Grenzen. Werden zum Beispiel irgendwo in der Umgebung Lichtblitze erzeugt, während die Augen gerade mit Hochgeschwindigkeit durch ihre Höhlen flitzen, werden diese Blitze nicht dort wahrgenommen, wo sie stattfanden, sondern irrtümlich sehr oft dort, wo die Augenbewegung endet.

Ebenfalls sehr beliebt unter Forschern ist die Methode, das Ziel einer Augenbewegung plötzlich ein Stück zu verrücken. Augenbewegungen sind ballistisch, das heißt, unser Sehorgan ist wie ein vom Bogen abgeschossener Pfeil. Zu Beginn wird ein Ziel ausgewählt und dann ein Muskelimpuls erzeugt, der Auge und Blickrichtung dorthin schickt. Ist das Auge einmal unterwegs, folgt es einer festen Bahn und landet dort, wo der Anfangsimpuls es hingeschickt hat. Hat sich während der Bewegung das Ziel bewegt und befindet sich unvermutet ein Stück weiter rechts, dann fliegt das Auge am Ende nicht weit genug. Kaum einer Versuchsperson fällt diese Verschiebung bewusst auf. Das Auge macht einfach noch eine zusätzliche, automatisch erzeugte Bewegung. Verhielten sich Pfeile ähnlich und machten einfach einen kleinen Hüpfer, nachdem sie ihr Ziel verfehlt haben, wäre betrunkenes Dartspiel ein weniger frustrierender Sport.

Unabhängig vom bewussten Eindruck verwertet das Gehirn aber die Diskrepanz zwischen der Vorhersage des Modells und dem tatsächlichen Ort des Ziels. Im Lauf der Zeit wurden die Augenbewegungen der Probanden nämlich immer weiter, bis sie den Sprung des Ziels, der beim Start der Augenbewegung noch gar nicht erfolgt war, korrekt mit einplanten.

Eine faszinierende Anekdote aus den sich überlappenden Bereichen von Medizin und Psychologie erhellt, wie wichtig diese inneren Modelle für die Wahrnehmung sein können. Mitte des 20. Jahrhunderts wurde dem Arzt John Crawford eine Fehldiagnose gestellt. Er hatte Arthritis im Kniegelenk, die Ärzte vermuteten aber Tuberkulose und verschrieben das gerade entdeckte Antibiotikum Streptomycin. Wie sich herausstellen sollte, ist eine der möglichen Nebenwirkungen von Streptomycin die sogenannte Ototoxizität. Das seltsame Wort bedeutet in der Praxis im schlimmsten Fall die vollständige und unwiderrufliche Zerstörung der Gleichgewichtsorgane im Innenohr. Crawford fiel eines Morgens um, während er sich am Waschbecken einen nassen Waschlappen ins Gesicht hielt. Nachdem er sich wieder vom Boden aufgesammelt und das Badezimmer nach Angreifern abgesucht hatte, schloss er seinem eigenen Bericht zufolge sofort, dass seine Gleichgewichtsorgane geschädigt sein mussten.

So weit ist die Geschichte Crawfords nur eine persönliche Tragödie und hauptsächlich für Mediziner interessant, die Streptomycin verschreiben wollen. Aber die Beobachtungen, die Crawford nach dem Ausfall seiner Gleichgewichtsorgane machte, waren einen eigenen Artikel wert.[5] Ohne sein Gleichgewichtssystem war Crawford zum Beispiel nicht in der Lage, die Bewegungen auszugleichen, die sein Kopf und seine Augen beim Gehen unternahmen. Wollte er auf der Straße einen entgegenkommenden Passanten erkennen, musste er stehen bleiben. Noch seltsamer war, dass er anfangs nicht mal in der Lage war, im Bett zu lesen. Das kleine Zucken, das sein Kopf bei jedem seiner Herzschläge machte, ließen seine Augen in der Zeile verrutschen, und die Buchstaben verschwammen.

Offenbar konnten keine Efferenzkopie und kein inneres Modell diese Störungen seines Sehens wettmachen. Wahrscheinlich, weil ähnlich wie beim Finger, der ans Auge drückt, die Vorhersage der Effekte, die ein Spaziergang oder der Herzschlag auf das Bild der Augen hat, zu schwierig und zu komplex ist, als dass dafür ein internes Modell angelegt wäre. Vielleicht aber auch, weil es nach dem Ausfall des Gleichgewichtssinns eine Zeit dauerte, bis die Modelle ihre Aufgabe ausüben konnten. Jedenfalls berichtete Crawford, dass er nach einer Umgewöhnungszeit und unter Beachtung einiger praktischer Regeln – zum Beispiel nur dort anzuhalten, wo man sich festhalten kann – nahezu beschwerdefrei leben konnte.

Die Tatsache, dass die Wahrnehmung es erfordert, die Folgen von Handlungen vorhersagen zu können, dass sie also Modelle für die Effekte dieser Handlungen braucht, hat gewaltige Konsequenzen. Denn diese Modelle können noch viel mehr, als nur zu verhindern, dass bei jeder Augenbewegung die Welt zu springen scheint.

Modelle, Vorhersagen, Bewusstsein

Wozu Modelle außerdem nützlich sind – das vorzeitige Ende erwar – Objektpermanenz in die Wiege gelegt – Mordmaschine Libelle – Modelle und Werkzeuge

Wahrnehmung und Bewegung umschlingen einander in gegenseitiger Abhängigkeit, das eine macht ohne das andere so wenig Sinn wie Fix ohne Foxi oder wie das Rotkäppchen ohne den Wolf. Für eine funktionierende Wahrnehmung braucht ein mobiler Organismus die internen Modelle, mit denen er die Halluzinationen vermeidet, die sonst auf alles folgen würden, was er tut. Denn wo die elementare Wahrnehmung nur die momentanen Signale auswertet, verwenden solche Modelle alle bisherigen Wahrnehmungen als Grundlage, um künftige Wahrnehmungen vorherzusagen. Haben die Nervensysteme diese Fähigkeit aber erst einmal entwickelt, tun sich ganz neue Möglichkeiten auf.

Ein solches System dient nicht nur zur direkten Vorhersage der Zukunft, sondern auch zur Überprüfung der Annahmen, mit denen ein Organismus seiner Umwelt begegnet. Sind sie falsch, werden die Vorhersagen nicht mit den Wahrnehmungen übereinstimmen. Die einfachste Variante eines solchen Modells könnte etwa erwarten, dass eine bestimmte Wahrnehmung nicht plötzlich und ohne Anlass enden wird. Dass die Sonne nicht unvermittelt aufhört zu existieren oder dass eine Kette von Buchstaben, die sich zu interessanten Worten zu formen verspricht, nicht grundlos abbr

Wenn diese Annahme verletzt wird, hat das wie alle nicht eintreffenden Vorhersagen solch innerer Modelle eine leicht verstörende Wirkung. In der Folge «Abschluss-Probleme» der (über die Staffeln hinweg leider zunehmend unerträglich werdenden) Serie «The Big Bang Theory» soll Sheldon von seiner Freundin Amy therapeutisch dazu gebracht werden, solch unvorhergesehene offene Enden zu ertragen, in diesem Fall die Tatsache, dass seine Lieblingsserie überraschend eingestellt wurde. Das Lachen darüber speist sich zu gleichen Teilen aus dem Laughtrack und unserer Fähigkeit, die Verstörung Sheldons mitzufü

Wenn Sie am Ende der vorigen Zeile nicht aufgrund ihres

inneren Modells des Satzes das Wort «mitzufühlen» ergänzen mussten, haben Sie meinen Respekt und Sheldons Misstrauen zu gleichen Teilen.

In der nächsten Stufe können wir uns Modelle denken wie jenes, das der Schweizer Entwicklungspsychologe Jean Piaget «Objektpermanenz» nannte. Wer diesem Modell anhängt, der glaubt, dass ein zu einem bestimmten Zeitpunkt wahrgenommenes Objekt nicht einfach zu existieren aufhört, nur weil es aus der Wahrnehmung verschwindet. Die meisten Tiere kommen ohne dieses Modell aus, aber Rabenvögel, Hunde und Katzen, Affen und Menschen verfügen darüber. Piaget selbst ging noch davon aus, dass Babys dieses Wissen erst im Laufe ihres ersten Lebensjahres aus ihrer Erfahrung heraus entwickeln müssen. Inzwischen hat man beobachtet, dass auch sehr junge Kleinkinder und Säuglinge schon über Ansätze der Objektpermanenz verfügen, weshalb man vermutet, dass sie vielleicht sogar angeboren ist.

Sehen wir einen Ball quer durch unser Blickfeld fliegen und wollen diesen fangen, dann verlassen wir uns nicht allein auf unsere Wahrnehmung der jetzigen Position des Balls. Stattdessen benutzen wir ein Modell, das aus der bisherigen Flugbahn des Balls, seiner momentanen Position und Geschwindigkeit vorausberechnen kann, wo er zu einem zukünftigen Zeitpunkt sein wird. Beim Baseball oder Tennis wäre eine modellfreie, auf den Moment beschränkte Wahrnehmung hoffnungslos überfordert.

Dass solche Modelle nicht komplizierten Gehirnen vorbehalten sind, beweist zum Beispiel das nicht für seine übermäßige Intelligenz verschriene, wunderschöne Raubinsekt Libelle. Forscher aus Schweden und Australien wiesen der Libelle kürzlich nach, dass ihr großer Jagderfolg unter anderem darauf beruht, dass sie auf ihrem Angriffsflug nicht das ausgewählte Beutetier selbst ansteuert, sondern den Ort, an dem es sein wird, sobald die Libelle ihn erreicht haben wird.[6] Es ist deshalb ein kleines Wunder, dass ich der riesigen Libelle, die mein damals neunjähriges Selbst gefühlt kilometerweit durch die Landschaft gejagt hat, trotzdem entkommen bin, und vor allem, dass sie mich trotz ihrer Vorhersagekräfte dann nicht zu Hause erwartet hat. Ganz schön clever für ein Tier, dessen Augen wahrscheinlich größer sind als sein Magen und sein Gehirn zusammen. Aber auch die Leistung der Libelle ist natürlich sehr beeindruckend.

Die Entwicklung solcher Vorhersagemodelle erschließt den wahrnehmenden Organismen zwei prinzipielle Vorteile. Zum einen den offensichtlichen, der in der Vorhersage selbst liegt. Zu wissen, wo das Beutetier, die abgehende Lawine, der rollende Stein in der nahen Zukunft sein werden, erlaubt vorausschauende Planung von Bewegungen und damit potenziell größeren Erfolg.

Aber der zweite Vorteil ist womöglich noch wichtiger. Denn solche Modelle erlauben auch Simulationen. Das heißt, wenn mir ein Modell zur Verfügung steht, das vorhersagt, wie sich Steine an Abhängen verhalten, dann kann ich dieses Modell nicht nur einsetzen, um einem heranrumpelnden sehr großen Stein auszuweichen. Ich kann es auch dafür verwenden, um mir einen sehr großen Stein vorzustellen und vorherzusagen, wie seine Bahn verlaufen würde, wenn er denn ins Rollen käme. Ich kann ihn sogar in meiner Vorstellung an verschiedene Startpositionen bringen, bis ich diejenige finde, an der er voraussichtlich das blutrünstige Raubtier erschlagen wird, das mich verfolgt. Zum Beispiel eine Libelle.

Solche Modelle ermöglichen es prinzipiell, die Welt nicht nur so wahrzunehmen, wie sie ist, sondern auch, wie sie sein könnte. Sie ermöglichen es, diese Gedankenspielereien bis an

Schlimmer als jede Libelle: ein aufs Töten gedrillter Katzencyborg.

ihr Ende zu verfolgen. Und sie ziehen sich durch die gesamte kognitive Hierarchie. Betreffen die Modelle und Gedankenspiele Objekte und Werkzeuge, erlauben sie es den Tieren, konkrete Pläne zu fassen und umzusetzen. Raben können zum Beispiel Aufgaben, die Hilfsmittel erfordern, lösen, indem sie eine Weile darüber nachdenken und die Hilfsmittel dann ohne Fehlversuch zielgerichtet einsetzen.[7] Ein klares Zeichen, dass Raben Zugriff auf diese Sorte Gedankenspiel haben.

Geht es um abstraktere Prinzipien von Ursache und Wirkung, gelangen wir ins Reich komplexer und wissenschaftlicher Planung. Und betreffen die Gedankenspiele soziale Objekte, also andere Tiere oder Menschen, dann lassen sich mit ihrer Hilfe soziale Strategien entwickeln oder Geschichten erzählen, zwei Aspekte, die womöglich ursprünglich nur zwei Seiten derselben Medaille waren. Darauf jedenfalls scheint die archaische Form der Erzählung hinzuweisen, die als moralische oder soziale Mahnung dient und Handlungsanweisungen vermittelt.

Bevor wir den Gipfelpunkt dieser durch unseren Kopf spukenden Modelle näher betrachten, nämlich das in der Vorstellung des unmöglichen Homie verkörperte Ich, beschäftigen wir uns zunächst noch einen Moment lang mit dem, was dieses Ich vordringlich leisten soll: praktische Entscheidungen treffen, auf Grundlage der Wahrnehmungen.

Und das ist, wenn wir uns in Erinnerung rufen, wie wacklig und fehleranfällig diese ganze Wahrnehmerei ist, ein riskantes Geschäft.

Entscheidungen und Risiko

Warum wir uns nicht nicht entscheiden können – kleiner Zoo der Irrtümer – die zwei Systeme des Herrn Kahneman – Bewusstsein als das Bewusstsein für Abweichung

Vieles, das uns widerfährt, sei es gut oder schlecht, wird im Verlauf und im Ergebnis von Entscheidungen beeinflusst, die wir selbst zuvor getroffen haben. Wir wählten aus mehreren Verkehrsverbindungen zum wichtigen Termin just den Zug aus, der dann mit Maschinenschaden auf der Strecke liegenblieb, wir entschieden uns, das Auto zu nehmen, das von der

Straße abkam. Wir haben das Schlafzimmerfenster offen gelassen und hatten uns zuvor gegen den Abschluss der Einbruchsversicherung entschieden. Selbst Dinge, die unserer direkten Kontrolle entzogen scheinen, wie der Ausbruch einer genetischen Erkrankung, nehmen einen anderen Verlauf, je nachdem, ob wir regelmäßige Vorsorgeuntersuchungen durchführen lassen oder nicht.

Jedes Mal, wenn wir mehrere Handlungsmöglichkeiten haben, treffen wir notwendigerweise eine solche Entscheidung. Das berühmte erste Axiom des Kommunikationsforschers Paul Watzlawick «Man kann nicht nicht kommunizieren» ließe sich auch auf Entscheidungen anwenden. Vor verschiedene Möglichkeiten gestellt, kann man sich nicht nicht entscheiden, denn selbst wenn man sich völlig passiv verhält, stellt das eine Wahl dar und hat entsprechende Konsequenzen. In einer Welt voller unvorhersehbarer Gefahren und schwer zu erlangender Vorteile kann sich derjenige glücklich schätzen, der ununterbrochen so nutzbringend wie möglich handelt und entscheidet und mit diesen Entscheidungen gleichzeitig so viele Risiken wie möglich vermeidet.

Unter anderem deshalb ist die psychologische Theorie menschlicher Entscheidungen ein umfangreiches und viel bearbeitetes Feld, das voller scheinbar oder tatsächlich paradoxer Phänomene steckt. Besonders wo es um Entscheidungen und Risiken geht, unterliegen wir einem bunten Strauß kognitiver Illusionen und Irrtümer.

Unser Ärger über einen verlorenen Hunderteuroschein ist zum Beispiel ungleich größer als unsere Freude über einen gefundenen. Das hässliche Hawaiihemd finden wir allein deshalb schön, weil es in unserem Kleiderschrank hängt – dabei müsste es doch umgekehrt sein. Aber sobald wir uns auf etwas festgelegt haben, neigen wir dazu, das zu ignorieren, was dagegen spricht, und die positiven Aspekte höher zu bewerten.

Dass wir unser andauernd kaputtes Auto endlich verkaufen, wird umso unwahrscheinlicher, je mehr wir für Reparaturen ausgegeben haben. Das ist so, obwohl wir genau wissen, dass das für die Zukunft nichts Gutes erwarten lässt, aber die Kosten der Reparaturen fühlen sich an, als würden sie den Wert des schwer angerosteten Schrotthaufens steigern.

Der Preisunterschied zwischen fünf und 25 Euro für eine Flasche Wein erscheint uns riesig, ob die Familienpackung Kaviar aber 1005 € oder 1025 € kostet, nehmen wir kaum noch wahr. Aber allen siebeneinhalb Milliarden Menschen erscheint der Preis von fünf Euro für den Wein niedriger, wenn man ihn in die Nähe einer sehr großen Zahl bringt, mit der er gar nichts zu tun hat.

Ist ein Unglück geschehen, sind wir zu gewaltigem Aufwand bereit, um zu verhindern, dass es noch einmal passiert. Das ist selbst dann so, wenn die Wahrscheinlichkeit, dass es noch einmal passiert, sehr gering ist, und sich mit dem riesigen Aufwand andere, viel größere Risiken viel dramatischer senken ließen. Wir könnten nahezu endlos so weiter machen. Wie es im Buchtitel des Pioniers der Entscheidungsforschung Dan Ariely heißt: «Denken hilft zwar, nützt aber nichts.»

In der grundsätzlichen Zweiteilung der Entscheidungsprozesse, für deren Beschreibung der Psychologe Daniel Kahneman 2002 den Nobelpreis für Ökonomie bekam und die sich schon im Titel seines Buches «Schnelles Denken, langsames Denken» findet, können wir einen der zentralen Punkte unserer Wahrnehmung erkennen. Kahneman spricht von zwei getrennten Systemen. Das eine ist schnell, emotional oder instinktiv und geprägt von vorhandener Erfahrung, und damit entspricht es dem Bayesianischen Vorurteil. Wahrnehmung, die auf diesen Vorurteilen beruht (bei Kahneman heißen sie Heuristiken), funktioniert schnell und automatisch. Aber wie wir gesehen haben, ist sie sehr anfällig dafür, neue Informationen zu ignorieren und sich auch dann auf das vorhandene Vorurteil zu verlassen, wenn es gar nicht zur Situation passt.

Um das vermeiden, nutzen wir Kahnemans zweites System. Dieses System funktioniert nicht automatisch, es ist anstrengend und erfordert die Infragestellung der eingeschliffenen Vorurteile und Wahrnehmungsverschiebungen. Es braucht Disziplin, und seine Urteile gehen oft gegen unsere Instinkte und Gefühle. Sein großer Vorteil aber ist, dass es die unglaubliche Vielzahl von Fehlern vermeidet, für die das erste System spätestens seit Kahnemans Buch weltbekannt ist und die aufgrund der Wahrnehmungsmechanismen, die wir hier beleuchtet haben, unvermeidlich scheinen.

Und falsche Entscheidungen zu treffen, ist, drücken wir es vorsichtig aus, nicht gut.

Es gibt in der Entscheidungstheorie eine Entsprechung zu Neil deGrassse Tysons eingangs zitiertem Tweet, wonach die Wissenschaft auch wahr ist, wenn man nicht an sie glaubt. Sie besagt, dass die Folgen einer schlechten Entscheidung nicht ausbleiben, nur weil man sie für die richtige hält. Wer überzeugt ist, dass die Wasserfläche, auf die er im Auto sitzend zurast, eine Fata Morgana sein muss, da er weit und breit von Wüste umgeben und kein Wölkchen am Himmel zu sehen ist, wird ebenso mit abgesoffenem Motor im Wasser stecken bleiben. Fehlerhafte Vorurteile ahndet die Realität unerbittlich. Abhilfe schafft Kahnemans zweites System, das gewissermaßen das erste bei seiner Arbeit beobachtet. Wenn die Fehler gar zu offensichtlich werden, greift es ein und passt die Vorurteile ein wenig an die Wirklichkeit an.

Auch dieses rationalere System des Korrigierens kann man

als ein Modell begreifen, aber als eines nicht der äußeren Welt, sondern des wahrnehmenden Entscheiders selbst. Ein Modell, das sich mit sich selbst beschäftigt und an sich selbst herummodelliert.

Wo die Modelle der äußeren Welt uns erlauben, ihren Ist- vom Sollzustand zu unterscheiden, gewinnt die Wahrnehmung eine neue Dimension. Viel ist darüber spekuliert worden, was das Bewusstsein ist oder sein soll, wozu es dient, wer es hat (wir), wer es nicht hat (die Tiere, denen wir übel wollen), wer es dann wohl doch wieder hat (die Tiere, die mit uns die Wohnung teilen) – die Fähigkeit, eben jene Abweichungen zwischen Vorstellung und Realität wahrzunehmen, ist mit Sicherheit ein wichtiger Bestandteil des Kartenhauses unseres Bewusstseins.

Wenn elementare Wahrnehmung uns ein Bewusstsein für unsere Umwelt vermittelt, dann vermitteln Modelle uns ein Bewusstsein für die Möglichkeiten, unter denen wir wählen können. Und die Modelle, die wir uns von uns selbst machen, nennen wir unser Ich – und haben eine sehr verwirrte Vorstellung davon, was das denn sein soll, so ein Ich.

Die Fiktion des Ich

Das Ich und der Zweifel – zweigeteilte Gehirne – Hühnerhälfte, Entenhälfte – was die Hirnhälften sehen – die Wahl der Schaufel aus den falschen Gründen – erfundene Erklärungen fürs eigene Handeln – die Landung des rosa Elefanten

Das Ich als Idee ist nicht die Verkörperung, denn das wäre ja Unsinn, das Ich als Idee ist die Vergeistigung des Dualismus. Es ist die abstrakt gewordene Vorstellung eines beobachtenden und entscheidenden Geistes. Wir identifizieren uns mit diesem Ich, wir setzen auf Introspektion und intuitives Einfühlen in seine Gesetzmäßigkeiten, um uns selbst verstehen zu lernen, und wir nehmen, in braver Folge der Descartes'schen Erbsünde, seine Äußerungen fürs unmittelbare Erleben. Ich denke, also bin ich, damit setzte Descartes das subjektive innere Erleben an den Beginn aller Erkenntnis. Worauf, wenn nicht darauf, wäre Verlass? Was ließe sich weniger anzweifeln als die Tatsache, dass es hier ein Ich gibt, das zweifelt?

Das alles klingt überzeugend, aber eine der Lehren, die wir am Ende werden ziehen müssen, lautet, dass das bloße überzeugende Geräusch uns noch nirgendwohin tragen kann. Und insbesondere das Ich, das so überzeugend daherspaziert, ist mit großer Wahrscheinlichkeit nur eine elaborierte Illusion, mit der unser Gehirn uns handlungsfähig erhält. Oder, anders ausgedrückt, diese Illusion, von einem handelnden Ich regiert zu werden, ist das notwendige Selbstbild eines Menschen, der seine eigenen Handlungen beobachten und seine unvermeidlichen Irrtümer korrigieren können will.

Dass das Ich eine Illusion ist, lässt sich kaum drastischer und schlagender illustrieren als mit den legendären Experimenten, die der Neurologe Michael Gazzaniga in Zusammenarbeit mit Joseph LeDoux an Epilepsiepatienten durchführte. Die Reihe der Experimente ist lang und lohnt einen näheren Blick, hier soll nur exemplarisch das vielleicht spektakulärste geschildert werden.[8] Wieder kennen wir nur die Initialen der Versuchsperson. P.T. hatte seit seiner frühen Kindheit immer wieder schwere epileptische Anfälle erlitten. Obwohl die Mechanismen der Epilepsie zumindest in Grundzügen bekannt sind, gibt es auch heute noch für manche Patienten keine wirksame medikamentöse Therapie. In extremen Fällen wie dem von P.T. treten trotz verschiedener Behandlungsversuche immer wieder die *Grand Mal* genannten, lebensgefährlichen schweren Epilepsieanfälle auf. Dann bleiben als letztes Mittel nur neurochirurgische Eingriffe.

Eine Möglichkeit wäre das chirurgische Entfernen der Gehirnteile, von denen die epileptischen Anfälle ausgehen. Aber bei einigen Formen der Epilepsie lassen sich diese gar nicht ausmachen. Manche Patienten müssen sich dann dem vielleicht dramatischsten, jedenfalls aber seltsamsten aller medizinischen Eingriffe in die Hirnanatomie unterziehen. Bei ihnen wird eine sogenannte *Callosotomie* durchgeführt, also eine chirurgische Durchtrennung des *Corpus Callosum*, des sogenannten Balkens. Dieser Balken ist ein kräftiges Bündel von Nervenfasern und die hauptsächliche Verbindung der beiden Gehirnhälften untereinander. Die linke und die rechte Gehirnhälfte bleiben nach einer Callosotomie zwar noch durch den darunter liegenden Hirnstamm verbunden, aber ansonsten reden sie nicht mehr viel miteinander. Über den Hirnstamm werden überwiegend die automatischen und unbewussten Körperfunktionen geregelt, Reflexe und dergleichen, der Körperhaushalt sozusagen. Bezüglich praktisch aller kognitiven Leistungen sind die beiden Gehirnhälften dieser Patienten aber auf sich selbst gestellt. Im Alltag kommen sie gut zurecht und zeigen keine Auffälligkeiten, doch Gazzaniga und LeDoux stellten zu ihrer Überraschung fest, dass das unter bestimmten experimentellen Bedingungen geradezu ins dramatische Gegenteil kippte. Das liegt daran, dass die beiden Gehirnhälften einander zwar in der groben Anatomie gleichen wie ein Ei dem anderen, dass aber in diesem Fall, um im Bild zu bleiben, ein Hühner- und ein Entenei im selben Nest liegen. Die Funktion der beiden Hirnhälften ist zumindest teilweise sehr unterschiedlich.

Es fängt damit an, dass die linke Gehirnhälfte die rechte Körperseite steuert und umgekehrt, und setzt sich beim Sehen fort. Allerdings nicht, wie man erwarten könnte, indem das linke Auge rechts ausgewertet wird. Stattdessen wird das Bild in jedem Auge geteilt. Aus der linken Hälfte eines jeden Auges guckt die rechte Hirnhälfte raus, aus der rechten die linke. Fragen Sie nicht, warum das so ist, die Antwort darauf weiß niemand so genau. Und davon, dass die Optik der Linsen die Bilder im Auge auf den Kopf stellt, fangen wir gar nicht erst an, man blickte ja gar nicht mehr durch.

All diese verwirrenden Details machten sich Gazzaniga und LeDoux in ihrem zum Klassiker gewordenen Experiment zunutze. Sie setzten P.T. vor einen Bildschirm und baten ihn, die Augen nicht von dem kleinen Kreuz in der Mitte der Fläche zu lassen. Damit war sichergestellt, dass die Forscher genaue Kontrolle darüber hatten, was die jeweilige Gehirnhälfte sah. Sie zeigten P.T. nun links vom Kreuz eine verschneite Landschaft und rechts davon die Nahaufnahme eines Hühnerfußes. Die linke Hirnhälfte sah also ein Huhn, die rechte eine verschneite Landschaft.

P.T.s Hände lagen dabei vor ihm auf dem Tisch, und seine Aufgabe war es, einmal mit der rechten Hand und einmal mit der linken jenes Objekt auszusuchen, das am besten zum Gesehenen passte. Beide Hände wählten in diesem Fall eine Schaufel, allerdings konnte man davon ausgehen, aus verschiedenen Gründen. Eine Schippe ist in beiden Fällen nützlich, aber was geschippt wird, unterscheidet sich beträchtlich in Farbe und Geruch.

Nun wäre die Tatsache, dass an diesem Tisch offenbar zwei Menschen in einem einzelnen Körper sitzen, die verschiedene Dinge sehen und verschiedene Entscheidungen treffen, schon sonderbar genug. Aber das ist erst der Anfang.

Denn wie schon seit dem neunzehnten Jahrhundert durch die Untersuchung von Schlaganfallpatienten bekannt war, ist bei den meisten Menschen die Sprachfähigkeit nur auf einer Seite des Gehirns vorhanden, und zwar der linken. Auf dieser Grundlage konnten Gazzaniga und LeDoux die Falle aufbauen, in der sie die Vorstellung eines selbstbestimmten Ichs erlegten.

Wie geschildert hatten sie die Bilder gezeigt und die linke Hand einen Gegenstand auswählen lassen. Die rechte Hirnhälfte, die die linke Hand steuert, hatte eine Schneelandschaft gesehen, wählte also die Schaufel. So weit, so banal. Jetzt fragten die Forscher P.T., warum er die Schaufel gewählt habe. Und ohne nachzudenken oder die Antwort in Frage zu stellen, antwortete seine linke Gehirnhälfte: Weil man mit der Schaufel den Hühnerstall ausmisten kann. Das ergibt einerseits Sinn, weil die linke Gehirnhälfte die Schaufel ja aus genau diesem Grund gewählt hätte. Das hatte sie aber tatsächlich gar nicht, denn es war ja die rechte gewesen, die zur Schippe gegriffen hatte.

Um es so klar wie möglich zu sagen: Nichts davon wäre bemerkenswert, hätte die linke Hirnhälfte geantwortet: «Das weiß ich auch nicht so genau, die Hand scheint das von alleine gemacht zu haben, ich kann mir das nur so erklären, dass es mit dem Hühnerstall zu tun hat. Hab ich recht?» Denn sie wusste ja tatsächlich nichts vom Schnee und hatte auch keinen Einblick in die Gründe für die Steuerung der linken Hand.

Die linke, sprechende Hälfte antwortete aber, in Wiederholung um Wiederholung, etwas anderes. Sie habe die Schippe gewählt, um damit den Stall des Federviehs zu säubern. P.T. trug das mit einer Selbstverständlichkeit und Folgerichtigkeit und Überzeugung vor, die nahelegte, dass er, beziehungsweise seine linke Hirnhälfte, vollkommen davon überzeugt war.

Diese Verwechslung der wirklichen Ursache mit einer – falschen – Theorie ist kein Einzelfall. Gazzaniga und LeDoux unternahmen ihr Experiment in zahlreichen Varianten, das Ergebnis blieb immer gleich. Die Gehirne der *Callosotomie*-Patienten können die wirkliche Erklärung für ihr eigenes Verhalten nicht vom Versuch unterscheiden, die Ursache nur zu erraten.

Und daraus lässt sich eigentlich nur ein einziger Schluss ziehen: dass nämlich auch im Alltag unseres Gehirns Entscheidungen nicht so getroffen werden, wie wir das gern hätten. Wir haben nicht per se Gründe für eine Handlung, die wir auf Nachfrage oder im inneren Erleben reproduzieren können, nachdem wir die Handlung ausgeführt haben. Sondern es ist umgekehrt so, dass wir zuerst handeln und unser Gehirn sich das Ergebnis dieser Entscheidung dann hinterher ansieht, um sie mit der inneren Modellvorstellung unserer eigenen Person, die wir unser Ich nennen, in Einklang zu bringen. Das, was dieses interne Ich-Modell dazu gebracht hätte, sich so zu verhalten, wie wir uns gerade eben verhalten haben, muss die Erklärung für unser Verhalten sein. Mit anderen Worten, wir nehmen unser eigenes Ich nicht unmittelbar und durch Innensicht wahr, sondern durch Beobachtung unserer tatsächlichen Handlungen. Oder sogar, noch einen Schritt abstrakter, durch die Beobachtung unserer Handlungen in nur vorgestellten Situationen.

Wir können uns zum Beispiel vorstellen, dass jetzt gleich ein rosa Elefant in einer bunten Untertasse vom Himmel schwebt. Was würden wir tun? Sind wir eher die Sorte Mensch, die schreiend davonläuft, oder jemand, der sich dem Elefanten neugierig nähert? Würden wir unseren Augen trauen?

Diese Fragen müssen wir auf der Grundlage unseres Modells von uns selbst beantworten, indem wir dieses Modell in die Phantasie setzen und ihm beim Verhalten zusehen. Und je neuartiger und ungewöhnlicher die Situation ist, desto größer ist die Wahrscheinlichkeit, dass das Modell, das wir von uns selbst haben, falsch ist. «Das hätte ich gar nicht von mir gedacht», sagen wir dann, nachdem der rosa Elefant gelandet ist und wir völlig unerwartet auf seinen Rücken geklettert sind.

Wir haben wieder mal etwas Neues über uns selbst gelernt. Diesen Moment kennen wir alle, man muss nur ernstnehmen, was er eigentlich bedeutet und was aus ihm folgt. Das sind nämlich weitreichende Dinge. Wenn das Ich nicht für Entscheidungen verantwortlich ist, sondern nur eine Ausrede, die sich das Gehirn selbst erzählt, wenn die Entscheidung schon längst gefallen ist, dann ist die Ausübung der vermeintlich wichtigsten Aufgabe dieses Ichs, ja dann ist die Ausübung unseres freien Willens selbst bedroht.

Das ist aber nicht schlimm, denn so, wie wir den freien Willen verstehen, gibt es ihn sowieso nicht.

Freier Wille

Körper und Geist in der Alltagsphilosophie – warum es keinen freien Willen geben kann – Einsteins Glaubensbekenntnis – die Illusion des freien Willens als Werkzeug zur Fehlerkorrektur – Freiheit als Freiheit von äußerem Zwang

Der freie Wille ist eine unter Philosophen, Psychologen und Neurowissenschaftlern heftig umkämpfte Angelegenheit. Was so ein freier Wille genau sein soll, ist schwer sinnvoll zu definieren. Wir wollen uns wie bisher mit dem beschäftigen, was Alltagspsychologie genannt wird. Das sind die verbreiteten Erklärungen und Elemente des geistigen Lebens, die wir heranziehen, um uns selbst und andere zu verstehen. Und in dieser Alltagsphilosophie beschreibt der freie Wille ungefähr die folgenden Verhältnisse: Als Individuen bestehen wir aus einem Körper und einem Geist. Der Körper unterstützt den Geist, der Geist steuert den Körper. Er tut das, in dem er wahrnehmend Informationen über die Umwelt sammelt und sich dann auf der Grundlage dieser Wahrnehmungen zwischen möglichen Handlungsalternativen entscheidet. In dieser Entscheidungsfreiheit liegt ein wesentlicher Teil der Würde und des Werts unseres Geistes. In dieser Beschreibung dürften die meisten Menschen einigermaßen das zu erkennen glauben, was sie Willensfreiheit nennen würden. Unsere Frage ist nun: Kann es die überhaupt geben, wenn die Aufteilung des Menschen in Körper und Geist doch gar nicht funktioniert, wie wir eben gesehen haben?

Prinzipiell gibt es für jedes Ereignis in der Welt zwei logische Möglichkeiten. Es kann entweder durch die Umstände und die Umgebung bedingt zwangsläufig eingetreten und damit Teil der endlosen Kette von Ursache und Wirkung sein, die wir Naturgesetz nennen. Platz für Freiheit im strikten Sinn gibt es dann nicht viel.

Oder es kann das Gegenteil der Fall sein, und das Ereignis tritt nicht aufgrund des vorigen Weltzustandes ein. Es gibt keine Ursache, und das Ereignis ist durch nichts in der Welt bewirkt. Es wäre dann also zufällig. Doch wie eingeschränkt der Platz ist, den der echte Zufall in der Welt einnimmt, haben wir ja schon gesehen.

Jedes Ereignis in der Welt ist nun also notwendig das eine oder das andere, durch die Umstände vorbestimmt oder zufällig. In diesem rigiden Rahmen scheint kein Raum für eine Willensfreiheit zu sein, wie wir sie uns wünschen würden. Und auch wenn wir die Frage unter dem persönlicheren Aspekt beleuchten, löst sich der Spielraum auf, in dem ein freier Wille sich entfalten könnte.

Stellen wir uns vor, wir stecken in einer bestimmten Situation. Die Kollegen im Büro haben sich schon wieder über Ihren Joghurt im Kühlschrank hergemacht, allen Etiketten und Warnschildern zum Trotz. Jetzt können wir versuchen, den oder die Schuldigen zu finden, oder wir lassen die Sache auf sich beruhen und bringen statt Joghurt in Zukunft Eiweißriegel und Erdnüsse mit. Ein Außenstehender sieht uns beide Möglichkeiten haben und wird gespannt unsere Entscheidung erwarten.

Aber für uns selbst sieht es anders aus. Entweder unsere Charaktereigenschaften zusammen mit unseren früheren Erlebnissen sagen unsere Reaktion voraus, dann gibt es keinen freien Willen, sondern nur folgerichtiges Handeln. Oder unsere Entscheidung ist unabhängig von unseren Charaktereigenschaften, unseren früheren Erlebnissen und der Situation. Wodurch aber sollte sie dann noch begründet sein? Auch hier bleibt als einzige Alternative zur Vorbestimmtheit die Herrschaft des Zufalls.

Diese Beweisführung findet sich in sehr ähnlicher Form schon im Aufsatz «Über die Freiheit des menschlichen Willens» von Arthur Schopenhauer aus dem Jahr 1839. Ein Echo dieses Textes taucht ein Jahrhundert später in Einsteins «Glaubensbekenntnis» auf: «Ich glaube nicht an die Freiheit des Willens. Schopenhauers Wort ‹Der Mensch kann wohl tun, was er will, aber er kann nicht wollen, was er will› begleitet mich in allen Lebenslagen und versöhnt mich mit den Handlungen der Menschen, auch wenn sie mir recht schmerzlich sind. Diese Erkenntnis von der Unfreiheit des Willens schützt mich davor, mich selbst und die Mitmenschen als handelnde und urteilende Individuen allzu ernst zu nehmen und den guten Humor zu verlieren.»

Und wieder stehen wir also vor dem Mysterium, dass unsere Intuition sich gegen bestimmte Wahrheiten mit erstaunlicher Vehemenz versperrt. Denn so stringent die Argumentation gegen die Existenz eines freien Willens im üblichen Sinn auch sein mag, sie hat sich auch 180 Jahre nach Schopenhauer nicht vollständig durchgesetzt, und kaum jemand ist bereit, Einsteins Schritt zu wiederholen und diese Einsicht im Alltag zu akzeptieren.

Warum nicht?

Eine mögliche Antwort, die bestens in den hier gespannten Rahmen zwischen Sinneseindruck und Entscheidung passt, ist diese: Unser Wahrnehmen und Entscheiden geschieht in einem mathematischen Rahmen, in dem Fehler praktisch garantiert sind. Unsere kognitive Ausstattung hat uns aber in die luxuriöse Lage versetzt, dass wir diese Fehler bemerken können. Aber selbst dann können wir meist wenig Einfluss auf sie nehmen. Ames' Raum ist immer überzeugend, egal ob man ihn für schwarze Magie hält oder die genauen perzeptuellen Mechanismen benennen kann.

Bei den Entscheidungen sieht die Sache etwas anders aus. Stellen wir nachträglich fest, dass eine Entscheidung nicht das gewünschte Ergebnis gebracht hat, dann versetzen wir uns zurück in die Lage, in der wir sie getroffen haben, und fragen gezielt: Wie hätten wir anders entscheiden können? Oder auch, je nachdem, wie sehr die Sache daneben ging: Was hätten wir anders entscheiden müssen?

Und damit dieser Vorgang, der im Grunde Kahnemans «langsames Denken» bei der Arbeit beschreibt und der die

Entscheidung, die wir beim nächsten Mal in einer ähnlichen Situation treffen, beeinflussen kann, erfolgreich ist, müssen wir in unserer Vorstellung alle Varianten dieser Entscheidung durchspielen. Wir brauchen also ein Modell von uns selbst, in dem wir in jeder Situation so reagieren, wie wir es eben tun, oder auch ganz anders.

Wir müssen uns uns selbst also als einen freien Menschen vorstellen.

Und in einem eingeschränkten Sinn sind wir es dadurch sogar, weil wir in dem engen Rahmen, den uns das Ausmaß unserer Lernfähigkeit steckt, tatsächlich wenigstens nachträglich an den inneren Rädchen drehen können, die unsere Entscheidungen vorherbestimmen. Aber natürlich ist auch dieses Drehen an den Rädchen nur ein weiterer Teil unseres vorherbestimmten Verhaltens. Der philosophischen Einsicht in die Unmöglichkeit des freien Willens ist nicht zu entkommen.

Wenn Ihnen das allerdings auf die Stimmung drückt, dann trösten Sie sich damit, dass der viel interessantere Aspekt der Freiheit ohnehin der praktische ist. Nämlich die Frage, ob Sie Ihre persönlichen Wünsche und Vorstellungen in einer gegebenen Situation umsetzen können oder ob Sie jemand aus unguten Gründen von außen daran zu hindern versucht. Und sich kooperativ und gemeinsam für diese Form der Willensfreiheit einzusetzen, hat viel mehr Sinn, als dem Verlust eines freien Willens nachzuweinen, der von vornherein gar nicht existieren konnte.

Aber wie kann es überhaupt sein, dass evolutionär entstandene Lebewesen einander nicht behindern, sondern unterstützen oder gar gemeinsame Sache machen? Und wie hat es unsere Spezies geschafft, sich gegen alle Widerstände aus der Unmündigkeit zu befreien, die unser Wahrnehmungsapparat verschuldet hat? Und wieso rennt diese befreite und kooperative Spezies trotzdem in Scharen den Quacksalbern, Blendern und Demagogen hinterher, die offenbar endlos nachwachsen?

WAHRNEHMEN FÜR PROFIS

Kooperation (wenn's der Wahrheitsfindung dient)

Mit der Marssonde zur Talkshow – das Rätsel der Zusammenarbeit – die Haldane-Fisher-Price-Regel – Trumpismus als Erklärung für Nettigkeit – die Theorie der Gesellschaftsspiele – Hiller und Bangen

Bedenken wir für einen Moment, welche grundsätzlichen Schwächen unseres Wahrnehmungsapparates uns jetzt schon begegnet sind: Er ist fehleranfällig, beratungsresistent, vorurteilsbeladen. Bedenken wir außerdem all die konkreten Schwächen, Illusionen und Irrtümer, die heute ausgestellt werden wie in einer früheren Zeit anatomische Absonderlichkeiten in den Freakshows: Wir sind bereit, für dasselbe mehr zu bezahlen, wenn man uns vorher eine sehr große Zahl gesagt hat, die mit dem Kauf gar nichts zu tun hat. Lässt man uns Monate im Voraus den Nachtisch wählen, den wir montags essen werden, variieren wir unsere Auswahl über die Wochen hinweg und ärgern uns dann jedes Mal, wenn es nicht unser Lieblingsnachtisch ist. Wir bewerten Dinge besser, allein weil wir uns für sie entschieden haben.

Im Licht, das aus den Türen dieses Museums der Mängel auf uns fällt, mag es überraschend erscheinen, dass die Spezies Mensch so erfolgreich ist und sich nicht zum Beispiel schon vor Jahrmillionen selbst ausgerottet hat, weil alle geschlechtsreifen Männchen beim Sprung von Ast zu Ast die eigenen sportlichen Fähigkeiten überschätzten und direkt ins Löwenmaul krachten. Was können wir gegen all diese

Anfälligkeiten unternehmen? Gegen einfache Wahrnehmungsfehler aufgrund von verrauschten Signalen hilft längeres Beobachten. Gegen komplexere Wahrnehmungsfehler und falsche Strategien hilft es, mehr Erfahrungen zu sammeln (beziehungsweise mehr Fehler zu begehen, was meist dasselbe ist) und mehr zu beobachten. Das einzelne Individuum stößt da an eine recht harte Grenze, weil sowohl seine Lebenszeit insgesamt begrenzt ist als auch der Teil, den es für die Schulung der Wahrnehmung erübrigen kann. Wenn man den ganzen Tag mit Rumliegen und Bananenschälen beschäftigt ist, konstruiert man weder schiefe Räume, noch baut man Stereoskope. Man kommt sogar nur unter Mühe zum Bücherschreiben.

Als zentrales Geheimnis des menschlichen Erfolges gegen all diese Widrigkeit muss man zweifellos die Kooperation verstehen. Denn durch Kooperation, zusammen mit der Fähigkeit zur sprachlichen Kommunikation, eröffnet sich jedem einzelnen Menschen, jedenfalls prinzipiell, der gesamte Erfahrungsschatz der Lebenden und der Toten. In den Himmel wachsende Türme, flitzende Mondraketen, jahrelang im Sand umherirrende Marssonden, Bibliotheken, Sinfonieorchester, das kollektive Wahrnehmen, das wir Journalismus und Wissenschaft nennen, und leider auch Religion, Facebook und Nachmittagstalkshows – all das wäre undenkbar ohne das außerordentliche Maß an Zusammenarbeit, zu dem Menschen in der Lage und zu dem sie instinktiv getrieben sind.

Und wie es sich für ein rechtes Geheimnis gehört, war der Wissenschaft über lange Zeit sehr unklar, wie Kooperation überhaupt in eine Welt kommen konnte, in der doch eigentlich alle T-Shirts tragen müssten, auf denen «Evolution formte diesen egoistischen Körper» steht. Lehnt man die Evolution ab und sucht sein Heil stattdessen in den Gedankenspielen der Schöpfungsgeschichten, dann hat man dieses spezielle Problem nicht. Man kann die Existenz der Kooperation, der Nächstenliebe und des Altruismus demselben Gott in die sehr großen Schuhe schieben, mit denen sich schon alle anderen wichtigen Weltzustände haben scheinerklären lassen. Man kauft sich freilich zugleich das noch schwerwiegendere Problem ein, dass die gesamte Theorie über Welt und Menschen, die man daraus bauen kann, Unsinn ist und Unsinn vorhersagt.

Wie auch immer, seit die Evolution den denkenden Welterklärern ein weit überlegenes Modell für die Entstehung des Lebens geliefert hat, war es eins ihrer zentralen Mysterien, wie Organismen, die sich eigentlich spinnefeind sein mussten, naturgeschichtlich dazu gekommen sind, sich zu vertragen und zusammenzuarbeiten.

Innerhalb der Tierwelt manifestiert sich dieses Rätsel vielleicht am eindrucksvollsten in den Bauwerken der staatenbildenden Insekten. Die Arbeiterinnen im Bienenvolk verzichten etwa auf jede Chance, eigene Nachkommen zu haben – innerhalb der Evolutionstheorie ein eigentlich undenkbarer Vorgang. Schon Darwin selbst spekulierte allerdings im «Ursprung der Arten», dass sich das Geheimnis womöglich dadurch erklären ließe, dass die sterilen Arbeiterinnen ja mit allen anderen Bienen im Stock verwandt seien. Vielleicht profitierten sie also indirekt über ihre Bienenfamilie vom persönlichen Opfer ihres kinderlosen Lebens.

Mitte des zwanzigsten Jahrhunderts wurde dieser Gedanke von den Biologen John Haldane und Ronald Fisher gründlicher und systematischer erfasst, schließlich in den sechziger Jahren von Richard Price mathematisch ausgearbeitet und dann durch den berühmten Evolutionsbiologen William Donald Hamilton popularisiert.[1] Das Ergebnis der Anstrengung wurde dann nach demjenigen der vier Männer benannt, der den geringsten Anteil daran hatte. Es heißt also jetzt, logisch, Hamiltons Regel. Man könnte sie natürlich auch nach den anderen drei benennen, und diese Haldane-Fisher-Price-Regel würde dann besagen, dass ein Organismus einem anderen helfen sollte, wenn dieser andere Organismus auf einem riesigen Telefon aus buntem Plastik anruft und darum bittet.

Nein, halt. Quatsch. Die Hamilton-Regel besagt, dass ein Organismus einem anderen helfen sollte, wenn die Kosten dafür niedriger liegen als der Nutzen für ihren Empfänger, multipliziert mit dem durchschnittlichen Verwandtschaftsgrad der beiden Partner.

«Moment mal, wie bitte, was?»

Haben Sie das gerade dazwischengerufen? Ich hätte das jedenfalls getan. Einer der Urheber der Regel, Haldane, erklärte zur Illustration der verwirrenden Angelegenheit, er sei jederzeit bereit, sein Leben entweder für das zweier seiner Brüder hinzugeben oder für das von acht seiner Cousins. Diese Zahlen kommen zustande, weil Brüder im Durchschnitt die Hälfte ihrer Gene gemeinsam haben und Cousins ein Achtel. Die Anwendbarkeit dieser Regel, in deren Feinheiten wir uns jetzt nicht weiter zu vertiefen brauchen, ist im Tierreich gut belegt. Sie kann tatsächlich Formen der Kooperation und des Altruismus unter Verwandten erklären, also das, was in der menschlichen Gesellschaft nach dem lateinischen Wort für Neffe etwas abfällig «Nepotismus» heißt (oder eben gleich Vetternwirtschaft): die Förderung des Eigeninteresses durch die Bevorzugung der Angehörigen der eigenen Familie. Bald heißt das wahrscheinlich Trumpismus.

Sind die beiden kooperierenden Partner aber gar nicht verwandt, versagt Trumpismus als Erklärung. Und auch bei entfernteren Verwandten, wie zum Beispiel den Nachbarn in einem abgelegenen Dorf, wird die durchschnittliche genetische Übereinstimmung schon so niedrig sein, dass sie nicht zur Erklärung der teils bemerkenswerten Opfer dienen kann, die Menschen fürs allgemeine Wohl zu bringen bereit sind.

Wie sich herausstellte, konnte dieses Problem erst gelöst werden, als die etwas schwammigen Formulierungen von Nächstenliebe, Altruismus und Kooperation durch ein konkretes und einfaches Beispiel fassbar wurden. Die Liste der Leistungen des ungarischen Universalgelehrten John von Neumann ist geeignet, die Luft aus jeder Selbstüberschätzung zu lassen. Einer der vielen Einträge darauf ist der Artikel «Zur Theorie der Gesellschaftsspiele» aus dem Jahr 1928, mit der von Neumann mal eben eine neue mathematische Disziplin begründete.[2] So harmlos ihr Name auch klingt, so einflussreich wurde die Spieltheorie über die Jahre. Ihr langer Schatten fällt längst auf weite Teile der modernen Psychologie, Risikoforschung und Wirtschaftswissenschaften.

Wenig überraschend begann die Spieltheorie tatsächlich als theoretische Beschäftigung mit den Gesetzen der Gesellschaftsspiele und mutete selbst wie eine reine Spielerei an. Ein recht einfacher Zweig beispielsweise beschäftigt sich mit dem Theorem, dass beim Tic-Tac-Toe niemand verlieren kann, der weiß, was er tut. Auch die wahrscheinlichkeitstheoretischen Untersuchungen von Bayes haben sich aus der Analyse von Spielen entwickelt und lassen sich sozusagen nachträglich zur Spieltheorie rechnen, ebenso wie das eingangs erwähnte Ultimatum-Spiel.

Hier interessiert uns vor allem das vielleicht berühmteste Spiel der ganzen Spieltheorie, das Gefangenendilemma. Die dazugehörende Geschichte ist einfach. Zwei Ganoven, nennen wir sie Gerhard Bangen und Max Hiller, haben gemeinsam einen Einbruch verübt. Bei ihrer Flucht setzten sie das

Boot, in dem sie flüchteten, auf Grund, wurden dabei festgenommen und stehen nun der Indizien wegen unter dringendem Tatverdacht.

Man verhört Hiller und Bangen getrennt voneinander. Sagt keiner der beiden aus, bekommen beide mangels harter Beweise eine milde Strafe von einem Jahr Gefängnis aufgebrummt. Schweigt der eine, während der andere ihm in seiner Aussage die Tat in die Schuhe schiebt, landet der angeschwärzte Gauner für zehn Jahre hinter Gittern, der lügende spaziert frei aus der Gerichtsverhandlung. Sagen beide aus, erhalten sie ihrer Mitarbeit wegen eine etwas mildere Strafe von nur fünf Jahren.

Wir sprechen gleich darüber, warum eine Situation, in die weniger als die Hälfte aller Psychologen je geraten wird, so viel Bedeutung bekommen konnte. Aber zunächst sehen wir uns die Situation Bangens und Hillers mal aus der Nähe an.

Das Hiller-Bangen-Dilemma

Zwei Gefangene in derselben Falle – die Logik von Kooperation und Verrat – Axelrods Turnier – Nettie, Fies und Mario Barth – Tit for Tat schlägt alle – Tit for Tat schlägt alle noch einmal – die Tragödie der Allmende

Was ist die beste Strategie für den Gefangenen Bangen? Er fragt sich, welche Handlungsmöglichkeiten er selbst hat und welche der Kollege Hiller in der Nachbarzelle. Dann überlegt Bangen für jede der möglichen Entscheidungen Hillers, was unter diesen Umständen seine eigene beste Wahl wäre. Das Gefangenendilemma, das ist der erste seiner Vorzüge, ist in dieser Hinsicht sehr übersichtlich. Es vereinfacht eine komplexe Situation auf nichts als die beiden Möglichkeiten Aussageverweigerung oder Anschwärzen des anderen. Nennen wir diese beiden Optionen der Fachliteratur folgend Kooperation und Verrat. Sagen wir, Hiller entscheidet sich für Kooperation. Nun kann auch Bangen kooperieren, dann sitzen beide für ein Jahr ein. Oder Bangen kann Hiller verraten. Dann geht Bangen straffrei aus. Verrat ist also die ideale Wahl für Bangen, wenn Hiller kooperiert.

Sollte Hiller umgekehrt Bangen bereits angeschwärzt haben, während Bangen kooperiert und schweigt, blühen ihm die vollen zehn Jahre Strafe. Sagt in diesem Fall auch Bangen aus, reduziert sich seine Strafe auf fünf Jahre. Wenn Hiller Bangen verrät, muss Bangen umgekehrt das Gleiche tun, um das für ihn beste Ergebnis zu erzielen.

Und hier liegt die teuflische Perfidität des Gefangenendilemmas. Denn was für Bangen recht ist, ist natürlich für Hiller billig. Egal, ob sie wissen, was der andere tut, oder nicht, Verrat ist für beide die beste Option. Wählen beide diese Option, wandern sie für fünf Jahre ins Gefängnis. Hätten die Halunken geschwiegen, wäre das Ergebnis für sie besser ausgefallen, aber wenn jeder nur sein eigenes Wohl im Sinn hat, ist das für keinen der beiden erreichbar. Deshalb ist das Ganze ein Dilemma.

So einfach das Gefangenendilemma ist, das grundsätzliche Prinzip der Folgen von Kooperation und Verrat findet sich im Alltag von Mensch und Tier wieder. Denn egal, was der andere zur Sache beiträgt, Kooperation mit einem Partner hat immer ihren Preis. Und Vorteile bringt sie nur, wenn auch der Partner kooperiert. Und genau das erscheint aus Sicht des möglichen Kooperationspartners unklug, eben der Kosten wegen.

Das also ist der besondere spieltheoretische Blick auf das eingangs schon erwähnte Rätsel. Wie schaffen es Organismen, denen die Evolution eigentlich aufgrund ihrer Spielregeln außer giftgrünem Eigennutz nichts mitgegeben haben kann, unter solchen Umständen über ihren evolutionären Schatten zu springen, sich trotzdem zu vertragen und gemeinsam an einem Strang zu ziehen? Wie kann unter den Vorzeichen des Darwinismus Zusammenarbeit entstehen? Sollte die Natur nicht eine ewige Mordstube sein, «rot in Zahn und Klaue», in der alle gegen alle ein endloses Wrestlingmatch austragen? Diese Frage also beschäftigte die Forschung seit der Einführung der Evolutionstheorie, aber es sollte bis zum Beginn der achtziger Jahre des zwanzigsten Jahrhunderts dauern, bis eine Antwort gefunden wurde.

Der Politikwissenschaftler Robert Axelrod veranstaltete damals ein Turnier.[3] Auf dem Rücken der gerade aufgetauchten neuen Lebensform namens Computer ritten die Turnierteilnehmer miteinander – oder gegeneinander – in den Ring. Sie traten nicht selbst an, sondern hatten jeweils einen Stellvertreter programmiert. Und die Computerprogramme, die die Teilnehmer einreichten, konnten nichts als immer wieder Runde um Runde das Gefangenendilemma durchspielen.

Das Turnier bestand darin, dass jedes eingereichte Programm gegen jedes andere eingereichte Programm, gegen eine Kopie seiner selbst sowie gegen ein zufällig agierendes Programm, das ohne jeden Anlass mal kooperierte und mal querschoss, zweihundert Runden hintereinander spielte. Und wer danach am besten abgeschnitten hatte, der sollte zum Sieger gekürt werden. Um ein Gefühl für dieses Turnier zu bekommen, können wir uns einige der möglichen Strategien vor Augen führen. Die simpelsten sind: immer kooperieren einerseits und immer Verrat üben andererseits.

Was würde in einem Turnier passieren, in dem es nur diese beiden Teilnehmer gäbe, Nettie und Fies? Trifft Nettie auf Fies, geht das für Nettie nicht gut aus, pro Runde kassiert Nettie die vollen zehn Jahre Gefängnis. Trifft Nettie dagegen auf Nettie, kooperieren beide und bekommen pro Runde ein Jahr. In der Summe erwirtschaftet Nettie also elf Jahre Gefängnis. Für Fies geht die Runde gegen Nettie straffrei aus. Gegen einen anderen Fies setzt es fünf Jahre, macht insgesamt also fünf Jahre.

Fies gewinnt also dieses Turnier mit nur zwei Teilnehmern haushoch, mit weniger als der Hälfte der Strafe. Das ist nicht überraschend, denn wir hatten ja bei einer einzelnen Runde des Gefangenendilemmas schon gesehen, dass Verrat immer die beste Option ist, egal was der andere tut. Nun konnten die Einreichungen in Axelrods Wettbewerb aber beliebig kompliziert werden – oder jedenfalls so kompliziert, wie es Computerprogrammen in den Achtzigern eben möglich war –, und dabei auch berücksichtigen, was der andere Spieler in den vorigen Runden getan hatte. Sie konnten also auf das Verhalten ihres Partners reagieren. Diese Zutat machte zum Beispiel eine Strategie möglich, in der ein Spieler so lange kooperiert, bis sein Partner ihn verrät. Von diesem Moment an übt auch er konsequent Verrat in allen weiteren Runden mit dem üblen Mitspieler. Dieser neue Spieler versteht offensichtlich keinen Spaß – nennen wir ihn Mario Barth.

Mario spielt nun sowohl gegen Nettie als auch gegen andere Marios wie ein Nettie. Gegen einen Fies hingegen spielt er selbst wie ein Fies – abgesehen von der allerersten Runde, in der er sich ein einziges Mal von Fies übervorteilen lässt. Damit hätte Nettie dann in diesem Turnier mit drei Teilnehmern eine Summe von zwölf Jahren Gefängnis, weil gegen

Nettie, Fies und Mario Barth bringen Gerhard Bangen und Max Hiller in Verlegenheit.

Mario noch eines dazukommt. Für Fies kommen durch das Duell mit Mario fast fünf Jahre pro Runde dazu. Etwas weniger als fünf sind es, weil Fies in der allerersten Runde gegen Mario ja noch straffrei davonkommt. In Summe sind das also ein bisschen weniger als zehn Jahre. Und Mario selbst spielt gegen Nettie und Mario wie Nettie und gegen Fies wie Fies (wiederum bis auf die erste Runde), bekommt also gegen alle drei zusammen ein kleines bisschen mehr als 1+1+5=7 Jahre pro Runde aufgebrummt. Die Strategie von Mario schlägt also sowohl Nettie als auch Fies und gewinnt das Turnier mit diesen drei Teilnehmern.

Wir sehen jetzt schon, dass die Programme im Laufe des Turniers eine Art Persönlichkeit bekommen und eine neue moralische Dimension in dieses simple Problem Einzug hält. Wo es vorher nur um blinde Kooperation oder blindes Ausnutzen ging, hat sich ein Aspekt von Vertrauen und Misstrauen eingeschlichen. Ist nun aber Mario Barths simple Strategie das Beste, was sich hier herausholen lässt?

Am Fall der drei Teilnehmer konnte man erahnen, wie unübersichtlich das Ganze wird, sobald man viele verschiedene Strategien gegeneinander antreten lässt, besonders wenn diese Strategien auch noch auf das Verhalten ihrer Partner reagieren können. Axelrods brillanter Gedanke, diesem Problem aus dem Weg zu gehen, indem die ganze verwirrende Arbeit dem neuen Hilfsmittel Computer übertragen wurde, zahlte sich auf höchst bemerkenswerte Weise aus.

Das Turnier gewann nicht Mario Barth, und es gewann auch kein psychologisch ausgefeiltes Werk, das alle möglichen Strategien bedenkt und sie gezielt aushebelt. Das Turnier gewann ein Programm namens «Tit-for-Tat», das der Mathematiker und Psychologe Anatol Rapoport aus Toronto eingereicht hatte. Der Name Tit-for-Tat erinnert nicht von ungefähr an eine der ältesten überlieferten Rechtsregeln der Menschheit. Nämlich an das martialische «Auge um Auge, Zahn um Zahn», das von der fast viertausend Jahre alten Stele herab, die als Codex Hammurapi bekannt ist, dem Zweistromland Mario-Barth-artige Vergeltung androht. Dem martialischen Sound der Stele hält Tit-for-tat allerdings einen deutlich freundlicheren Klang entgegen. Übersetzen könnte man den Namen ungefähr mit Klaps-um-Klaps. Oder mit Wie-du-mir-so-ich-dir.

Etliche der Einreichungen zu Axelrods Wettbewerb waren extrem kompliziert, aber auch das ist, ähnlich wie kompromisslose Unerbittlichkeit, ein Vorwurf, der an Tit-for-Tat folgenlos abprallt. Das Programm bestand aus insgesamt nur kümmerlichen vier Zeilen Code. In diesen vier Zeilen stand: Tit-for-Tat kooperiert zu Beginn und tut ansonsten immer das, was der andere in der vorigen Runde getan hat. Wie wir bei Nettie und Fies gesehen haben, gibt es noch einfachere Strategien, es gibt sozusagen strategische Einzeiler. Was es allerdings nicht zu geben scheint, ist eine bessere Strategie.

Tit-for-Tat trat gegen das Fortschrittlichste und Komplizierteste an, was die Grabbelkisten aus psychologischer Mathematik und mathematischer Psychologie damals zu bieten hatten. Axelrod erwähnte etwa ein Programm, das das Verhalten seines Partners in Form von Markov-Ketten simulierte und dabei Bayesianische Inferenz einsetzte, um möglichst exakt vorherzusagen, was der andere in der nächsten Runde tun würde. Und auch dieses neunmalkluge Aufschneiderprogramm wurde von Wie-du-mir-so-ich-dir mit seiner geradezu grotesk einfachen Regel geschlagen.

Und nicht einfach nur geschlagen. Weil das Turnier so überraschend verlaufen und ausgegangen war, veranstaltete Axelrod noch eine zweite Runde. Den Programmierern wurden alle Ergebnisse der ersten Runde zur Verfügung gestellt, und sie konnten die Schwächen ihrer Ansätze analysieren und gezielt beheben. Erfolglos. Auch in Runde zwei triumphierte Tit-for-Tat mit seinen betörend simplen vier Zeilen.

Dieses Ergebnis machte ein erstaunliches Angebot an Evolutionstheoretiker, Moralphilosophen, Theologen und alle anderen, denen am Verständnis menschlicher Kooperation, der Nächstenliebe und des Mitgefühls gelegen war. Den Kern vieler Ansätze dazu bildete damals und auch heute noch die Setzung, das Erbringen eines Opfers zum Nutzen anderer sei etwas moralisch Gutes. In den religiösen Traditionen erfolgt die Setzung oft durch die höchste moralische Instanz, durch Gott oder einen seiner Mitarbeiter. Das ist vielleicht der wichtigste Grund, warum Atheisten so oft entgegengehalten wird, dass ohne den Glauben moralische Verlotterung auf Erden einkehren müsse. Aus dieser Sicht ist das durchaus folgerichtig, denn wenn Freundlichkeit gegenüber den Mitmenschen durch eine autoritäre Anweisung von allmächtiger Stelle herbeigeführt werden muss, dann führt die Abschaffung der Autorität eben auch zum Wegfall der Freundlichkeit.

Die Gegenseite, nennen wir sie die netten Atheisten, weist mit Empörung darauf hin, dass den Menschen grundsätzlich unrecht tut, wer ihre soziale Ader nur als Folge einer Strafandrohung deutet. Akzeptiert man die Lehren aus dem Sieg von Rapoports Siegerpferdchen Tit-for-Tat, liegen die netten Atheisten damit durchaus richtig. Das Verhalten, das scheinbar zum eigenen Nachteil einem anderen hilft, wird nicht durch äußeren Zwang erzielt, sondern entspringt der Motivation des Individuums selbst. Man könnte sagen: seinem freien Willen, wenn es denn einen hätte. Aber zugleich ist es auch keine Selbstlosigkeit, sondern eben die fürs Individuum beste Strategie.[4]

Nehmen wir den uralten Gegensatz zwischen Egoismus und Altruismus. Unsere Hirne neigen bei dem Versuch, Struktur ins Chaos unserer Wahrnehmung zu bringen, zu Gegensatzpaaren. Aber wie wir sehen, kann man stattdessen den Egoismus ebenso als die Grundlage des Altruismus betrachten und damit den Scheingegensatz auflösen. Wir alle, Mensch, Tier und Pilz gleichermaßen, wurden ungefragt in diese Welt geworfen wie eine Handvoll Würfel, und Egoismus und Altruismus sind zwei Aspekte unseres Verhaltens, mit denen unsere Vorfahren sich im Chaos orientiert haben und erfolgreicher waren als andere. Jeder Organismus hat vordringlich seine eigene Fortpflanzung zum Ziel. Und dieses egoistische Ziel lässt sich erreichen, indem wir anderen helfen. Klingt vielleicht paradox, ist aber so.

Es lassen sich noch weitere Schlüsse ziehen, die weitreichende und konkrete Folgen haben. Tit-for-Tat erklärt, wie ein Egoist zugleich Altruist sein kann. Die Herleitung funktioniert allerdings nur unter den besonderen Bedingungen, die im Turnier gegeben waren: die Interaktion genau zweier Partner, die einander kennen und die immer wieder miteinander zu tun haben.

Stellt man sich den Altruismus als die grundsätzliche Tendenz vor, nicht nur das eigene, sondern auch das Wohl der Gemeinschaft im Auge zu haben, dann kommt dieser Altruismus in der wahren Welt schnell an seine Grenzen. Ob wir an überfischte Meere, vergiftete Landschaften oder abgeholzte Urwälder denken, die deprimierende Liste der Fälle, in denen kurzsichtiger Eigennutz den Gemeinsinn übertrumpft und damit allen schadet, ist lang und wird täglich länger.

Dieses Phänomen ist nichts Neues. Seit einem Essay des britischen Ökonomen William Forster Lloyd aus dem Jahr 1833 ist es als «Tragödie der Allmende» bekannt. Damit bezog sich Lloyd noch auf das hypothetische Beispiel einer Wiese, die von einer Gemeinschaft von Bauern als Weidefläche genutzt wird und niemandem persönlich gehört. Jeder einzelne Bauer hätte einen Vorteil, wenn er mehr Tiere als die anderen auf diese Weidefläche führen würde. Aber tun es alle, kommt es unweigerlich zu Überweidung und im schlimmsten Fall zur völligen Verödung der Wiese. Ähnlich wie beim Gefangenendilemma entwickelt sich auch in der Tragödie der Allmende der Vorteil des Einzelnen am Ende zum Schaden aller. Im Unterschied zum Gefangenendilemma gibt es allerdings keinen ganz einfachen Ausweg.

In den sechziger Jahren grub der Ökologe Garrett Hardin Lloyds Beispiel wieder aus und übertrug den Gedanken auf das damals erwachende Bewusstsein einer drohenden ökologischen Katastrophe und vor allem auf das Problem der Überbevölkerung.[5] Die Moral der Tragödie der Allmende war für

Harding, dass man die Menschen zu ihrem Glück zwingen müsse, denn überlässt man sie ihren Impulsen, steuern sie sich selbst ins Verderben.

Auch Axelrods Turnier und Rapoports Programm zeigen deutlich die Grenzen des Altruismus in der Realität. Brächte man in die Turniersituation Teilnehmer ein, die anders als alle anderen nicht zweihundert, sondern nur ein Mal mit den Mitspielern agieren müssten, stünde die ganze Logik Kopf: Für sie gäbe es keinerlei Grund mehr zum Altruismus, das Prinzip von Wie-du-mir-so-ich-dir liefe ins Leere. Und hier haben wir die finstere Kehrseite der Erklärmedaille: Wenn Altruismus durch persönliche Beziehungen gezähmter Egoismus ist, dann fallen beim Wegfall persönlicher Beziehungen auch die Zähmung und der Altruismus weg. Und plötzlich kann unsere Erklärung menschlicher Hilfsbereitschaft auch begründen, wieso Misstrauen gegen Fremde eine universelle menschliche Eigenschaft ist. Und warum Fremde umgekehrt häufiger dazu neigen, den Sozialvertrag einseitig aufzukündigen.

In einer Gemeinschaft, in der eine Mehrheit der Mitglieder miteinander kooperiert, also Energie und Ressourcen zum Nutzen anderer aufwendet, kann eine Strategie erfolgreich sein, die in einer Gruppe reiner Egoisten völlig sinnlos wäre: die des Psychopathen. Sie besteht darin, selbst nur zum Schein zu kooperieren, die Hilfestellung der anderen aber anzunehmen.

Ähnlich wie Fehler kein Mangel, sondern Teil der Natur der Wahrnehmung sind, ist auch das häufige Vorkommen von Psychopathen in der Gesellschaft – seriöse Schätzungen bewegen sich in der Größenordnung von einem Prozent im Durchschnitt und zwanzig Prozent in Vorstandsetagen und Parteivorständen[6] – kein Defekt, sondern ein Wesenszug der

Kooperation. Und ebenso wie alle Fehlschlüsse und Schwächen der Wahrnehmung durch ihren Nutzen mehr als aufgewogen werden, ist auch die Anfälligkeit für Betrug und Verrat nur der geringe Preis für die gewaltigen Vorteile, die die Kooperation in die menschliche Existenz brachte.

Einer dieser Vorteile, der sich turmhoch über alle anderen erhebt, ist die Existenz von Berufen und Experten. Nehmen wir etwa den Beruf des Bauern. So harmlos das Wort klingt, seit seiner Erfindung vor 10 000 Jahren hat der Bauer den Weg für die neolithische Revolution, für moderne Gesellschaften, Städte, Atomwaffen und Fernsehunterhaltung gebahnt. Auch wenn ihm die Aussicht droht, durch computergesteuerte Mähdreschmelkschlachtmaschinen ersetzt zu werden, gehört der Beruf des Bauern sicherlich zu den fünf einflussreichsten der Welt – neben dem für unser Thema wichtigeren Clan professioneller Wahrnehmer und Beobachter, den Journalisten, Philosophen und Wissenschaftlern.

Doch bevor wir über Möglichkeiten und Grenzen der professionellen Wahrnehmerei sprechen, gibt es noch eine unbequeme Tatsache, der wir uns stellen müssen: Kompetentes Wahrnehmen und Zusammenarbeit wären ja schön und gut, aber die allermeisten von uns schreiben bloß bei den anderen ab.

Kopieren – Kooperieren mit Tippfehlern

Nicht für die Schule, für das Leben spielen wir – Abschreiben als kooperative Zivilisationsleistung – die Mehrheit hat immer recht – sieh nicht den grauen Rauch – eine moralische Geschichte über Abgabe der Eigenverantwortung stellt sich als Falschmeldung heraus, die unter Abgabe der Eigenverantwortung verbreitet wird – die Geschichte des Spinats ist eine Geschichte voller Ironie – Abschreiben in der Wissenschaft

Ich vermute, dass der letzte Satz nicht für jeden Leser gleich schlimm klingt. Schon in der Schule gehen die Meinungen übers Abschreiben ja weit auseinander. Für die einen ist es ein legitimes Mittel, um Zeit und Aufwand gering zu halten, das zu keinem echten Nachteil führt, weil man das, was man lernen sollte, doch sowieso nie wieder braucht. Für die anderen ist genau das ein grundsätzliches Missverständnis, denn auch wenn man als Reitlehrer nicht zu wissen braucht, wer da so spät durch Nacht und Wind reitet, so lohnt sich der Deutschunterricht dennoch. Weil man auch beim Lernen unnötiger Dinge das Lernen selbst lernt, und weil für die, die das Lernen nicht lernen, die Geschichte Geschichte ist. Oder wie der schlaue Merkspruch mit dem Lernen und der Geschichte heißt, ich hab ihn damals nur abgeschrieben und deshalb vergessen.

Wie auch immer, wenn wir die Schule hinter uns lassen, finden wir uns in einer Welt wieder, in der es für alles, was wir können, jemanden gibt, der es viel besser kann. Das wusste man schon vor vierzig Jahren, aber heute hat die digitale Vernetzung uns in eine Welt katapultiert, in der wir nur eine Googlesuche von der Erkenntnis entfernt sind, für die Sokrates noch ein halbes Leben brauchte: *Scio me nescire.* Übersetzt in die Gegenwart heißt das dann: Ich google, dass ich nichts weiß. Diese zunächst ernüchternde Einsicht ist ja gerade der große Vorteil der Arbeitsteilung. Tätigkeiten, die viel Aufwand, Vorbereitung und Training erfordern, müssen nicht mehr von jedem einzeln erlernt und ausgeübt werden. Stattdessen können sich die Menschen Experten halten, die sich die entsprechenden Fähigkeiten umständlich aneignen. Und alle anderen dürfen darauf zurückgreifen und die richtigen Antworten sozusagen bei ihnen abschreiben.

In diesem Licht betrachtet ist es gar nicht mehr anrüchig, bei anderen abzuschreiben, sondern im Gegenteil einer der größten Vorteile, den die Erfindung der Zusammenarbeit mit sich gebracht hat. Es ist deshalb wenig überraschend, dass nicht nur Schüler dazu neigen, sich am Banknachbarn zu orientieren. Schon der Säugling schielt auf den Säugling im Kinderwagen nebenan nach dem richtigen Moment fürs Losschreien, und noch Sterbende orientieren sich bei ihren letzten Worten an großen Vorbildern: «Mer liecht so schlecht», «Kann man das essen?» und «Überraschen Sie mich!» Abschreiben ist schlichtweg eine Zivilisationsleistung.

1951 begann der Psychologe Solomon Asch eine Serie von Studien zur Konformität, die erstaunliche und beunruhigende Ergebnisse erzielten.[7] Im ersten dieser Experimente zeigte er acht Versuchspersonen, die um einen Tisch versammelt saßen, zunächst eine Karte mit einer einzelnen Linie darauf. Im zweiten Teil des nicht sonderlich schwierigen Experimentes wurde eine zweite Karte mit drei unterschiedlich langen Linien gezückt. Eine davon war identisch mit der auf der ersten Karte, die anderen beiden deutlich verschieden. Die Teilnehmer wurden der Reihe nach gebeten, die übereinstimmende Linie zu nennen. In den ersten beiden Runden verlief alles, wie man erwarten würde. In der dritten Runde gaben plötzlich sieben der acht Teilnehmer selbstsicher alle dieselbe falsche Antwort. Den achten dürfte das ziemlich überrascht haben. Er wusste schließlich nicht, dass die sieben Lügner Teil des Experiments waren und er in Wahrheit der einzige echte Teilnehmer.

Wie reagiert der Mensch, wenn seine soziale Umwelt übereinstimmend etwas Falsches behauptet? In Aschs Experiment folgten fast vierzig Prozent der Versuchspersonen den Antworten der Mehrheit und nicht der Wahrheit. Die meisten Teilnehmer blieben also trotz des sozialen Drucks bei der ursprünglichen zutreffenden Meinung, aber die Abweichung ist trotzdem gigantisch. Führt man den simplen Test nämlich ohne sozialen Druck durch und lässt die Aufgabe von einer Person allein lösen, sind praktisch alle Antworten korrekt.

Asch versuchte herauszufinden, warum seine Teilnehmer sich so verhielten. Er fand ein recht komplexes Bild. Manche Teilnehmer erklärten, tatsächlich plötzlich die falsche Linie für die richtige gehalten zu haben. Andere sagten, dass sie diese Antwort zwar selbst nicht gegeben hätten, aber davon ausgingen, die Aufgabe missverstanden zu haben. Und ein weiterer Teil war sich zwar sicher, dass die Mehrheit irren musste, entschied sich aber zur Konfliktvermeidung trotzdem, das zu ignorieren.

So skurril uns die Situation auch erscheinen mag, in der ein Einzelner sich seine Wahrnehmung oder jedenfalls den Umgang damit von der Mehrheit diktieren lässt, so zwingend folgt das Verhalten aus dem Bayesianischen Rahmen, auf den wir die Wahrnehmung hier gespannt haben. Auch Urteile anderer sind Informationen über den Gegenstand der Wahrnehmung, und je selbstbewusster oder vehementer diese Ur-

Die Anpassung an die Mehrheit treibt mitunter seltsame Blüten.

teile vorgebracht werden, desto mehr Gewicht bekommen sie innerhalb unseres eigenen Wahrnehmungsapparates.

Und wer glaubte, dass das nur passieren kann, wenn es wie beim Vergleich zweier Linienlängen um nichts von Bedeutung geht, den belehrten Bibb Latané und John Darley 1968 eines Besseren.[8] Die beiden Forscher bestellten Studenten für ein Experiment ein. Für die Wartezeit gaben sie ihnen einen Fragebogen, den sie in einem Warteraum ausfüllen sollten. Während sie das taten, trat durch Lüftungsschlitze dichter, erstickender Qualm ein und füllte nach und nach den Raum, bis man kaum noch etwas sehen oder frei atmen konnte.

Ähnlich wie bei Aschs Experiment waren auch bei Latané und Darley bis auf einen alle Teilnehmer eingeweiht. Diese Komplizen der Experimentsleitung ignorierten den Rauch vollständig oder deuteten durch Schulterzucken an, dass sie kein Problem sahen. Die Probanden, die man allein in den Raum gesetzt hatte, flüchteten zu drei Vierteln und meldeten das Problem. Jene aber, die mit gleichgültigen anderen warteten, verhielten sich zu neunzig Prozent ebenso gleichgültig.

Latané und Darley führten ihre Versuche an der Columbia University in Manhattan durch und waren zu ihrer Forschung unter anderem durch den Mord an der 28-jährigen Kitty Genovese angeregt worden. Genovese war 1964 auf dem Weg nach Hause von einem Fremden angegriffen und erstochen worden. Die «New York Times» hatte später berichtet, dass 38 Zeugen den sich über fast eine halbe Stunde hinziehenden Übergriff beobachtet und trotzdem nicht die Polizei gerufen hatten. Der Mordfall ist seitdem Standardausstattung der Psychologielehrbücher, wo er den sogenannten Zuschauereffekt illustriert, in dem in einer Gruppe von Menschen kaum jemand die Verantwortung für etwas übernimmt, das ein einziger Zeuge niemals ignorieren würde.

Die tragische Ironie, die die ganze Angelegenheit zu einem kleinen Kunstwerk rundet, ist, dass der «Times»-Artikel, auf dem all die Lehrbucheinträge beruhen, extrem irreführend und fehlerhaft war. Von den 38 Zeugen war nur einer kleinen Minderheit überhaupt bewusst gewesen, was sie da gehört oder gesehen hatten und dass ein Gewaltverbrechen verübt worden war. Außerdem hatte es durchaus zwei Anrufe bei der Polizei gegeben. Der Artikel war eine bewusste und massive Übertreibung der Reporter gewesen, die die «New York Times» mit geringer Verzögerung schon 2016 richtigstellte.[9] Aber ähnlich wie der legendäre Kommafehler beim Eisengehalt des Spinats auch in Hunderten von Jahren noch Mütter dazu bringen wird, grünen Schleim in ihre unwilligen Kinder zu schütten, wird diese Richtigstellung niemanden daran hindern, auch weiterhin falsch über den Genovese-Mord zu berichten, um den Zuschauer-Effekt zu illustrieren.

Abschreiben und das Kopieren anderer sind offenbar der Lauf der Welt, selbst bei erfundenen Studien, die die Neigung zum Abschreiben moralisch verurteilen. Ironischerweise gilt das sogar für den gerade erwähnten Spinatmythos. Sie kennen bestimmt die Geschichte von den deutschen Wissenschaftlern, die irgendwann im neunzehnten Jahrhundert den Eisengehalt von Spinat zwar korrekt gemessen hatten, denen aber bei der Veröffentlichung ihrer Ergebnisse das Komma verrutschte. Der im Artikel genannte Eisenwert war um das Zehnfache zu hoch. Dieser Fehler, der sich ungeprüft reproduzierte, brachte dem Spinat seine Rolle im Popeye-Comic ein und führte das Gemüse auf einen internationalen Siegeszug. Die drollige Ironie des Ganzen: Diese Geschichte selbst ist falsch und hat sich verbreitet, weil alle ungeprüft voneinander abgeschrieben haben.

Im Jahr 2010 machte ein Kriminologe namens Mike Sutton sich die Mühe und forschte nach.[10] Es gab kein verrutschtes Komma, es gab keine deutschen Wissenschaftler. Es gab nur einen humoristischen Aufsatz von 1981, in dem beides ohne weitere Quellenangabe erwähnt wurde.[11] Und einen Aufsatz aus dem Jahr 1995 über die Gefahr der Verbreitung falscher Daten durch ungenügendes Zitieren, der die Spinatgeschichte als mahnendes Beispiel enthielt – und dazu die Humoreske von 1981 zitierte.[12] Die Geschichte des Spinats ist jedenfalls eine Geschichte mit zehn Mal so viel Ironie, wie man es bei einem Blattgemüse erwarten würde.

Zum wissenschaftlichen Arbeiten gehört ja nicht nur, die eigenen Erkenntnisse etwa über das Angstverhalten des Seehasen zu veröffentlichen, sondern vor allem, sie in Bezug zu setzen zu dem, was der Rest der kleinen Seehasenforscherwelt dazu herausgefunden hat. Sauberes und korrektes Zitieren der Kollegen ist die zentrale Stange auf der Tanzfläche wissenschaftlicher Arbeit, um die herum sich verführerisch die Forscher schlängeln. 2002 veröffentlichen zwei Elektroingenieure eine mathematische Studie zu den speziellen Tänzchen, die Wissenschaftler beim Zitieren veranstalten. Michail Simkin und Vwani Roychowdhuri stellten fest, dass auch in der Wissenschaft nicht alles ein Übergangsmetall der Ordnungszahl 79 ist, was glänzt.[13] Im Gegenteil müssen alle, die an die unbestechliche Objektivität der Wissenschaftler glauben wollen – das ist an dieser Stelle bestenfalls noch eine Minderheit, oder dieses Buch hat sein Ziel verfehlt –, angesichts der Ergebnisse Simkins und Roychowdhuris laut «Au!» rufen.

Die beiden hatten die schlaue Idee, die Wissenschaftler nicht selbst zu ihrem Verhalten zu befragen, sondern lieber ihre Taten für sie sprechen zu lassen. Sie zogen tausende Zitationen einiger sehr berühmter Arbeiten aus einer Datenbank und sahen sie sich Stück für Stück an. Wenig überraschend, dass sich in solche Zitationen gerne kleinere Abweichungen wie falsche Seitenzahlen oder Zahlendreher einschleichen. Das ist noch nicht weiter schlimm.

Bemerkenswert wird es dadurch, dass die beiden Ingenieure feststellten, dass zahlreiche dieser Fehler, wie zum Beispiel konkrete falsche Seitenangaben oder bestimmte Tippfehler im Titel, identisch auftauchten. Die plausibelste Erklärung dafür ist, dass die Quellenangaben von ihren Autoren nicht selbst angelegt worden waren. Stattdessen hatten sie einfach die Angaben aus einem anderen Artikel kopiert, der dieselbe Quelle anführte, inklusive eben der Fehler.

Auf Basis eines mathematischen Modells schätzten Simkin und Roychowdhuri, dass ungefähr zwanzig Prozent der Wissenschaftler, die Arbeiten eines Kollegen zitieren, diese vorher auch gelesen haben. Die restlichen achtzig Prozent schreiben ihre Quellen von anderen ab. Es scheint, dass der Gipfelpunkt menschlicher Wahrnehmung, die empirische Wissenschaft, ebenso eine Mischung aus Kooperation und Kopieren ist wie der Rest des menschlichen Verhaltens.

Davon ist freilich nur überrascht, wer Wissenschaftler nicht für normale Menschen hält und die Wissenschaft für eine Tätigkeit, die grundsätzlich eigenen, objektiven Gesetzen unterliegt. Es wird höchste Zeit, dass wir uns die Wissenschaft selbst mal etwas näher ansehen.

Descartes vom Kopf auf die Füße gestellt

Die empirische Wissenschaft wird erfunden – das Problem der Induktion – die Unmöglichkeit sicherer Urteile – ich denke, also zweifle ich – das Bestmögliche ist gerade gut genug

Die moderne empirische Wissenschaft, wie wir sie kennen und lieben, ist ein Kind der Aufklärung, also jener Phase der Kulturgeschichte, in der der Mensch den Ausgang aus dem Labyrinth der Unmündigkeit zu suchen begann und sich stattdessen, in Kants berühmten Worten, zunehmend seines Verstandes ohne Leitung eines anderen bediente. Im Rahmen der Bayesianischen Sicht und unserer Überlegungen zu den Details von Wahrnehmung und Erkenntnis könnte man diesen Auftrag auch so fassen: Neu eintreffende Daten müssen gegenüber den Heuristiken und A-priori-Wahrscheinlichkeiten mehr Gewicht bekommen. Insbesondere der schottische Zweig der Aufklärer, der Philosoph David Hume allen voran, machte sich um die Frühformen der empirischen Wissenschaft verdient.

Es handelte sich dabei um den wackeren Versuch, durch wiederholte Beobachtungen Gesetze zu erkennen, denen das Weltgeschehen im Kleinen wie im Großen folgt, und ausgehend von diesen Gesetzen Vorhersagen über noch nicht Beobachtetes in Raum und Zeit zu formulieren. Das klingt nach einem ambitionierten Unterfangen, aber mehr noch, das Vorhaben war in seiner reinen Form zum Scheitern verurteilt. Man kann nicht beweisen, dass morgen die Sonne aufgehen wird, nur weil sie das seit Milliarden von Jahren jeden Tag getan hat. Es scheint zwar sehr wahrscheinlich, aber beweisbar ist es nicht. Diese Unbeweisbarkeit wurde später als das Problem der Induktion bekannt.

Induktion heißt in der Erkenntnistheorie die Ableitung eines allgemeinen Gesetzes aus einzelnen Beobachtungen, und es herrscht heutzutage weitgehend Einigkeit, dass solche Induktion aus mehreren Gründen nicht möglich ist. Im ersten Teil des Buches haben wir gesehen, dass es in der Welt sowohl echten Zufall als auch den Quasizufall chaotischer Systeme zu geben scheint, die beide gleichermaßen exakten Vorhersagen im Weg stehen. Allein dieser Umstand würde jedem ernstlichen Induktionsversuch die Herdplatte abstellen.

Aber selbst wenn im Universum alles streng gesetzmäßig und grundsätzlich vorhersagbar zuginge, könnte man nicht sicher sein, dass sich diese Gesetze nicht plötzlich ändern. Denn auch die relative Konstanz dieser Gesetze ist nur eine Beobachtung, die jederzeit auf der Kippe steht. Seit David Hume diese Einsicht vor fast drei Jahrhunderten formulierte, hatte sich die Philosophie mit dieser unerfreulichen Erkenntnis herumzuschlagen.

Dabei ist alles gar nicht so schlimm.

Anhand unserer individuellen Wahrnehmung haben wir gesehen, dass die Existenz von Fehlern unvermeidlicher Teil ihres Wesens ist. Und ganz ähnlich steht es ums kollektive Wahrnehmen der Naturgesetze in den empirischen Wissenschaften. Die Unmöglichkeit sicherer Urteile ist kein Fehler unserer Universitäten oder einzelner Professoren, sondern zeigt uns die grundsätzlichen Grenzen der Möglichkeiten jeder Erkenntnis.

Bevor wir über die praktischen Folgen dieser Grenzen sprechen: die Behauptung, sichere Urteile seien nicht möglich, kommt selbst wie eins dieser doch angeblich unmöglichen sicheren Urteile daher. Das mag auf den ersten Blick wie eine Paradoxie erscheinen, doch der Eindruck trügt. Zwar könnte, ebenso wie sich die Sonne morgen womöglich entscheidet, künftig nicht mehr aufzugehen, sondern ein neues Leben als Dorfgaststätte anzufangen, auch plötzlich die Unmöglichkeit sicherer Urteile durch ein göttliches Dekret oder sonst einen kosmischen Unfall aufgehoben werden. Oder jedenfalls können wir hinschreiben und uns vorstellen, dass es möglich ist.

Aber schon die Frage, woran man denn eigentlich merken würde, dass jetzt neuerdings sichere Erkenntnis möglich geworden ist, zeigt, dass unser Denken uns hier mal wieder in merkwürdige Regionen manövriert hat. Denn allein das Gefühl sicherer Erkenntnis kann wohl kaum ausreichend sein, das verspüren wir ja jetzt schon alle naselang, ohne dass es auch nur ansatzweise stimmen würde. Und inwiefern sonst sollte eine Welt, in der die Induktion möglich geworden ist, sich von der unseren unterscheiden?

Descartes hatte damals ins Zentrum seiner Philosophie das zweifelnde Ich gesetzt. An diesem Ich selbst, erklärte er, sei nicht zu zweifeln, denn schon die Tatsache des Zweifelns zeige ja, dass da drin irgendwo ein Ich sein muss, das zweifelt. Aber Jahrhunderte psychologischer und neurologischer

Forschung später hat dieses Ich sich in Fragmente aufgelöst und scheint als solches gar nicht existieren zu können. Der Tag, an dem wir den Schalter einer Maschine betätigen, die zwar Überzeugungen und Wahrnehmungen hat und diese anzweifeln kann, aber über kein Ich verfügt, dieser Tag ist zwar noch nicht gekommen, aber er ist vorstellbar. Oder jedenfalls lässt sich auch dieser Satz hinschreiben und scheint einen Sinn zu haben. Es steht also zumindest Gedankenexperiment gegen Gedankenexperiment, und ein Richter ist nicht in Sicht.

Aber vielleicht kann man Descartes vom Kopf auf die Füße stellen, wenn man statt dieses zweifelnden virtuellen Ichs den Zweifel selbst zum Kern der Erkenntnis erklärt. Denn an allem lässt sich zweifeln. Nur daran, dass sich an allem zweifeln lässt, daran lässt sich nicht zweifeln. Aber lassen wir diese Gedankenspielereien sein, bevor Philosophieexperten sich vollends mit Grausen von diesem Simplifikationsgewitter abwenden. Beschäftigen wir uns stattdessen mit der Praxis. Mit der Praxis wird man die Mehrheit der Philosophieexperten sehr schnell wieder los.

Und bevor wir uns ansehen, wie die Praxis des Auffindens von Naturgesetzen mit dem Induktionsproblem zurechtkommt, rufen wir vorher einmal mehr die Warnung Voltaires auf: Machen wir nicht das Beste zum Feind des Guten. Die Unmöglichkeit der Induktion spielt in der Praxis nämlich weder für unsere Wahrnehmung noch fürs Funktionieren der Wissenschaft eine sonderlich große Rolle. Das philosophische Problem der Induktion beschäftigt sich auch viel weniger mit der Problematik, dass Induktion prinzipiell unmöglich ist, als mit der Frage, wie ein derart unmögliches Verfahren trotzdem so erfolgreich sein kann. Denn obwohl die schlüssige Ableitung allgemeiner Regeln aus Beobachtungen nachweislich fast unmöglich ist, tun wir das ununterbrochen und sehr erfolgreich.

Dass es reine Erkenntnissicherheit prinzipiell nicht gibt, ist kein Versagen der jeweiligen Methode, sondern zeigt nur den Verlauf ihrer prinzipiellen Grenzen, die ebenso für alle anderen Methoden der Erkenntnis gelten müssen. Und so liegt denn auch der fatale Fehler all der verschiedenen Systeme gefühlter und geglaubter Wahrheit, ganz egal, ob es sich um simple Bauchgefühle, um abwegige Verschwörungstheorien oder um ausgefeilte theologische Glaubensgebäude handelt, nicht darin, dass sie unrecht hätten. Das ist nur ein oberflächlicher kleiner Irrtum. Ihr fataler Fehler liegt darin, dass sie beanspruchen, gar nicht unrecht haben zu können, weil ihre Wahrheiten nicht den Gesetzen dieser Welt unterworfen seien.

Aber ähnlich, wie es keinen Geist geben kann, der nicht den Gesetzen der Natur unterworfen ist und doch auf sie einwirkt, kann es keine Erklärungen und Modelle der Wirklichkeit geben, die sich den grundsätzlichen Gesetzen von Erkenntnis und Irrtum entziehen. Das Ziel jeder empirischen Wissenschaft kann nicht der unumstößliche Beweis einer bestimmten objektiven Wirklichkeit sein, sondern nur eine Beschreibung, die so zuverlässig ist wie eben möglich.

Die Methoden, mit denen heutige Wissenschaft sich dieser Beschreibung annähert, ähneln im Ganzen und im Detail denen, mit denen wir schon die Wahrnehmung selbst beschrieben haben, und das nicht von ungefähr. Ganze Bibliotheken ließen sich mit diesen Methoden füllen. Frisch und mutig sagen wir schlicht: Wissenschaft trifft auf der Grundlage von Theorien und Modellen genaue Vorhersagen, was unter bestimmten, exakt beschriebenen Umständen geschehen müsste. Diese Umstände stellt sie dann so sorgfältig wie möglich her und überprüft anschließend so genau wie möglich, ob ihre Vorhersagen wirklich eingetroffen sind. Sind sie das, ist die Theorie bestätigt und der Forscher enttäuscht – dazu gleich mehr. Sind sie es nicht, sind die Theorie und ihre Modelle als Ganzes erst einmal hinfällig. Die mitunter extrem knifflige kreative Aufgabe für den Wissenschaftler ist es dann, den fehlerhaften Teil zu finden und zu ersetzen.

Signifikanz und Effekt

Der Betrug des Zukunftsforschers – Fußballwetten, leicht gemacht – Signifikanz und Effektgröße und warum man sie nicht verwechseln sollte – der Herr Weberknecht in meinem Bett

Das praktische Hilfsmittel dabei ist wieder die Statistik, mit der die Signifikanz der Ergebnisse beurteilt wird. Es lohnt sich, einen Moment mit den Details zu verbringen, weil unter ihnen eines der vielleicht schädlichsten Missverständnisse bei der Interpretation wissenschaftlicher Ergebnisse vergraben liegt. Um die Signifikanz zu beurteilen, veranstaltet der Wissenschaftler eine kleine Gedankenspielerei. Die Grundlage der Spielerei ist, dass die meisten Experimente zwei Versionen einer Theorie miteinander vergleichen, die unter bestimmten Umständen unterschiedliche Vorhersagen machen. Die Gedankenspielerei ermittelt dann die Wahrscheinlichkeit dafür, dass die vorhergesagten Unterschiede nicht deswegen aufgetreten sind, weil die entsprechende Theorieversion stimmt, sondern weil die unvorhersehbaren Variationen in jeder Messung zufällig in die richtige Richtung gegangen sind. Zu abstrakt? Werden wir konkret.

Sagen wir, wir haben es mit einem Wahrsager zu tun, der sich, um den Anschein von Seriosität zu erwecken, Zukunftsforscher nennt. Der Zukunftsforscher sagt Ihnen das Ergebnis der Spiele Ihres Lieblingsvereins voraus. Woche für Woche finden Sie am Donnerstag eine E-Mail in Ihrem Postfach, die nur einen einzigen Buchstaben enthält: S, N oder U, für Sieg, Niederlage oder Unentschieden. Nach fünf korrekten Vorhersagen in Folge fragt der Absender, ob sie ihm seine offenbar sehr zuverlässigen Vorhersagen abkaufen wollen. Lohnt sich diese Investition? Können Sie mit Hilfe des Zukunftsforschers in Wettbüros ganz groß abräumen?

Wenden wir den wissenschaftlichen Signifikanztest an. Der Signifikanztest beantwortet nichts als die simple Frage: Wie hoch ist die Wahrscheinlichkeit, dass der Zukunftsforscher seine fünf korrekten Vorhersagen erraten hat? Pro Spiel gibt es dabei drei mögliche Antworten, die Wahrscheinlichkeit fürs richtige Raten liegt also bei einem Drittel. Das ergibt nach fünf Spielen ein bisschen mehr als 0,4 Prozent Wahrscheinlichkeit für die Zufallstreffer.

In der Wissenschaft ist der Standard für Signifikanz meist eine Zufallswahrscheinlichkeit von fünf Prozent. Die 0,4 Prozent liegen weit darunter, der Wissenschaftler spräche hier also schon von einem hochsignifikanten Ergebnis. Eine Signifikanzschwelle von fünf Prozent bedeutet, dass das signifikante Ergebnis in einem von zwanzig untersuchten Fällen durch bloßen Zufall auftreten wird. Und das wiederum bedeutet, dass von zwanzig wissenschaftlichen Ergebnissen, die auf dieser Signifikanzgrenze beruhen, im Schnitt eines selbst dann falsch sein wird, wenn alle Beteiligten ihr Bestes geben und keine methodischen Fehler passieren.

Aber das ist nur der Anfang der Schwierigkeiten mit der Signifikanz. Denn unser Zukunftsforscher war überraschenderweise gar nicht vollständig ehrlich mit Ihnen. Er hatte seine E-Mail-Vorhersagen nicht nur an Sie geschrieben, er hat sie auch noch 242 anderen Empfängern geschickt. Und jedem dieser Empfänger hat er eine andere der 243 möglichen verschiedenen Fünferketten von S, N und U geschickt. Die Wahrscheinlichkeit, dass einer der Empfänger eine komplett korrekte Vorhersage erhält, lag also in Wahrheit bei hundert Prozent. Das Ergebnis ist nicht signifikant, es ist bedeutungslos.

Aber auch wenn es keine Täuschungsabsicht gibt, kann dieses Problem auftreten. Vielleicht hat der Zukunftsforscher tatsächlich allen Empfängern dieselbe Vorhersage geschickt. Aber da jeder Empfänger einen anderen Lieblingsverein hat, können die fünf Vorhersagen plötzlich für achtzehn verschiedene Bundesligavereine gelten. Wir können also schätzen, dass die Wahrscheinlichkeit eines Zufallstreffers sich ungefähr aufs Achtzehnfache erhöhen müsste, solange wir nicht festlegen, von welchem Team wir eigentlich sprechen. Unter diesen Umständen wäre die fünfmalige Vorhersage der korrekten Spielergebnisse eines beliebigen Vereins zwar immer noch unwahrscheinlich, aber im wissenschaftlichen Sinn nicht mehr signifikant von einem Zufallstreffer unterschieden.

Der genaue Wert ist in diesem Fall schwierig zu ermitteln, aber er spielt auch keine Rolle. Die wichtige Botschaft ist, dass in den drei Fällen die E-Mails an unseren Fußballfreund dieselben waren und dass fünf Mal in Folge das Ergebnis eines Spiels korrekt vorhergesagt wurde. Trotzdem haben wir drei verschiedene Werte für die Signifikanz dieser Vorhersage bekommen, die von «banal, weil automatisch wahr» bis zu «hochsignifikant» reichten. Was den Unterschied bewirkt und was auch in allen echten wissenschaftlichen Studien die kritische Zutat ist, ist die Sorgfalt, mit der der Versuch geplant, dokumentiert und durchgeführt wurde.

Selbst wenn unser Wissenschaftler mit höchster Sorgfalt vorgeht und alle Berechnungen korrekt verlaufen sind, bleiben zwei große Einschränkungen. Die eine betrifft den sehr hohen Signifikanzschwellenwert von fünf Prozent. Zur Erinnerung: Von zwanzig signifikanten Ergebnissen ist im Schnitt eines ein Zufallsergebnis. Bei vielen Tausenden von Studien, die jeden Monat quer über alle Fachbereiche veröffentlicht werden, kommen da potenziell allerhand falsch positive Ergebnisse zusammen. Nicht nur unsere Wahrnehmung neigt also zur Halluzination, auch der Wissenschaftsapparat als Ganzes tut das.

Und die zweite, beinahe noch wichtigere Einschränkung hat damit zu tun, dass Signifikanz nur einen Aspekt eines wissenschaftlichen Ergebnisses beschreibt. Der Signifikanzwert entspricht dem Gefühl der Sicherheit oder Unsicherheit, das wir bei einer Wahrnehmung haben. Spaziert da ein Weberknecht über den Nachttisch, oder ist es nur ein Schatten? Egal, wie sicher wir uns sind, die eigentlich viel bedeutsamere Dimension ist, wie wichtig uns die Antwort erscheint. Mir wäre eine fragwürdige Weberknechtsichtung allenfalls den sorgenvollen Gedanken wert, wie dem verirrten Tier zu helfen sei, aber einem Spinnenphobiker wird es vermutlich ein wenig anders ergehen. In der Wissenschaft spricht man von den beiden Größen der Signifikanz und der Effektgröße, und vor allem Wissenschaftsjournalisten bringen beides, absichtlich oder unwissend, gern durcheinander.

In den meisten Studien zum Beispiel, in denen festgestellt wird, dass ein Nahrungsmittel Krebs auslöst oder heilt oder sich besonders gut fürs Abnehmen eignet, wird zwar über signifikante Effekte berichtet, diese können aber dennoch winzig sein. Signifikant wäre zum Beispiel der Einfluss einer Limonade auf die Lebensdauer, wenn die Trinker dieser Limonade zum Beispiel nachweislich im Schnitt zehn Sekunden länger lebten als die Trinker anderer Limonaden und wenn diese zehn Sekunden Unterschied mit nicht mehr als fünfprozentiger Wahrscheinlichkeit zufällig zustande gekommen sein können. Um bei sehr kleinen Unterschieden überhaupt zur Signifikanz zu kommen, braucht es zwar große Zahlen von Versuchspersonen, die Seen von Limonade trinken, aber möglich ist es.

Weil in der wirklichen Welt ohnehin praktisch alles mit allem wenigstens ein winziges bisschen korreliert, weil also zum Beispiel auch der Geburtsmonat einen kleinen Einfluss auf den Sinn für Humor hat, kann man, wenn man ausreichend große Gruppen untersucht, für fast alle Zusammenhänge einen signifikanten Beleg finden. Aber die Effektgröße ist dann so klein wie in unserem Limonaden-Lebenszeit-Beispiel und bei aller Signifikanz eigentlich zu vernachlässigen. Das hindert die Medien jedoch nicht daran, den nachgewiesenen Effekt der Limonade auf die Lebenszeit laut hinauszuposaunen. Und wenn sich drei Wochen später herausstellt, dass es außerdem einen winzigen signifikanten Effekt auf die Krebsrate gibt, dann wird auch das berichtet.

Und obwohl all diese Ergebnisse stimmen, scheinen sie einander doch zu widersprechen und untergraben damit die Glaubwürdigkeit der Experten. Die kommen ja offenbar jede Woche mit einem neuen hanebüchenen Ergebnis um die Ecke, widerlegen damit die Studie der Vorwoche und erwarten auch noch, dass eine dankbare Öffentlichkeit ihnen aus der Hand frisst.

Das wird man ja wohl noch schreiben dürfen.

Sie merken es schon, wir haben jetzt beinahe alle Bausteine beisammen, um ein hübsches kleines Modell vom Herzen des Bullshits auf Erden zu konstruieren. Es erklärt, wieso die allermeisten von uns die allermeiste Zeit den allergrößten Unfug dankbar und zufrieden glauben und dabei vom warmen Gefühl durchströmt werden, recht zu haben.

Wahre Gefühle und gefühlte Wahrheit

Von scheinbaren Gegensätzen – das Wesentliche ist für die Blutpumpe unsichtbar – wozu ausgedachter Tod auf den Gleisen gut ist – warum es ohne Gefühl kein logisches Denken gibt – Placebo-Denken

Überhaupt Gefühle.

Häufig wird der wissenschaftlichen Suche nach Erkenntnis vorgeworfen, sie sei hartherzig und gefühllos: Das Fundament der Rationalität, auf dem die Wissenschaft ihre Elfenbeintürmchen errichtet hat, mag ein funkelnder Kristall sein, aber es ist auch kalt wie Eis. Der Verstand, so spricht es, ist eine feine Sache und das Gehirn ein hübsches Organ, aber bei den wichtigen Dingen muss man doch sein Herz befragen, denn hier wohnen die eigentlichen Wahrheiten. Und wenn nicht dort, dann im Bauch.

Wendet der hartnäckige Verteidiger des Denkens und der harten Fakten unsentimental ein, dass das Herz ja doch nur ein zähes Stück zuckenden Muskels sei, befasst damit, eine Suppe aus Hormonsubstanzen, Immunpolizeieinheiten und biologischen Sauerstoffflaschen durch ein Netzwerk elastischer Röhren zu pumpen, kann der selbsterklärte Romantiker triumphierend ausrufen: Ich hab es ja gleich gesagt! Keinen Sinn fürs Schöne, diese Geistesmetzger!

Und durchglüht von Besserfühlerei fährt er fort: Wolle die Wissenschaft Lebendiges erkennen und beschreiben, so falle ihr nichts anderes ein, als erst den Geist herauszutreiben und dann alles, sowohl buchstäblich als auch metaphorisch, kurz und klein zu sezieren. Sie habe keine Ahnung vom Ganzen und Wahren und halte am Ende nur mehr Bruchstücke und Brösel in der Hand, denen jeder Zusammenhalt fehle. Allzu genaues Hinsehen zerstöre das, was es betrachte, Empfindung hingegen lässt dem Geheimnis seinen Platz.

Der schmerzhaften Klischees ist schier kein Ende.

Auch wenn im «Faust» nicht der ernstlich forschende und an der Wahrheit interessierte Titelheld das oben anklingende Urteil über die Wissenschaft formuliert, sondern der stets verneinende Geist Mephistopheles, und das noch einmal gebrochen in einer Parodie der Schulmeisterei, wird es doch oft so verstanden, wie es wörtlich dasteht, und gern gegen die Technokratie herbeizitiert. Heute lebt dieser Geist fort in Sinn- und Merksprüchen wie zum Beispiel der berühmten Weisheit des Fuchses aus dem «kleinen Prinzen»: «Man sieht nur mit dem Herzen gut.»

Das stimmt natürlich nicht ganz. Weder Menschen- noch Fuchsherzen haben Augen, das haben nur Kartoffeln, und die meisten Herzen wüssten auch gar nicht, was sie ohne die Vorarbeit des Hirns mit den Bildern anfangen sollten. «Man sieht nur mit dem Okzipitallappen gut», wäre deutlich näher an der Wirklichkeit gewesen, aber natürlich nicht ein Zehntel so poetisch.

So nett diese Ablehnung der harten Wissenschaft klingt und so zart wir ihre Saiten auch in uns widerhallen hören mögen – der Denkfehler, der einer solchen Verklärung des Irrationalen, Impulsiven und Mythischen innewohnt, ist die leider verbreitete Überzeugung, rationales, logisches und wissenschaftliches Denken stünde auf irgendeine nachvollziehbare Weise im Gegensatz zur Emotion.

Nichts könnte falscher sein.

Denn im Gegenteil sind rationales Denken und Gefühle zwei Aspekte desselben Prozesses, dessen Ziel es ist, mit möglichst wenig Aufwand den größten praktischen Nutzen aus der vorgefundenen Situation zu ziehen. Gefühle ohne Denken können nur im Unglück enden und Denken ohne Gefühle in der Untätigkeit. Logik kann nicht entscheiden, was Sie zum Frühstück einkaufen sollten, und mit Gefühl allein finden Sie nicht ins Hotel zurück, wenn Sie sich im Urlaub verlaufen haben.

Besonders interessant ist das Zusammenspiel von Gefühl und Verstand, wenn es um moralische Entscheidungen geht. Hier wird deutlich, wie inadäquat beide Aspekte des menschlichen Geistes für sich genommen sind. Betrachten wir eines der faszinierendsten und populärsten Beispiele aus der Moralphilosophie der letzten Jahre, das sogenannte Trolley-Problem.

Die grundsätzliche Situation beim Trolley-Problem ist eine unangenehme. Ein Eisenbahnwaggon rollt auf Schienen führerlos einen Abhang hinab. Weiter unten sind Arbeiter auf den Gleisen, die den Wagen erst bemerken würden, wenn es zu spät ist und er sie überrollt. Sie als Beobachter sehen die ganze Situation zwar, aber haben nur sehr eingeschränkte Möglichkeiten, einzugreifen.

In einer Variante kann man den Waggon des Todes umleiten, bevor er die Arbeiter erfasst. Man stellt eine Weiche, und das Mordwerkzeug rollt entschärft übers Nachbargleis zu Tal. Das würde natürlich fast jeder tun. Aber was machen Sie, wenn auf diesem Nachbargleis auch ein Arbeiter ist? Rationale Analyse sagt Ihnen, dass Sie keinen der sechs

Betroffenen kennen und es besser sein müsste, wenn statt fünfen einer stirbt. Doch den Stellhebel zu ziehen fühlt sich für viele trotzdem falsch an. Noch weniger Menschen würden einschreiten, wenn es ihre einzige Option wäre, einen sehr dicken Mann vor den Waggon zu stoßen, dessen Masse ausreichen würde, das Killerabteil auf seiner Todesfahrt zu stoppen. Auch in diesem Fall steht das Leben eines Einzelnen gegen das der anderen.

Moralphilosophen und Psychologen diskutieren derzeit, warum es diese Unterschiede gibt. Das genaue Wesen der zugrunde liegenden Gefühlsprozesse braucht uns jedoch gar nicht zu interessieren. Wichtig ist für uns, dass eine Entscheidung sich nicht fällen lässt, ohne dass Gefühle ins Spiel kommen. Hier nicht und nirgendwo sonst. Der Verstand kann durchleuchten, welche Handlungsoptionen vorliegen, und er kann feststellen, was die Kosten und die Vorzüge jeder Option sind. Aber der Verstand kann diese Wahl nicht treffen.

Denn Logik und rationales Denken haben selbst keinen Inhalt. Sie sind nur die Methode, mit der wir Schlüsse ziehen und Folgen vorhersagen. Sie sind unser inneres Modell der Gesetze von Ursache und Wirkung.

Der Inhalt ist das, was in der Logik «Axiom» heißt. Ein Axiom kann aus nichts abgeleitet werden, sondern muss beweislos als wahr angenommen werden. Aus ihnen folgt nach den Denkregeln der Logik alles andere.[14] In der Wahrnehmung entspricht den Axiomen das, was die Entscheidungstheoretiker eine Heuristik nennen und die Bayesianer die A-priori-Verteilung. Wir haben es weiter vorn Vorurteil genannt. In unserem inneren Erleben erfahren wir diese Vorurteile als Gefühle.

Erinnern Sie sich ans Logikrätsel aus der Einleitung? Die Vokale und Zahlen auf den Karten standen für die Jugend-

«Denken ohne Gefühl». Oder auch «Gefühl ohne Denken». Welche Variante besser als Titel passt, müssen Sie selber wissen. Oder fühlen.

lichen und den Alkohol auf einer Party. Die beiden Situationen waren ihrer logischen Struktur nach identisch, schienen aber für die meisten aus unterschiedlichen Universen zu kommen und führten deshalb auch zu unterschiedlichen Entscheidungen. Entsprechend ist auch beim Trolley-Problem die logische Analyse der Situation nicht das Ende des Entscheidungsprozesses, sondern sein Anfang. Es kann nicht die Aufgabe des bewussten und rationalen Denkens sein, uns die Entscheidungen abzunehmen. Vielmehr dient es dazu, die vorgefundene Situation zu analysieren, damit man im Idealfall falsches Handeln vermeidet.

Mittels der besten Modelle, die die Erfahrung dem Geist zur Verfügung stellt, will rationales Denken so sorgfältig wie eben möglich die erwarteten Folgen aller Entscheidungen abschätzen. Aber damit ist ja noch nichts beschlossen, sondern nur vorhergesagt, was passieren würde, *wenn*. Um zu einer Entscheidung zu kommen, wägen wir Vor- und Nachteile gegeneinander ab. Und diese Abwägung und Bewertung sind in gewissem Sinn das Gleiche wie unsere Gefühle. So löst sich der Versuch, ohne Gefühle rational zu entscheiden, in einem Logikwölkchen auf. Es ist unmöglich. Entscheidung ohne Gefühle heißt Lähmung.

Aber das umgekehrte Extrem, Gefühle ohne Rationalität, ist womöglich noch problematischer. Rationalität ist, wie jeder weiß, eine kostspielige Anschaffung. Wer schlau sein will, muss mehr essen als ein Tier, das sich mit weniger Hirnschmalz zufrieden gibt. Er muss viele Denkfehler machen, um aus ihnen zu lernen, doch Denkfehler sind oft folgenschwer. Gäbe es keine Spiele, kaum jemand könnte sich leisten, das Denken richtig zu lernen.

Aufmerksamkeit und geistige Kapazität müssen von der direkten Beobachtung der Umwelt abgezogen und aufs anstrengende Wälzen von Gedanken und das Begrübeln virtueller Szenarien umgeleitet werden. Man läuft also unmittelbar Gefahr, gegen den nächsten Laternenpfahl zu stoßen oder eben den Gorilla zu übersehen, der sich drohend auf die Brust trommelt. Dieser Zustand, in dem man sich nicht bewusst mit Situationen beschäftigt, sondern gewissermaßen auf Autopilot durchs Leben saust, wurde von der Psychologin Ellen Langer gründlich erforscht. Sie nennt ihn *Mindlessness*. Das kann man mit Gedankenlosigkeit übersetzen, aber der Begriff bedeutet viel mehr und schließt zum Beispiel das ein, was der Schwabe Unverstand und der Hipster Merkbefreitheit nennen würde. Man kann auch von Unachtsamkeit sprechen, denn das Gegenteil der *Mindlessness* ist die *Mindfulness* oder eben *Achtsamkeit*, die in den letzten Jahren als Gegenmittel zur Merkbefreitheit an Popularität gewonnen hat.

Zur Untersuchung der *Mindlessness* beschäftigte Langer sich mit dem, was uns dazu bringt, anderen Menschen einen Gefallen zu tun. Sie schickte Mitarbeiter zum Kopiergerät in der Bibliothek.[15] Dort warteten sie, bis jemand das Gerät benutzen wollte, und baten darum, vorgelassen zu werden. Der Bitte wurde besonders dann stattgegeben, wenn sie mit einer guten Begründung kombiniert war. Zum Beispiel funktionierte «Lassen Sie mich bitte vor, weil ich es sehr eilig habe?» besser als ein einfaches «Lassen Sie mich bitte vor?». Auch «Lassen Sie mich bitte vor, weil mich eine Frau im Gorillakostüm verfolgt» wäre womöglich durchgegangen. Denn Langers eigentliches Ergebnis war, dass die Begründung keinen Sinn haben musste, um zu wirken. Auch die Frage «Lassen Sie mich bitte vor, weil ich Kopien machen muss?» führte dazu, dass die Leute Platz machten. Obwohl jeder Einzelne aus genau demselben Grund dort war. Langer nannte diese Begründungen Placebo-Information. Zumindest in vielen Alltagssituationen reichen sie schon als Begründung aus. Wichtig ist, dass sie formal wie eine Begründung klingen. Argumente waren für die Überzeugungskraft komplett entbehrlich. Führt man sich das vor Augen, ist nicht mehr ganz so unbegreiflich, wie die Anhänger von Populisten offensichtliche Lügen klaglos unwidersprochen akzeptieren können.

Aus diesem Zustand der *Mindlessness*, in dem die bloße Simulation rationalen Denkens, das Placebo-Denken, das tatsächliche Denken zu ersetzen in der Lage ist, werden wir erst herauskatapultiert, wenn entweder der Einsatz merklich steigt – also nicht nur ein paar Minuten Wartezeit auf dem Spiel stehen – oder wenn viel zu gewinnen ist. Oder wenn wir uns ganz bewusst um Konzentration bemühen.

Aber in den meisten Fällen nutzen wir die praktischste Erfindung, die die Natur uns mitgegeben hat, die Kooperation, und verlassen uns *mindless* auf Experten. Was könnte dabei schon schiefgehen?

Die Priester der eiligen Empirie

Wunder und Gefahren der Kooperation – erste Welterklärungsversuche – das Dilemma des Experten – die dritte Stufe des Wahrnehmungsproblems – wem trauen?

So unmöglich es einem einzelnen Insekt wäre, einen meterhohen Termitenhügel zu errichten oder genug Honig zu sammeln, um über den Winter zu kommen, so unmöglich wäre es einem einzelnen Menschen, die Natur der Wirklichkeit zu durchschauen, ein Klavier zu bauen oder ein vom Himmel gefallenes Klavier spielen zu lernen, ohne dabei erst zu verdursten und dann zu verhungern. Erst die Zusammenarbeit in Gruppen macht bestimmte Leistungen möglich, und diese Zusammenarbeit beschleunigt und verbessert nicht nur die Ergebnisse, so manche Probleme und Aufgaben wären für einen Einzelnen überhaupt nicht lösbar. Den Einsiedler, der allein eine Mondrakete baut, können wir als Idee hinschreiben, wir können uns sogar einen Roman ausdenken, in dem jemand diese Großtat vollbringt, tatsächlich geben wird es ihn aber nicht.

Nun aber hat die menschliche Kooperation, so wichtig sie als Werkzeug ist, ein eingebautes Problem, mit dem sich zum Beispiel die staatenbildenden Insekten nicht herumschlagen müssen. Eine Biene kann sich darauf verlassen, dass die Kollegin in der Wabe nebenan so sauber wie möglich gearbeitet hat und dass ihr selber deshalb nicht der Honigdeckel beim ersten Windstoß auf den Kopf fällt. Beim Schwänzeltanz muss keine Arbeiterin sich fragen, ob die Vortanzende vielleicht ein besonders üppiges Blütenmeer gefunden hat und jetzt den ganzen Stock in die Gegenrichtung lockt, um es unbehelligt allein leerschlürfen zu können. Die Bienen sind alle eng miteinander verwandt, und ihre Kooperation hat keinen doppelten Boden.

Unter uns Menschen stellt sich die Lage etwas anders und komplizierter dar.

Wahrnehmen ist ein saures und hartes Geschäft in einer irrtumsstrotzenden, verrauschten Welt, und alle Irrtümer zu vermeiden ist schon rein theoretisch unmöglich. Aber selbst wenn wir es nur so gut machen wollen, wie es eben theoretisch möglich wäre, wenn wir individuell und als Gesellschaft ideale Beobachter im Bayesianischen Sinn sein wollten, müssten wir einen Aufwand des Hinsehens und Drübernachdenkens betreiben, für den kein Äffchen der Welt Zeit haben kann, das nebenbei auch noch etwas essen, sich fortpflanzen, gelegentlich schlafen und aus unerfindlichen Gründen am Sonntag Abend den Tatort sehen will.

Entsprechend hilflos zusammenphantasiert waren auch die ersten Theorien der Menschheit über die Weltzustände. Unwetter? Die macht ein zorniger Kerl mit einem großen Hammer. Tiere? Hat sich ein merkwürdiger Mann mit Superkräften ausgedacht. Die Felder verdorren und wir hungern? Vermutlich muss mehr getanzt werden. Oder vielleicht eine Ziege umgebracht (oder ein Sportwagen gegen den Baum gesetzt, falls wir die falsche Tür aufgemacht haben). All diese Geschichten und Modelle über die Welt sind natürlich gründlich falsch, aber wenigstens glaubten ziemlich viele Menschen gemeinsam an sie und erzeugten dadurch sozialen Zusammenhalt, und das war ein Anfang.

Nach und nach kam durch fortgesetztes gemeinschaftliches Beobachten ein wenig Klarheit ins Wirrwarr. Verantwortlich dafür waren Menschen, die sich auf den seltsamen Sport spezialisiert hatten, Beobachtungen anzuhäufen und zu sortieren und über Zusammenhänge nachzudenken. Als das Ganze noch kein rechtes System hatte, nannte man sie Spinner, später dann Philosophen, und heute heißen diese Leute eben Wissenschaftler. Die ganze Zeit über taten sie ihr jeweils Möglichstes, um das zu erreichen, was laut David Hume unmöglich sein sollte: aus vielen einzelnen Beobachtungen allgemeine Gesetze und Modelle abzuleiten, mit denen sich die Zukunft vorhersagen lässt.

Damit all ihre Erkenntnisse für den Rest von uns, der sich auf andere Dinge wie Brotbacken oder Bücherschreiben spezialisiert hat, von Nutzen sein können, müssen wir auch diesen Experten, genau wie ihren schamanischen und religiösen – seien wir großzügig und sagen ruhig: Kollegen – ihre Ergebnisse mehr oder weniger grundlos glauben.

Die wissenschaftliche Methode hat sich ja selbst das Ziel gesteckt, durch das Sammeln objektiver Fakten die Wahrheit zu finden. Aber in diesem ganzen Projekt steckt ein bedauerliches praktisches Paradoxon. Wenn es einem einzelnen Menschen möglich wäre, ausreichend Fakten zu sammeln, um sich dann aus eigener Erfahrung darüber sicher zu sein, was die Welt im Innersten zusammenhält, dann bräuchte es ja gar keine Arbeitsteilung und keine Wissenschaftler.

Es ist also das Prinzip dieser Arbeitsteilung, dass der Experte zu Schlüssen kommen kann, die Nichtexperten nur mit jahrelangem Aufwand selbst nachvollziehen könnten. Und diese Schlüsse müssen wir Laien dem Wahrnehmungsexperten dann einfach glauben, so sorgfältig und offen er sie auch belegt. Denn erstens, halten Sie Herrn Hume entgegen, gibt es ja sowieso keinen vollständig überzeugenden Beleg irgendwelcher Gesetze. Beweisen kann der Wissenschaftler also grundsätzlich schon mal gar nix. Aber wichtiger noch: Nicht einmal die Sorte von Beleg, die es praktisch gibt, ist für alle vollständig nachvollziehbar. Das ist in der Regel der Nachweis, dass das in der Vergangenheit Beobachtete mit geringerer Wahrscheinlichkeit als 1 zu 20 Zufall war und sich deswegen womöglich auch in Zukunft fortsetzen wird. Doch wir haben weder die Zeit noch das Fachwissen, um das nachzuprüfen, müssen also darauf vertrauen, dass der Experte seine Arbeit nach bestem Wissen erledigt hat und keine heimlichen Absichten hegt. Wir müssen davon ausgehen, dass man ehrlich mit uns kooperiert.

Der Wissenschaftler, der sich durch jahrelanges Training Expertenwissen darüber angeeignet hat, wie man aus Chaos Regeln heraussiebt und wie man im Wirbelsturm der Täuschung möglichst nahe ans stille Auge der Wahrheit heranrobben kann, ist für die meisten der Gemeindemitglieder nichts anderes als ein Priester in der Kirche der Empirie. Entweder glaubt man ihm – oder eben nicht.

Wenn wir uns ansehen, was Kooperation genau ist und nach welchen Regeln sie funktioniert, haben wir allen Grund, misstrauisch zu sein. Zumindest sagen uns das unsere Instinkte. Denen aber auch nicht wirklich zu trauen ist.

Damit haben wir die dritte Stufe des Wahrnehmungsproblems erreicht. Unsere Wahrnehmungsrakete hat nicht nur den festen Boden, sondern auch jede atembare Atmosphäre weit hinter sich gelassen. Wir befinden uns im freien Fall. In der ersten Stufe ging es um die Frage, ob und wie wir selbst korrekt wahrnehmen können und wo unsere Grenzen dabei liegen. Die Nachrichten waren unerfreulich, Irrtümer sind unvermeidlich. In der zweiten Stufe haben wir erkannt, dass unsere einzige Hoffnung das Bündeln möglichst vieler Informationen aus möglichst vielen Quellen ist. Im Idealfall findet dieses Bündeln kooperativ und durch gemeinsame Forschung statt. Aber in der dritten Stufe müssen wir erkennen, welchen Experten wir vertrauen können. Wir müssen wahrnehmen, wer von all den anderen Wahrnehmenden uns die Wahrheit sagt und wer uns anlügt.

Ja, hört das denn nie auf? Ist denn wie in der hinduistischen Mythologie alles seit dem Schöpfungsmoment nichts als Täuschung, nichts als Maya, die Schöpfergöttin aller Illusion? Oder ist Maja doch eine freundliche Biene, deren Schwänzeltanz uns den richtigen Weg zu den bunten Wiesen des Wissens zeigt?

Und: Sind solche blöden Wortspiele denn wirklich angebracht, wo es um nichts weniger als die Wirklichkeit selbst geht?

Scheinbar ja.

Von Magiern und Trickbetrügern

Täuschung als unterhaltsames Verbrechen – von der Mustererkennung in die Irre geführt – Münzen aus dem Nichts – die Fehlbarkeit der Experten – wer nicht schreibt, bleibt nicht – von Fälschungen und Frisuren – wieso alles zur Hälfte falsch ist

Die Aufgabe eines Magiers ist es, uns durch geschickte Manipulationen dazu zu bringen, ihm etwas Falsches nicht einfach nur zu glauben, sondern es so wahrzunehmen, als sei es wahr. Sollen wir jemand anderem etwas glauben, bleibt immer ein Rest Zweifel, aber wenn wir es *mit unseren eigenen*

Augen gesehen haben, wenn wir es *selbst gehört* haben, dann würde der Zweifel ja den Glauben an uns selbst untergraben, und das wollen wir uns nur sehr ungern leisten.

Zauberkünstler und Trickbetrüger sind eng verwandte Berufe. Sie repräsentieren die dunkle und die helle Seite derselben Macht über Wahrnehmung und Wirklichkeit, und im Übergangsbereich zwischen den beiden wird es schnell ein wenig neblig. Wann ist eine Täuschung eine Dienstleistung, und wann ist sie eine Untat?

Penn Jillette, der als die redende Hälfte des Duos *Penn und Teller* einer der bekanntesten Zauberkünstler der Gegenwart ist, spricht dieses Problem in einer Zauberperformance direkt an. Jillette sieht die moralische Grenze naheliegenderweise dort, wo das Opfer der Täuschung zuvor sein Einverständnis gegeben hat. Wer weiß, dass er betrogen werden wird, zum Beispiel, weil er im Publikum einer Zaubershow sitzt, den darf man auch betrügen, selbst wenn (und das ist der knifflige Teil) es Teil des Betrugs ist, dass der Betrogene nicht genau weiß, was mit ihm passiert. Fehlt dieses Einverständnis, dann verstößt die Täuschung gegen die Regeln kooperativer Zusammenarbeit und wir haben es wirklich mit Betrug zu tun, mit Lügen, mit Propaganda, mit Bullshit im Frankfurt'schen Sinn.

Der langjährige Partner Penns, der sich gerichtlich von seinem Vornamen befreien ließ und in dessen Pass seitdem nichts als der Name *Teller* steht, bleibt bei den Auftritten des Duos stumm. Er wirkt oft naiv und liefert dem eloquenten und ein wenig bedrohlichen Penn damit einen Kontrast, aus dem sich allerhand komische Funken schlagen lassen. Dass Teller aber weder stumm noch naiv ist, konnte man auf einer Tagung zur «Magie des Bewusstseins» erleben. Die Organisatoren waren die Neurowissenschaftler Stephen Macknik und

Susana Martinez-Conde, die gemeinsam auch den *Illusion-of-the-Year*-Wettbewerb veranstalten. Anlässlich der Tagung versammelten sich 2007 in Las Vegas einige der größten Namen aus Wahrnehmungsforschung und Bühnenmagie zu einer gleichermaßen kuriosen wie völlig natürlichen Schnittmenge. In seinem Beitrag zur Tagung (man findet ihn unter dem Titel «Teller Speaks!» auf Youtube) demonstrierte Teller zunächst einige Münztricks. Er zog immer neue Münzen scheinbar aus dem Nichts hervor, eine nach der anderen, und ließ sie alle unter lautem Geschepper in einen Blecheimer fallen. Egal, wie aufmerksam man das Ganze beobachtet, Magie oder ein manipuliertes Video scheinen die einzigen Erklärungen für das zu sein, was da geschieht.

Der Eindruck des Publikums, dass hier ganz offensichtlich die Naturgesetze verletzt werden, beruht auf einer Annahme, die wir so instinktiv treffen, dass wir sie uns nur unter Mühen bewusst machen können. Und sie lässt sich deshalb wie alle instinktiven Annahmen besonders leicht für Täuschung und Betrug missbrauchen. Oder eben, auf der hellen Seite der Macht, zur Unterhaltung des Publikums.

Diese Annahme besagt, dass alles, was wiederholt und mit ähnlichem Ergebnis passiert, nach den gleichen Regeln abläuft. Das ist die instinktive Verankerung des Induktionsprinzips in unseren Hirnen, und das wirkt sich aus, wenn unsere Gehirne nach Mustern suchen. Zur Demonstration sammelt Teller ein Dutzend Münzen erst aus der Luft, dann aus Haaren und Brillen seiner Zuschauer in einen Blecheimer. Jedes Mal, wenn wir als Beobachter gerade triumphierend verstanden zu haben glauben, wie der Trick funktioniert, wechselt der Magier die Methode.

Nachdem ein paar Münzen wie aus dem Nichts in seiner Hand erschienen sind, ist die einzig mögliche Erklärung, dass sie schon vorher darin gewesen sind. Und sobald unser Wahrnehmungssystem diesen – richtigen – Schluss gezogen hat, zeigt Teller uns seine leere Hand und hat kurz danach wieder eine Münze darin, die aber diesmal woanders herkam. Unsere Wahrnehmung ist so schnell aber nicht in der Lage, die Laufrichtung zu wechseln. Und anstatt anzunehmen, dass sich soeben das Prinzip geändert hat, nach dem hier Münzen hervorgebracht werden, verwirft unsere Wahrnehmung die richtige Erklärung und fängt an, nach einer neuen zu suchen, die auf alles bisher Geschehene passt.

Die gibt es aber nicht. Was am Ende der Nummer übrig bleibt, ist das atemlose Gefühl, wirklicher Magie beigewohnt zu haben, einer Verletzung der Gesetze, nach denen die Welt funktioniert. Und dieses Gefühl, dass es eine größere Welt gibt, in die wir gerade den ersten Schritt getan haben, ist so verführerisch, dass wir auch gar nicht zu genau hinsehen wollen.

Denn natürlich ist stattdessen nur mal wieder unser untrainierter Wahrnehmungsapparat an seine immer wieder überraschend engen Grenzen gelangt. Der evolutionäre Druck auf den Alltag der Primaten führte dazu, dass diese nach Mustern und Regeln suchten, während sie in kleinen Gruppen durch die Savanne zogen. Und im Alltag kleiner Gruppen kommt man mit recht schlichten Regeln zurecht. Zwei andere Affen essen dasselbe und werden krank? Gift! Ein Kranker bekommt einen Tee und wird gesund? Wirksame Medizin! Jemand zieht mir Blechscheiben aus den Haaren? Magie!

Aber in der modernen Gesellschaft stehen die Gesetze der Statistik, die uns die Evolution mitgegeben hat, nicht einfach nur Kopf. Sie tanzen dreidimensionalen Tango mit uns. Unsere Bauchgefühle zu Ursache und Wirkung sind so unzuverlässig, dass ein hinreichend geschickter Magier uns in beinahe religiöses Erstaunen versetzen kann.

Wieder scheinen Experten der Ausweg zu sein. Ein guter Experte weiß nicht einfach nur mehr als ein Laie, er empfindet auch anders. Sein Bauchgefühl und seine Intuition müssen nach jahrelangem Training doch viel genauer sein. Allerdings sind diese Experten, die Wissenschaftler, weder perfekt noch per se vertrauenswürdig, ja sie können irren, wie folgende Episode illustriert: Penn und Teller haben seit einigen Jahren im amerikanischen Fernsehen eine Sendung namens «*Fool Us!*», in der eingeladene Magier ihre Zaubertricks vor Publikum und vor allem vor Penn und Teller vorführen. Das Ziel ist es, einen Trick vorzuführen, den Penn und Teller nicht durchschauen. Ein anschauliches Beispiel für die Grenzen auch von Experten lieferte Gastmagier Chris Rose mit einer verblüffend einfachen Idee. Er bat Teller und die Moderatorin Alyson Hannigan zu sich auf die Bühne und forderte sie auf, alles nachzuahmen, was er ihnen vormachte. Die beiden tunkten also wie er einen Keks in ein Glas Milch, zerkauten und schluckten ihn gemeinsam und tranken dann das Milchglas leer. Die ganze Zeit beobachtete Teller dabei mit Adleraugen den neben ihm stehenden Rose und wartete auf den entscheidenden Kniff.

Nach einer Pause spuckte Rose einen Teil der Milch zurück ins Glas. «Sie haben verloren», sagte Rose mit verlegenem Lächeln, entschuldigte sich für den billigen Trick und tupfte sich den Mund mit einer Serviette ab. Das Publikum lachte. Dann aber hob Rose dramatisch seine Hand, bat erneut um Aufmerksamkeit und zog auch den Keks unzerkaut wieder aus dem Mund.

Ein schöner Effekt, aber viel wichtiger für uns ist, dass Penn und Teller, die jede Bewegung Roses aufmerksam und in voller Erwartung einer kommenden Täuschung verfolgt hatten und die selbst seit Jahrzehnten mit derartigen Tricks arbeiten, nicht sagen konnten, wie Rose das gemacht hatte. Ihre Erklärung war nach kurzer Diskussion, dass er den Keks im Mund behalten und nur zum Schein zerkaut haben musste. Sieht man sich Roses Auftritt ein zweites Mal an, kann man diese Fehleinschätzung kaum begreifen, denn dann ist der Moment, in dem Rose sich beim Abtupfen der Lippen einen neuen Keks aus der Serviette in den Mund schiebt, kaum zu übersehen. Und doch haben die selbsterklärten größten Experten für magische Täuschungen der Welt eben das getan. Sie haben glatt den Gorilla ignoriert, der sich vor ihren Augen einen Keks in den Mund schob.

Aber uns kann das kaum überraschen, denn wir haben inzwischen verstanden, dass Experten und Wissenschaftler nichts grundsätzlich anders machen können als Laien. Sie tun es einfach nur ein bisschen effektiver, mit einem Ergebnis, das im Idealfall ein bisschen besser ist. Sie können sich dabei genauso ehrlich irren wie alle Nichtexperten.

Doch das ist nur das kleinere von zwei Problemen. Das andere folgt direkt aus der Tatsache, dass Experten zumindest zum Teil den Gesetzen der Kooperation unterliegen müssen, die wir im Gefangenendilemma kennenlernten und die durchaus große Schwächen und blinde Flecken haben. Wissenschaftler stehen heute unter enormem Druck, neue Ergebnisse vorweisen zu können. Die Formulierung *Publish or perish,* also «Publiziere oder verschwinde», überzeichnet die Dramatik der Lage auf keinen Fall. Wer nicht regelmäßig veröffentlicht, verlässt früher oder später ein System, das ihn oft jahrelang eher schlecht als recht behandelt hat. Viele Nachwuchswissenschaftler machen die Arbeit der Professoren zu

Dumpinggehältern und zahlen teils nicht einmal in die Sozialversicherungskassen ein. Scheitert die wissenschaftliche Karriere, ist das nicht nur ein persönlicher Tiefschlag, sondern meist auch eine Bedrohung der Existenz.

Dieser Druck kann ausgesprochen unschöne Folgen haben. Sehr selten nur kommt es zu systematischem Betrug wie im Fall des deutschen Physikers Jan Hendrik Schön, der in zahlreichen Artikeln nachweislich gefälschte Daten publiziert hatte. Die Veröffentlichung Dutzender seiner Arbeiten wurde daraufhin von den Zeitschriften, in denen sie erschienen waren, widerrufen. Die Universität Konstanz ging sogar den ungewöhnlichen Schritt, Schön wegen der späteren Fälschungen den Doktortitel abzuerkennen, obwohl an seiner Doktorarbeit nichts zu beanstanden gewesen war. Wer hier die Universität zurückschlagen sieht, quasi *Tit for Tat* am Werk, liegt vermutlich nicht ganz falsch. Ein größerer Bruch der Kooperationsprinzipien ist in der Welt wissenschaftlicher Arbeitsteilung kaum denkbar.

Aber diese aufsehenerregenden Fälle sind außerordentlich rar. Viel häufiger führt der Druck dazu, dass Wissenschaftler bewusst oder unbewusst ihren Daten eine schönere Frisur verpassen.

Erinnern Sie sich an unser Beispiel mit den Fußballwetten.

Wenn Sie ein neues Präparat gegen Schnupfen entwickeln wollen, können sie zum Beispiel eine breite Palette von Pflanzenextrakten an Schnupfenkranken ausprobieren. Man nennt das eine *Fishing Expedition,* wir werfen alles raus, was wir haben, und sehen mal, was anbeißt. Das wissenschaftliche Kriterium für die Wirksamkeit eines Präparats ist wie immer die Signifikanz. Das heißt, Sie müssen nicht nur zeigen, dass die Patienten mit Ihrem neuen Präparat schneller gesund wurden als mit einem Placebo. Sie müssen auch zeigen, dass die Wahrscheinlichkeit, dass das rein zufällig passierte, unter fünf Prozent liegt.

Wenn Sie aber insgesamt hundert solcher Präparate getestet haben, dann werden selbst in dem Fall, dass alle hundert wirkungslos sind, ungefähr fünf dabei sein, die locker über diese Signifikanzschwelle springen. Das sind fünf Artikel, die man schreiben könnte. Um es direkt klar zu sagen: Das ist keine Schwäche der wissenschaftlichen Methode. So vorzugehen, wäre nicht nur ein grober methodischer Fehler, es wäre Betrug. Wer dabei erwischt wird, hat ernste Folgen zu erwarten. Denn wer hundert Präparate testet, muss aus genau diesem Grund die Wirksamkeit mathematisch anders überprüfen, als wenn er nur eins testet, und alle wissen das.

Aber dem fertigen Artikel könnte zunächst niemand mehr ansehen, dass hundert Präparate getestet wurden. Darin stünde: Wir haben ein Präparat getestet, und es hat signifikant gegen Schnupfen gewirkt. Keine Spur von den 99 anderen Präparaten, die verworfen wurden. Nun ist dieser Fall nahezu so dramatisch und überzeichnet wie Schöns Betrugsskandal. In der Praxis wird er kaum vorkommen.

Aber wie läuft die Suche nach einem Präparat tatsächlich ab? Zunächst testet man allerlei mögliche Kandidaten. Einige dieser Tests werden frühzeitig abgebrochen, weil sich keine Linderung abzeichnet. Andere scheinen zunächst Hoffnung zu machen, werden dann eine Weile ausprobiert, ehe man auch sie schließlich verwirft. Man müsste alle Tests, die man danach durchführt, für jedes Mittel, das man zuvor schon ausprobiert hat, ein wenig verschärfen.

Selbst wenn man alles richtig machen möchte, ist es im Alltag der Forschung nicht immer einfach, die richtigen Mittel auszusortieren. Die eingebaute Falle dürfte uns bekannt vorkommen: Ist der Wissenschaftler zu vorsichtig bei der

Korrektur, wird er Ergebnisse verwerfen, die zutreffen und die man hätte veröffentlichen können. Ist er nicht vorsichtig genug, veröffentlicht er bloßen Zufall, den niemand sonst wiederholen kann.

Und da stehen wir wieder vor unserem Grunddilemma, dass wir Fehler nicht vermeiden können. Wir können uns nur entscheiden, welche Sorte von Fehlern wir vorrangig begehen wollen. Entweder wir halluzinieren Medikamente, die es nicht gibt, oder wir verwerfen aus Vorsicht ein Präparat, das wirklich hätte helfen können. Im einen Fall haben wir eine Veröffentlichung (vorausgesetzt keiner der Korrekturleser findet die Schwäche), im anderen Falle haben wir keine.

Was denken Sie wohl, was viele Wissenschaftler tun, wenn allzu großer wirtschaftlicher Druck auf sie ausgeübt wird? In einer idealen Welt würden derartige Irrtümer gefunden, weil ein anderes Forscherteam nachgeprüft hätte, ob Ihr Schnupfenpräparat tatsächlich wirkt. Und wenn Ihr Ergebnis darauf beruht, dass Sie all Ihre vorigen Fehlversuche verschwiegen haben, dann verlieren Sie an Ansehen und die Wissenschaft kontrolliert sich selbst. Ein sinnvolles System voller Kontrollen und Rechtfertigung. Aber das ist, wie gesagt, der theoretische Idealfall.

In der Praxis läuft der Hase leider anders. Es wird schlicht so viel geforscht und zudem an Spezialproblemen, dass Untersuchungen, die keine besondere Aufmerksamkeit erregt haben, oft für lange Zeit gar nicht wiederholt werden. Einem ordentlichen Wissenschaftler gehen schließlich niemals die eigenen Fragen aus. Die Studie eines anderen Teams zu wiederholen, ist meist mühsamer als die Durchführung einer eigenen. Zudem hat ein Ergebnis, das nur ein anderes bestätigt, geringen Nachrichtenwert. Aber auch wenn sich das Ergebnis der Kollegen als falsch herausstellt, bekommt man es mit einer weiteren Hürde zu tun. Damit die statistischen Methoden funktionieren, muss man sauber gearbeitet haben. Alle Irrtümer, die sich in die Daten schleichen, sei es zum Beispiel aufgrund von schlecht eingestellten Messgeräten, von Schreibfehlern oder schlechter Vorbereitung der Probanden, können dazu führen, dass der Signifikanznachweis schiefgeht.

In der Praxis dann veröffentlicht Team H aus B, dass Basilikumextrakt ein wirksames Präparat gegen Schnupfen sei. Der Redakteur einer Zeitschrift freut sich über einen neuen Aufsatz und veröffentlicht das Ergebnis. An dem schließlich nichts auszusetzen ist und das zudem zu der Sorte Resultat gehört, die Zeitungen gerne aufgreifen. «Heilung aus dem Kräuterbeet», titelt es nun allenthalben, Allgemeinmediziner raten Schnupfenpatienten zu intravenöser Pestogabe, und die Titelseiten der einschlägigen Popularisierungszeitschriften sind voller von Barilla gesponserter Nudelfotos.

Team N aus W kennt sich mit Schnupfen aus und überprüft dieses Ergebnis. Man stellt fest: Es lässt sich nicht bestätigen. Die Probanden werden grün im Gesicht (das kann aber auch am Schnupfen liegen), Wirkung hat das Grünzeug keine. Und nun werden der Redakteur und die offiziellen Korrekturleser plötzlich ganz andere Maßstäbe anlegen. Hat N aus W auch genug Schnupfenkranke untersucht? Waren das nicht möglicherweise basilikumresistente Schnupfenkranke? War das zur Kontrolle gegebene Korianderpesto nicht vielleicht auch am Geschmack zu erkennen? Die Studie wird viel mehr angezweifelt und in der Regel am Ende nicht veröffentlicht.

Und wenn Sie jetzt glauben, das Ganze klingt nach einer erfundenen Räuberpistole von der Pestopastapiste, dann machen Sie sich auf etwas gefasst. Der beschriebene Effekt heißt in der Fachliteratur die *Replication Crisis* und wird seit etlichen Jahren mit großer Besorgnis beäugt. Der Mediziner John Ioannidis von der Stanford University hat sich besonders darum verdient gemacht, dieses Problem ordentlich zu belegen, und kommt zu verstörenden Schlussfolgerungen. Eine seiner meistzitierten Arbeiten hat den Titel «Warum die meisten veröffentlichten Forschungsergebnisse falsch sind».[16]

Wir brauchen in die Details der Debatte hier nicht einzusteigen. Klar ist, dass die Experten aus der Wissenschaft ein Glaubwürdigkeitsproblem haben – und das ist geradezu tragisch. Denn es ist ja die Bereitschaft, das eigene Tun immer wieder in Frage zu stellen, Vorurteile zu verwerfen und den Bayesianischen Prior aus dem Fenster zu stürzen, die die Wissenschaft allen anderen Methoden so überlegen macht.

Selbst wenn mehr als die Hälfte der Veröffentlichungen nicht stimmt.

Am Ende unserer Reise durch die Prinzipien der Wahrnehmung müssen wir feststellen, dass der Druck, der auf unsere Wahrnehmungssysteme ausgeübt wird, im Privaten unseres persönlichen Erlebens wie in der Öffentlichkeit der Wissenschaft, uns nicht unbedingt in Richtung größerer Wahrheit schiebt. Zeit für ein paar Lösungsversuche, würde ich sagen.

ZUM SCHLUSS: FÜR EINE NEUE AUFKLÄRUNG

Anosognosie – All Around My Brain

Elefanten ohne Anosognosie – soll man Vremden fertrauen? – die Unwirksamkeit der Argumente der anderen – implizite Stereotypen – Massenhysterie, damals und heute – die Nichterkenntnis der halbräumlichen Nichtachtung – Zusammenbruch der Vorurteile

Sprechen wir direkt über den Elefanten im Raum, bevor er uns das Porzellan zerbricht.

Wie bitte? Sie sehen hier keinen Elefanten? Na, aber da steht er doch, neben dem Gorilla und mit einem Fuß im Pestotöpfchen. Er ist die ganze Zeit schon lautstark durch dieses Buch gestapft. Aber es gehört eben zum Wesen dieses Elefanten, dass wir ihn nicht sehen.

Immer wieder sind wir demselben Problem begegnet: dass wir die Grenzen und Lücken unserer Wahrnehmung nicht wahrnehmen. Unsere Wahrnehmung macht notwendig Fehler. Unsere Intuitionen für Wahrscheinlichkeiten und die Qualität von Belegen sind nahezu unbrauchbar. Unser rationales Denken basiert auf Gefühlszuständen, ebenso wie unsere Entscheidungen. Einen freien Willen kann es nicht geben. Unser einheitliches Ich ist eine Illusion, die unser Gehirn auf die innere Leinwand projizieren würde, wenn es sie gäbe, aber es gibt sie nicht. All diese kognitiven Schwächen versuchen wir auszugleichen, indem wir jenen vertrauen, die im Wahrnehmen und Begreifen besser sind als wir.

Im Normalfall aber basiert Kooperation nicht auf Argumenten und Überzeugungsarbeit, sondern lediglich auf deren Simulation: auf der kritiklosen Übernahme der Meinungen unserer Freunde und Vorbilder. Wir verlassen uns einerseits auf diejenigen, mit denen wir gefühlsmäßig auch in Zukunft eine Zusammenarbeit erwarten, und andererseits auf Menschen, die wir so oft sehen und von denen wir so oft hören, dass wir sie irrtümlich ebenfalls zu dieser Gruppe rechnen. Politiker, Journalisten, Autoren und Schauspieler können darunter fallen.

Jene, von denen wir keine weitere Zusammenarbeit erwarten, die uns widersprechen, die anders aussehen als wir, die auf der Durchreise sind, kurz: alle Angehörigen einer warum auch immer von uns als kulturell abweichend empfundenen Gruppe, oder noch kürzer: alle *Fremden* haben kaum eine Chance, uns zu überzeugen, und wären ihre Argumente noch so gut. Diese Spaltung der Welt in vremd und fertraut ist natürlich nichts Neues, aber wenn sie sich wirklich auch auf unsere scheinbar rationalen Überzeugungen auswirken sollte, hätten wir womöglich ein grundsätzlicheres Problem als befürchtet.

Und die Fakten sprechen leider dafür. Der Psychologe Dan Kahan forscht seit Jahrzehnten im *Cultural Cognition Project* an der Yale Law School über die Vermischung von Argumenten und Gruppenidentitäten. Erst kürzlich veröffentlichte er eine Mammutstudie, in der er bei 2000 US-Amerikanern zunächst mit einem eigens entworfenen Fragebogen den Stand ihrer wissenschaftlichen Bildung ermittelte und ihre weltanschauliche und politische Selbsteinschätzung abfragte.[1] Welcher Partei gehören Sie an? Sind Sie religiös? Sie Sie konservativ? Nach diesem Vorgeplänkel fragte er die Teilnehmer nach dem Wahrheitsgehalt verschiedener Aussagen. Und fand ein faszinierendes und beunruhigendes Muster.

Glaubt die Wissenschaft insgesamt, wollte er etwa wissen, dass menschliche Aktivitäten eine Rolle bei den Klimaveränderungen spielen? Und zweitens: Glauben Sie selbst das? Die richtige Antwort auf Frage eins ist ein klares Ja, und wenig überraschend wurde sie am häufigsten von Akademikern gegeben. Und auch die Teilnehmer selbst glaubten umso mehr an dieses Ergebnis, je höher ihre Bildung war.

Allerdings, und das ist der verstörende Haken daran, traf das nur auf Teilnehmer zu, die sich zu liberalen Anhängern der Demokratischen Partei erklärt hatten. Am anderen Ende des Spektrums standen erklärt konservative Anhänger der Republikaner. Und bei denen fand Kahan das umgekehrte Muster. Hatten die Menschen in dieser Gruppe keine Ahnung von Wissenschaft, so wussten sie zwar, dass die Forschung sich einig ist, stimmten aber selbst nicht unbedingt zu. Und über je mehr wissenschaftliche Bildung Angehörige dieser Gruppe verfügten, desto *weniger* glaubten sie den Experten.

Das wäre weniger beunruhigend, wenn sich die Neigung, nur der eigenen Gruppe zu vertrauen und Unbekanntes abzulehnen, auf Modeströmungen, Streitereien um den besten Sommerhit und virale Katzenvideos beschränken würde. Stattdessen kristallisiert sie zu bösartigen Phänomenen wie Fremdenfeindlichkeit und Massenhysterie. Die im Fundament unserer Wahrnehmung bayesianisch verbauten Vorurteile ziehen sich als Stereotype auch durch die höheren Stockwerke unseres kognitiven Apparates. Und das selbst dann, wenn wir glauben, dagegen gefeit zu sein.

Vor zwanzig Jahren entwickelten Anthony Greenwald, Debbie McGhee und Jordan Schwartz in Seattle den *Implicit Association Test* und versetzten unserem Selbstbild damit einen weiteren Tiefschlag.[2] Die Testpersonen mussten Begriffe danach sortieren, ob sie für Blumen oder Insekten standen, indem sie für Blumen einen linken Knopf drückten und für Insekten einen rechten. Kein Problem. Nach dem gleichen Muster wurden in einer zweiten Runde positive Begriffe wie zum Beispiel Freude von negativen wie Schmerz unterschieden. Auch kein Problem. Im nächsten Durchgang wurden nun beide Aufgaben vermischt, die Teilnehmer mussten also links drücken, wenn entweder Freude oder Petunie auftauchen, und rechts für Schmerzen oder Stinkwanzen. Die Aufgabe ist dann ein wenig schwieriger, und man braucht dafür etwas länger. Nun fügten die Forscher eine weitere Variante hinzu, in der wieder nur Insekten und Blumen vorkamen, aber die Antwortknöpfe wurden vertauscht. Das erforderte eine kleine Umstellung, aber auch das verursachte keine Probleme. Nun kam die fünfte Version. Hier waren wieder alle Begriffe gemischt, und der Antwortknopf für Insekten und Blumen war wieder gegenüber dem Anfang vertauscht. Die Knöpfe für gut oder schlecht blieben aber wie ursprünglich. Wenn im vorigen gemischten Durchgang also positive Begriffe und Blumen zum linken Knopf führten, dann waren es jetzt die Insekten und die positiven Dinge. Das Ergebnis war, dass die meisten Personen deutlich langsamer reagierten, wenn die Insekten mit positiven Begriffen zum selben Knopf führten, als wenn es die Blumen waren.

Die Erklärung der Forscher dafür war, dass wir unbewusst von vornherein Blumen mit positiven Dingen assoziieren und Insekten mit negativen. Wenn die Assoziation und die Kategorie zum selben Knopf führen, reagieren wir schneller, als wenn wir uns erst neu sortieren müssen. Der zusätzliche Denkaufwand kostet uns Zeit. Bis jetzt ist das noch eine harmlose clevere Idee. Insekten sind negativ belegt, fanden die Forscher heraus, und Blumen positiv. Big deal.

Aber als Nächstes ging es anstatt um Blumen um Hautfarbe, und die Forscher stellten fest, dass selbst Weiße, die vehement abstritten, Rassisten zu sein, belegbare Schwierigkeiten damit hatten, eine dunkle Hautfarbe und positive Begriffe in derselben Kategorie unterzubringen. Ob man das nun Bayesianischen Prior, Wahrnehmungsvorurteil oder Denkstereotyp nennt, die Diagnose drängt sich geradezu auf: Wir alle haben diese Schablonen im Kopf, weil wir sie zum Funktionieren unserer Wahrnehmung brauchen.

Und diejenigen, die das am weitesten von sich weisen, sind am stärksten von ihnen betroffen. Stellen Sie sich einen orangehäutigen Mann vor, der andauernd rassistische Dinge sagt und tut und zugleich immer wieder von sich behauptet, der am wenigsten rassistische Mensch zu sein, den man sich vorstellen könne. Zwischen dem Handeln aufgrund von Vorurteilen und dem Leugnen dieser Vorurteile gibt es vermutlich einen Zusammenhang.

Donald Trump ist jetzt schon ein paar Mal durch dieses Buch gegeistert. Er stellt nahezu reinen Bullshit in Menschengestalt dar. Fast jede seiner Äußerungen verrät pures Machtwollen, ohne Rücksicht auf Plausibilität und Wahrheit. Und sein Erfolg zeigt allen, die die Fassade durchschauen, welches Ausmaß das Problem hat. Der Erfolg Trumps und all der anderen Manipulatoren, die ihm ähneln, und die Unterstützung, die ihnen zunehmend zufließt, ist die selbstverschuldete Unmündigkeit unserer Zeit. Aber wo wäre der Ausgang aus dieser Verdunkelung?

Es ist sehr verlockend, das alles für ein neues Phänomen zu halten, das von der blitzartigen Vernetzung durch die sozialen Medien befeuert wird. Daran dürfte viel Wahres sein, und sicherlich verbreiten sich Irrtümer heute schneller als früher. Und war früher nicht ohnehin alles besser?

Aber wer geschichtliche Würze im Eintopf seines Kulturpessimismus schätzt, dem sei das schöne Buch «Zeichen und Wunder. Aus den Annalen des Wahns» des – mal wieder – Schotten Charles Mackay ans Herz gelegt. Es ist 1841 erschienen, und hat man erst einmal von den unterhaltsamen Massenhysterien der Vergangenheit gelesen, zum Beispiel dem Tulpenwahn der Niederlande, kann einen kein aktueller Irrsinn mehr überraschen.

Ganz vermeiden lässt sich der Wahn wohl nicht, denn über die ausgedehnten weißen Flecken unserer Wahrnehmung pinseln wir nur das Selbstbild eines souverän agierenden Schlaumeiers. So wie der blinde Fleck im Auge uns völlig unbekannt war, bis ein Physiologe ihn dort im Jahre 1660 entdeckte, so sind auch all die anderen Störungen in unserem Kopf weitgehend unsichtbar für uns, solange wir uns nicht besonders um sie bemühen. Tritt diese mangelnde Einsicht als neurologisches Symptom auf, hat sie sogar einen der üblichen klingelnden Namen: Anosognosie, das heißt übersetzt aus dem Medizinalgriechischen ins Gestelztdeutsche die «Nichterkenntnis der Krankheit».

Manche Schlaganfallpatienten leiden unter Anosognosie. Ihnen ist nicht nur das Bewusstsein für die eine Hälfte ihres Körpers abhandengekommen, sondern für die Hälfte ihrer gesamten Umgebung. Medizinisch heißt das *hemispatialer Neglect*, man könnte von halbräumlicher Missachtung sprechen. Diese Schädigung tritt auf, wenn der Schlaganfall ein recht genau eingegrenztes Hirnareal im Schläfenlappen betrifft, und hat für den Patienten verstörende Details. Die Hälfte des Raums, die der Patient nicht wahrnehmen kann, ist nämlich nicht einfach nur die Hälfte von allem. Sondern meist eine Hälfte, die sich mit der Bewegung des Patienten oder des Objekts, das er betrachtet, verändert. Ein halb leer gegessener und vom Betroffenen für völlig leer erklärter Teller erscheint dem Patienten wieder voll, wenn er um 180 Grad gedreht wird. Diese Patienten haben sehr oft keinerlei Bewusstsein für diesen Ausfall. Fragt man sie danach, erfinden sie Ausflüchte und scheinbar schlüssige Gründe für das Phänomen, auf dieselbe Weise, wie die in zwei Hälften geteilten Epilepsiekranken sich die Entscheidungen der anderen Hälfte erklärten, als seien es die eigenen gewesen.

Wir alle tragen Tag für Tag etwas mit uns spazieren, das der Anosognosie sehr ähnlich ist. Die allermeisten von uns halten sich für überdurchschnittlich, nicht weil das die Wahrheit wäre, sondern weil dieses Selbstbild extrem wichtig dafür ist, die intuitiven Entscheidungen zu treffen, für die Kahnemans schnelles Denken und die Vorurteile der Bayesianik verantwortlich sind. Wer anfängt, seine Vorurteile zu hinterfragen, wer gar zur Kenntnis nimmt, dass es Beweise gibt, die gegen sie sprechen, der verunsichert sich.

Der Zusammenbruch eines solchen Vorurteils ist ein traumatisches Ereignis, sowohl für einzelne Personen als auch für die Wissenschaft als Ganzes. Der amerikanische Philosoph Thomas Kuhn sprach bei seiner Untersuchung der Momente, in denen Grundannahmen der Wissenschaft über den Haufen geworfen werden, von dramatischen Paradigmenwechseln und stellte fest, dass sie zwar sehr selten sind, dann aber viel Aufregung verursachen.

Wie problematisch es sein kann, lang gehegte Meinungen und innere Modelle zu verwerfen, illustriert folgende Kuriosität aus der Welt unserer Wahrnehmung: Wir haben in unseren Ohren die sogenannten Bogengänge, die aktiv werden, sobald wir uns im Kreis drehen, und unter anderem dafür sorgen, dass wir nicht die Orientierung verlieren. Dauert die Drehung zu lange, stellen die Bogengänge nach einer Weile den Dienst ein – das ist keine Arbeitsverweigerung, sondern liegt an ihrem Bauprinzip. Man kann daraus schließen, dass Karussellfahrten kein evolutionär prägender Faktor für unsere Vorfahren waren.

Ist die Drehung aber zu langsam, nehmen die Bogengänge ihren Dienst gar nicht erst auf, das heißt, sie signalisieren dem Gehirn nicht, dass es sich in Bewegung befindet. Das ist nicht sonderlich dramatisch, denn in der Regel tun das stattdessen die Augen. Wenn nun jemand einen gesunden Menschen *mit verbundenen Augen* auf einen gut geölten Drehstuhl setzt und ihn dann so gründlich ablenkt, dass ein anderer Jemand gleichzeitig sehr langsam den Stuhl des Opfers drehen kann, ohne dass es etwas davon mitbekommt, dann sollten diese beiden Jemande sich sehr schämen. Denn was dem Opfer bevorsteht, wenn ihm die Augenbinde abgenommen wird, ist eine derart intensive Erschütterung über die Diskrepanz aus innerer Vorstellung und äußerer Wirklichkeit, dass es vermutlich vom Stuhl fallen wird.

Ein Astronaut, dem dasselbe bei einer Reparatur in der Schwerelosigkeit passierte, wo er sich in einer kreisförmigen Schleuse so lange unmerklich drehte, bis er Kopf stand, beschrieb einen körperlichen Schock, der ihn durchfuhr und sekundenlang handlungsunfähig machte, während sein Gehirn mit der völlig veränderten Lage klarzukommen versuchte. Ähnlich verstörend ist es, wenn unsere Vorurteile in anderen Bereichen angezweifelt werden – obwohl das der wichtigste Teil sorgfältiger Wahrnehmung ist. Es ist keine wirkliche Überraschung, dass wir unter normalen Umständen diese lähmende Verstörung vermeiden, solange es geht.

Der Mechanismus der Kooperation ist die Arbeitsteilung. Wir *müssen* uns auf andere verlassen, und so glauben wir eben auch das, was viele andere glauben. Zudem hat es für den Einzelnen womöglich schlimmere Folgen, sich mit seiner sozialen Gruppe über eine Meinungsverschiedenheit zu verkrachen, als ihr einen Wahrnehmungsfehler durchgehen zu lassen. Dieses Prinzip der Vermeidung funktioniert aber nur, wenn die Umwelt sich nicht allzu schnell ändert und wenn die Beteiligten immer wieder miteinander zu tun haben – wenn die Meinungsbildung also innerhalb einer echten Gemeinschaft stattfindet.

Es hat also gleich zwei Gründe, wenn in unserer modernen, von Anonymität geprägten Welt mit ihren rasanten technologischen Veränderungen das über lange Zeit erfolgreiche Prinzip des Wissenserwerbs durch Kopieren des Nachbarn versagt. Die Welt ändert sich zu schnell, und mit dem Nachbarn haben wir nur noch so wenig zu tun, dass auf ihn kein Verlass ist.

Das Gesamtbild mutet grimmig an.

Unsere Wahrnehmung ist unvollkommen und vorurteilsbeladen, kommt uns aber objektiv und fehlerfrei vor. Argumenten sind wir nur zugänglich, wenn sie von unseren Freunden kommen, alles andere filtern wir tendenziell weg. Und denen, denen wir aus welchen Gründen auch immer vertrauen, glauben wir nahezu alles.

Es ist wirklich kein Wunder, dass Propaganda und Fehlinformation sich unaufhaltsam verbreiten, es ist die menschliche Natur. Und es ist kein Wunder, dass es Experten und Firmen gibt, die sich das zunutze machen und die gezielte Manipulation der Öffentlichkeit als Produkt verkaufen. Ist es ein Zufall, dass in diesem Klima die sogenannten Rechtspopulisten, die überall auf dem Vormarsch zu sein scheinen, weltweit mit der Angst vor dem bedrohlichen Anderen Stimmung machen?

Was tun?

Wir müssen reden

Aufklärung jetzt!, trotz und wegen der Dialektik – nichts gegen Vorurteile, aber gepflegt müssen sie sein – Scholli Gesangsverein irrt – eine Sechs sieht von der anderen Seite aus wie eine Neun, ist aber trotzdem eine Sechs – Herrschaft der Shitting Bulls – das schlechteste Mittel der Erkenntnis

Als sich Europa schon einmal an einem ähnlichen Punkt befand, als schon einmal Autorität und Scheinargumente (damals von den Kanzeln und aus den Palästen, nicht in Facebook-Gruppen) mehr zählten als aufrichtige Beobachtung, nahm eine Bewegung ihren Ausgang, die sich unter dem Namen Aufklärung tief ins Buch der Weltgeschichte geschrieben hat. Sie suchte einen Ausgang aus der Misere.

Der Kognitionsforscher Steven Pinker argumentiert seit einigen Jahren, dass der Zustand heutiger menschlicher Gesellschaften so schlecht gar nicht ist, wie es uns mit unserem zeitlich und räumlich sehr beschränkten persönlichen Horizont erscheinen will. Gewaltverbrechen und Kriege seien weltweit rückläufig. Wohlstand, Gesundheit und Zufriedenheit nähmen tendenziell zu. In seinem aktuellen Buch «Aufklärung jetzt!» argumentiert er, dass all diese Verbesserungen der Lebensqualität auf das Konto von rationaler Welterklärung, Wissenschaft und Vernunft gebucht werden müssen.

Nun hat die Aufklärung ja seit einer Weile ein Gschmäckle bekommen. Seit nämlich Theodor Adorno und Max Horkheimer der Aufklärung eine ideengeschichtliche Mitschuld an der Barbarei und den Kriegen des zwanzigsten Jahrhunderts zuschrieben und ihr vorwarfen, mit ihrer Überhöhung des erkennenden Verstandes paradoxerweise seine Selbstabschaffung eingeleitet zu haben. Sie erkannten im Kritikwillen des aufklärerischen Gedankens ein Moment, das sich gegen diesen Gedanken der Aufklärung selbst wenden würde. Wer an allem zweifelt, der zweifelt über kurz oder lang auch daran, ob man wirklich an allem zweifeln sollte, und fällt so aus der empirischen Vorsicht ins Gegenteil der dogmatischen Behauptung. Wenn alles fragwürdig ist, kann man sich auf das zurückziehen, was sich gut anfühlt – Adorno und Horkheimer nannten es den Mythos. Aspekte davon finden wir sicherlich in unserem Begriff des Vorurteils wieder oder in der unkritischen Übernahme fremder Meinungen.

Dieser von Adorno und Horkheimer beschworene Selbstzerstörungsprozess der Aufklärung ist längst aus der Philosophie herabgesunken und hat als Scheinargument in der Form des Relativismus Einzug in die Debatten gehalten. Jeder Herr Scholli Gesangsverein, der seine Impfgegnerschaft, seinen Glauben an die Homöopathie, seinen Zweifel an unserer Verantwortung für den Klimawandel oder sein Faible für die Astrologie rechtfertigen will, argumentiert ja, dass die Wissenschaft schließlich auch nicht alle Antworten habe. Der Wissenschaftler glaube eben dieses, und der liebe Herr Gesangsverein jenes, daran sei nichts weiter Besonderes und die Meinungsvielfalt im Übrigen ein Zugewinn für alle. Meinungsdemokratie, was könnte fortschrittlicher sein?

Aber unser lieber Scholli irrt, und zur Demontage dieses Irrtums können wir einen Cartoon heranziehen, der durch die sozialen Netze geistert und den Irrtum eigentlich stützen soll. Darauf stehen sich zwei Männchen gegenüber, die beide ein bisschen wie Hitler aussehen, und am Boden zwischen ihnen ist eine Zahl gemalt. «Sechs», sagt der eine, «Neun» der andere. «Nur weil du recht hast, hab ich nicht unrecht», steht darunter, «du hast das Leben eben noch nicht von meiner Seite aus gesehen.»

Von der anderen Seite aus gesehen ist eine Sechs eben eine Neun. Wir alle können gleichermaßen recht haben, auch wenn wir uns zu widersprechen scheinen. Leben und leben lassen. Peace, man, chill. Der kleine Prinz hätte es kaum besser ins Weltall hauchen können.

Aber denken wir das Ganze einen Millimeter weiter, zum Beispiel mit folgender Lautsprecherdurchsage: «Vorsicht auf Landebahn sechs, da wurde gerade ein Sechzehn-Tonnen-Gewicht abgeworfen». Und schwups, hat einer der beiden recht und der andere nicht. Und wer da recht hat, ist plötzlich nicht mehr unwesentlich, sondern überlebenswichtig.

Dass Meinungsvielfalt gut ist, stimmt natürlich trotzdem – aber nicht, weil alle diese Meinungen gleichberechtigt nebeneinander stehen, sondern weil das dauernde Überprüfen unserer Ansichten und der Vergleich der Alternativen der einzige Weg sind, die Sackgasse des eingefahrenen Stereotyps zu vermeiden.

Mit den Methoden von Pastor Bayes haben wir das Werkzeug, um aus all unseren Theorien jene auszuwählen, die am besten auf unsere Beobachtungen passen, und die abzulehnen, die überhaupt nicht passen. Das wird uns auch allenthalben als Mittel angeboten, um keinen Fehlinformationen aufzusitzen. Seien Sie skeptisch, hinterfragen Sie gründlich, berücksichtigen Sie die Quelle. Je abenteuerlicher die Behauptung scheint, desto mehr Beweise sollten Sie verlangen. Und wenn Sie ahnen, dass dem Überbringer der Nachricht aus Eigennutz nicht egal ist, ob Sie glauben, was er sagt, dann legen Sie ruhig noch eine Extraschippe Zweifel oben drauf.

Seien Sie also ein beobachtender Bürger. Verhalten Sie sich, mit anderen Worten, den Idealen der Aufklärung gemäß, und nutzen Sie Ihren Verstand als Ausweg aus der Unmündigkeit.

Das klingt alles sehr gut.

Aber wie wir im Verlauf dieses Buches gesehen haben, ist das ein bisschen viel verlangt von uns fortgeschrittenen Schimpansen. Wir haben weder den freien Willen noch das Ich noch den Verstand, um den Satz «Ich will immer ordentlich meinen Verstand benutzen» glaubwürdig hundert Mal auf eine Tafel schreiben zu können. Wir haben nicht mal genug Kreide.

Die Aufforderung, selbst der Filter zu sein, in dem der Bullshit hängen bleibt, gefällt uns zwar gut, denn sie unterstellt ja, dass wir klüger sind als der Durchschnitt, der alles glaubt. Und dass wir klüger sind als der Durchschnitt, wollen wir ohnehin schon glauben. Aber für das ordentliche Filtern all der Botschaften, die andauernd auf uns einprasseln, haben wir gar nicht die Kapazität.

Kommen wir auf Scholli Gesangsvereins Satz von oben zurück, wonach Meinungsvielfalt ein Zugewinn ist. Darin liegt noch eine andere Erkenntnis. Dieser Satz stimmt nämlich nur dann, wenn die verschiedenen Meinungen auch ehrlich gegeneinander abgewogen werden und die Beteiligten bereit sind, die überlegene Meinung zu akzeptieren und die unterlegene zu verwerfen. Wenn also tatsächlich Kooperation stattfindet. In einer Situation, in der sich verschiedene Lager feindselig gegenüberstehen, führen Meinungsverschiedenheiten aber nur zur Verschärfung des Tons.

Denn es gibt ja auch noch die Lügner, Propagandisten und Betrüger, die sich die Schwächen der menschlichen Wahrnehmung und Kommunikation zunutze machen, die Information nicht als Gegenstand der Kooperation betrachten, sondern als Waffe, mit der sie ihre persönlichen Interessen durchsetzen. Sie sind die Hauptquelle des allgegenwärtigen Bullshits. Sie sind die Shitting Bulls. Der Rest der Welt nimmt ihr Produkt nur auf und käut es wieder (um ein angemessen unerfreuliches Bild zu verwenden).

Shitting Bulls gibt es überall. Ihr Wesen zieht sie, ebenso wie ihre Seelenverwandten, die Psychopathen, in Positionen von Einfluss und Macht. Wir finden sie darum in Vorstandsetagen und Redaktionen, in Parteien, Regierungen und Geheimdiensten, und sie benutzen ihre eigene Wahrnehmung und die aller anderen als Werkzeug, mit dem sich Handlungen nach Wunsch verändern lassen. Direkt neben ihnen sitzen natürlich auch Menschen, denen es um die Sache geht, aber die Shitting Bulls zu erkennen, ist mitunter gar nicht leicht. Am einfachsten geht es, wie bei der Bestimmung von Vögeln, anhand des Lebensraums. In den Redaktionen der Boulevardzeitungen und den Gremien der populistischen Parteien wird derselbe schräge Vogel viel wahrscheinlicher ein Shitting Bull sein als zum Beispiel in einer gemeinnützigen Stiftung oder der Redaktion der Stiftung Warentest. Auch das sind Vorurteile, aber was von denen zu halten ist, wissen wir ja allmählich. Ihre Manipulationen nutzen den Shitting Bulls kurzfristig, aber weil ihnen die Wahrheit egal ist, gleicht dieses Verhalten langfristig der Tragödie der Allmende. Für ihren eigenen Vorteil geben sie auf, was zum Vorteil aller gewesen wäre.

So wird die Frage, wie wir die Schwächen unserer Wahrnehmung umgehen können, zugleich zur Frage danach, wie wir verhindern können, dass diese Schwächen ausgenutzt werden. Ein Bewusstsein dafür, wo unsere Grenzen liegen, dass sie viel enger sind, als wir selbst glauben, ist sicherlich ein erster wichtiger Schritt. Persönlicher Skeptizismus ist ein weiterer. Und geben wir doch die kuriose Vorstellung auf, Objektivität sei erstrebenswert oder auch nur möglich. Wie soll Objektivität möglich sein, wenn am Anfang aller Erkenntnis ein Vorurteil steht? Stehen wir zur Subjektivität unserer Meinung, machen wir sie öffentlich, aber sorgen wir dafür, dass sie gut begründet ist. Der Aushilfs-Philosoph Gaius Scriptor zitierte in seinem Werk «Vera Mendacia» dazu 2019 eine griechische Weisheit: «Panta prokatalipsi». Alles ist Vorurteil.

Als die westlichen Gesellschaften erkannten, wie korrupt die Tabakkonzerne die Öffentlichkeit manipuliert und die Nachteile ihrer Produkte verschleiert und obendrein auch noch durch eine höhere Konzentration der süchtig machenden Substanzen verschlimmert hatten, setzte eine Bewegung ein, die erst die Tabakwerbung drastisch einschränkte und später den Konsum. Wenn wir im Falle der Zigaretten – von denen der Staat pikanterweise über die Steuer enorm profitiert – zu so drastischen Maßnahmen bereit sind, dann liegt das zum Teil sicher daran, dass wir uns unserer Schwächen gegenüber Suchtmitteln deutlich bewusst sind. Sollte man nicht gegen das Verbreiten von Bullshit auf ähnliche Weise vorgehen?

Eine neue Aufklärung scheint angesichts der Bullshitflut geboten. Vielleicht sollte sie nicht die logische Vernunft als Fackel vor sich her tragen, sondern stattdessen deren Grenzen auf ihre Fahnen malen und innerhalb dieser Grenzen das Bestmögliche zu erreichen versuchen.

Man sagt, dass die Kombination von individueller Wahrnehmung, Wissenschaft und kooperierenden Experten das schlechteste Mittel der Erkenntnis ist – abgesehen von allen anderen, die wir ausprobiert haben.

Und wenn man das sagt, dann muss es wohl stimmen.

ANMERKUNGEN

Einleitung

1 H. G. Frankfurt: On Bullshit, Raritan Review, 6(2),1986.
2 Vermutlich ein Pferd, ein Kätzchen oder ein Sonnenuntergang.
3 Genauer gesagt ist das Internet eine als Datenkrake verkleidete Bullshitkatze, deren niedliche Frage «I can has Bullshits?» man wohl leider mit einem *epic fail* beantworten muss.
4 Im modernen Englisch, das ja noch mehr aus verschiedenen Quellsprachen zusammengenäht ist als das Deutsche, sagt man zu solchen Daten, entlehnt aus der einstmaligen Wissenschaftssprache Latein, «data». Dabei handelt es sich grammatisch um den Plural des Neutrums des Partizips Perfekt des Verbs (oder wenn Sie's gerne drollig mögen: um die Mehrzahl des Mittelworts der Vergangenheit des Tuworts) dare. Dare heißt deutsch geben, ein datum ist dann also ein Gegebenes und data sind mehrere solche Gegebenheiten. Im wissenschaftlichen Sprachgebrauch klafft seit einigen Jahrzehnten ein kleiner, von der Öffentlichkeit selten bemerkter Graben zwischen klassisch gebildeten Wissenschaftlern, die data immer als Pluralform verstanden wissen wollen, bei denen es also immer heißt, «our data are supporting the hypothesis, that snakes are longer than they are wide» (Übersetzt etwa: «Unsere Daten sprechen für die Hypothese, dass die Länge von Schlangen ihre Dicke übertrifft»), während das andere Lager «data» als Sammelbegriff verstehen will und im Singular gebraucht. «The data is clear: climate change is a result of the excessive burning of Midnight Oil» (Ins Deutsche ist dieser Singular nicht direkt übersetzbar, aber ungefähr: «Das Datenmaterial ist eindeutig: Der Klimawandel wird durch das Verbrennen der Betten einer australischen Rockband aus den 80ern verursacht»). Der Streit rechnet zu den Symptomen der Bastiansickness, deren Opfer

sich an der komplett wurschtigen Frage abarbeiten, wer die Hoheit über sprachlichen Oberflächlichkeiten innehat, und strahlt damit das sture Rechthabenmüssen des grammatikalischen Klassenkampfes aus. Die Fakten werden gehört oder ignoriert, ganz egal ob man «the data says» oder «the data say» schreibt. So wie eine Wurst identisch schlecht schmeckt und das bleibt, was beim Tierelend hinten raus kommt, egal ob sie aus «Susis Würstchenparadies» oder aus «Apo's und Kata's Trophengrill» kommt. Das könnte man jedenfalls so denken, im Kopf drin. Denken Sie das? Man könnte natürlich auch das Gegenteil denken. Denn wie man eine Sache ausdrückt, ist fast nie komplett egal. Die Verwirrung um das Wort für die Daten hat einen für die Sache der Wahrnehmung sehr interessanten Kern. Wer nämlich aus der Mehrzahl der Daten sprachlich einen Singular machen will, deckt damit auch die komplizierte Natur der Erkenntnis zu. Der zähe Sumpf einander oft scheinbar widersprechender Einzelbeobachtungen, aus dem sich Theorie und Erkenntnis erheben müssen, bekommt eine Betondecke, auf die die Bauarbeiter vor dem Aushärten Wittgensteins positivistischen Merkspruch gekratzt haben, wonach die Welt eben alles sei, was der Fall ist. Man schaut sich an, wie alles scheint, und schon weiß man, wie alles ist. Aus einem unvermeidlich komplizierten, vielfältigen und widersprüchlichen Prozess wird sprachlich ein schlichtes System von Ursache und Wirkung. Hier die Gesamtheit der Daten als homogener Block, dort die daraus folgende Theorie. Was wohl der Sprachnörgler Bastian Sick dazu sagen würde?

5 «The good thing about Science is that it's true whether you believe in it or not», @neiltyson, Twitter, 14. Juni 2013.

6 C. R. Reid, Tanya Latty: Collective behaviour and swarm intelligence in slime moulds, in: *FEMS Microbiology Reviews*, Bd. 40, Nr. 6, 1, 2016, S. 798–806. Und: S. L. Díaz-Muñoz, R. Sanjuán, S. West. Sociovirology: Conflict, Cooperation, and Communication among Viruses: *Cell Host and Microbe* (2017), *22*(4), 437–441. doi:10.1016/j.chom.2017.9.012

7 Nachzulesen ist die ganze herzzerreißende Geschichte im Buch

«Nim Chimpsky. The Chimp Who Would Be Human» von Elizabeth Hess. Halten Sie Taschentücher bereit.

8 J. Gould: Why Do Honey Bees Have Dialects?, in: *Behavioral Ecology and Sociobiology*, Bd. 10, Nr. 1, 1982, S. 53–56.

9 Man würde als Laie vielleicht erwarten, dass die Testpersonen bei Versuchen experimenteller Psychologen zufällig ausgewählte Vertreter der Bevölkerung sind, die von den Forschern in die Versuchskaninchenkostüme genötigt werden. Das stimmt meistens aber gar nicht. Statt langlöffliger Nagerdarsteller werden oft ausschließlich kurzlöfflige Psychologiestudenten untersucht. Das hat den simplen Grund, dass an den meisten Universitäten Psychologiestudenten als Teil ihres Studiums in die Kaninchenkostüme hüpfen müssen. Studenten sind deshalb in psychologischen Instituten die mit Abstand am einfachsten zu beschaffenden Testpersonen. Ein großer Teil der psychologischen Forschung ist deshalb gar nicht so ohne weiteres auf die allgemeine Bevölkerung übertragbar. Das Problem ist der Branche durchaus bewusst, wird von ihr aber meist ignoriert, in der etwas absonderlichen Annahme, dass Psychologiestudenten dem Bevölkerungsdurchschnitt entsprechen.

10 L. Cosmides, J. Tooby: Cognitive Adaptations for Social Exchange, in: *The Adapted Mind. Evolutionary Psychology and the Generation of Culture*, Oxford University Press, New York 1992, S. 163–228.

11 http://illusionoftheyear.com/2010/05/impossible-motion-magnet-like-slopes/ und http://illusionoftheyear.com/2016/06/ambiguous-cylinder-illusion/
Der Rest der Seite ist natürlich auch einen Blick wert.

12 S. Freud: Eine Schwierigkeit der Psychoanalyse, in: *Imago. Zeitschrift für Anwendung der Psychoanalyse auf die Geisteswissenschaften*, Bd. V, 1917, S. 1–7.

13 W. Güth, R. Schmittberger, B. Schwarze: An Experimental Analysis of Ultimatum Bargaining, in: *Journal of Economic Behavior & Organization*, 3(4), 1982, S. 367–388. doi:10.1016/0167-2681(82)90011-7

Wahrnehmen für Anfänger: Augen auf in der Ursuppe

1 Dieser vereinfachende Gebrauch des Possessivpronomens ist weit verbreitet: Was wissen wir, was können wir sagen, wie wollen wir leben? Es lohnt sich allerdings, einen kurzen Moment innezuhalten und sich klarzumachen, dass zwar die Sprechabsicht durchaus klar ist, dass nämlich das durch das Uns hier gefasste Kollektiv wohl vage für das der Menschheit insgesamt stehen und die Weltanschauung mehr eine abstrakt menschliche sein soll als eine konkrete, die sich historisch geändert hätte. Da aber erstens niemand, der diese Fußnote jetzt liest, Teil der Gruppe der Menschen gewesen sein kann, deren Weltanschauung sich bei Veröffentlichung von Darwins Buch änderte, und da zweitens auch historisch vor der Veröffentlichung keineswegs alle Menschen auch nur annähernd derselben Ansicht über seine Thesen waren, und da das drittens auch heute noch nicht im Geringsten der Fall ist, ist die Erzählung von «unserer» Weltanschauung, die sich durch neue Einsichten modernisiert – und damit meinen wir: verbessert – habe, eine bequeme Lüge. Bequem, weil diese Lüge, die ein Spektrum vielfältiger Einzelmeinungen durch eine einzelne, sich wandelnde Stellvertretermeinung ersetzt und damit quasi aus der Wissenschaft eine Einzelperson macht, so tut, als wäre die Wissenschaft als Ganzes auf dieselbe Weise irrational wie ein einzelner Mensch.

2 Streng genommen ist die Familie der Grundfinken übrigens nur sehr entfernt mit echten Finken verwandt und zählt zu den Tangaren, einer amerikanischen Vogelgroßfamilie. Der Name Darwin-Finken hat sich trotzdem für die ganze legendäre Truppe durchgesetzt.

3 Dieses Argument ähnelt strukturell der Antwort auf einen weiteren Versuch, durch die Hintertür einen Schöpfergott ins naturwissenschaftliche Weltbild zu lassen. Damit auf der Erde Leben entstehen konnte, mussten enorm viele Faktoren zusammenwirken, die physikalischen Gesetze genau die richtige Form haben, die Größe und Temperatur der Sonne, die Beschaffenheit

der Erde, der Abstand der Erde zur Sonne, ihr Magnetfeld. Es ist eine tatsächlich beeindruckend lange Liste von Bedingungen, und jede einzelne davon könnte womöglich, wäre sie nicht eingetreten, die Entwicklung des Lebens in der Form, wie wir es kennen, verhindert haben. Ist ein derartiger Zufall nicht jenseits aller Plausibilität? Muss da nicht jemand eingegriffen und an den kosmischen Würfeln gedreht haben? Der Denkfehler liegt, wie so oft, in einem Missverständnis über das Wesen der Wahrscheinlichkeit. Oder anders ausgedrückt, in einer Fehlwahrnehmung. Unser Gefühl sagt: es ist extrem unwahrscheinlich, dass irgendwo Leben entsteht, und nun hat sich diese geradezu unendliche Unwahrscheinlichkeit ausgerechnet bei uns ereignet. Aber natürlich ist es in Wahrheit umgekehrt so, dass, wo immer gegen alle Wahrscheinlichkeit wahrnehmendes Leben entsteht, es sich dieser Frage gegenübersieht. Warum ausgerechnet hier, warum ausgerechnet wir? Und die schlichte Antwort ist: Wenn es nicht ausgerechnet hier passiert wäre, dann wäre hier niemand, der sich das fragen könnte.

4 L. van Valen: A New Evolutionary Law, Evolutionary Theory, 1973, S. 1–30.

5 Auch wenn sie praktisch immer so genannt wird, ist die Evolutionstheorie keine Theorie im strengen modernen Sinn, weil sie keine Vorhersagen trifft, also nicht falsch sein kann. Mehr dazu, wenn wir uns mit dem professionellen Wahrnehmen der Wissenschaft beschäftigen.

6 S. L. Miller: A Production of Amino Acids under Possible Primitive Earth Conditions, in: *Science*, 117(3046), New York 1953, S. 528–529.

7 J. Oró: Mechanism of Synthesis of Adenine from Hydrogen Cyanide under Possible Primitive Earth Conditions, in: *Nature*, 191, 1961, S. 1193–1194.

Wahrnehmung für Fortgeschrittene: Bedingt wahrscheinlich

1 Für unsere jungen Leser folgt nun ein kleiner historischer Exkurs, Opa erzählt was aus der Röhrenzeit: Bevor Flachbildschirme überall Einzug hielten, waren die Röhrenfernseher der technologische Standard. Röhrenfernseher feuerten einen lenkbaren Strahl von Elektronen auf eine Glasscheibe mit einer Beschichtung, die durch diesen Strahl zum Leuchten gebracht wurde. Aufgrund dieser Bauweise konnten sie in jedem Moment nur einen einzelnen Punkt darstellen und bauten das Fernsehbild deshalb Punkt für Punkt nach einem ausgeklügelten Verfahren auf, nämlich zeilenweise. Der Elektronenstrahl wanderte erst von links nach rechts über den Bildschirm und dann sehr schnell zurück nach links und ein kleines Stück nach unten, wo er dann wieder von links nach rechts wanderte und so weiter. Währenddessen wurde der Strahl stärker oder schwächer und regte entsprechend den Farbstoff des Bildschirmes mehr oder weniger zum Leuchten an. Auf diese Weise malte der Strahl Zeile für Zeile ein Fernsehbild, das dann allerdings auch Zeile um Zeile extrem schnell wieder verblasste. Zu keinem Zeitpunkt war jemals das ganze Bild komplett auf dem Bildschirm zu sehen. Dass die Zuschauer trotzdem jahrzehntelang den Eindruck hatten, ein vollständiges Fernsehprogramm präsentiert zu bekommen, hing mit einer der Schwächen unserer Wahrnehmung zusammen, in diesem Fall mit einer Schwäche unseres visuellen Systems: Die lichtempfindlichen Bestandteile auf der Netzhaut reagieren nämlich im Unterschied zu den Leuchtstoffen einer Fernsehröhre recht langsam und melden die Leuchtspur noch an die Zentrale, nachdem sie draußen in der Welt längst verblasst ist. Man könnte sagen, dass die Entwickler des Röhrenfernsehers die scheinbare Schwäche des Auges so in eine Stärke verwandelt haben. Stubenfliegen, deren völlig anders gebaute Facettenaugen schneller reagieren als unsere und die den zeitlichen Verlauf von Bildern deshalb akkurater wahrnehmen als wir, sahen in Röhrenfernsehern tatsächlich immer nur ein paar einzelne Zei-

len, die auf dem Bildschirm nach unten wanderten, und konnten nie verstehen, was am wöchentlichen Derrick so toll sein sollte. Erst die Einführung der Flachbildschirme hat dann auch diese wichtige Zielgruppe für die Werbekunden erschlossen.

2 G. W. Pierce, D. R Griffin: Experimental Determination of Supersonic Notes Emitted by Bats, in: *Journal of Mammalogy*, 19(4), 1938, S. 454–455. doi:10.2307/1374231

3 Die Kreisbewegung auf dem Schirm steht für die Drehung der Radarantenne auf dem Turm. Damit auf dem Radarschirm ein Bild entsteht, obwohl eine Umkreisung mehrere Sekunden dauern kann, hat der im Bildschirm verwendete Phosphor anders als der in Röhrenfernsehern verwendete eine sehr lange Nachleuchtzeit. Vom oberflächlichen Unterschied der viel langsamer ablaufenden Kreisbewegung abgesehen, folgt das Konstruktionsprinzip eines Röhrenfernsehers (siehe die Fußnote oben) damit genau der eines Radarschirms. Die Entwicklung des Fernsehens wurde von der Verteidigung gegen einen Angriff auf die Lufthoheit inspiriert. Das hört sich plausibel an.

4 An diesem Fall lässt sich so allerhand übers Zitieren lernen. Einsteins Ausspruch wird oft als «Der liebe Gott würfelt nicht» oder einfach nur «Gott würfelt nicht» zitiert, beides hat er nie geschrieben oder gesagt. Es hat aber eine so überzeugende Aussage, dass es sich so eilig und weit verbreitet wie zum Beispiel der Irrtum, Spinat enthalte besonders viel Eisen. Immerhin hat Einstein aber etwas Ähnliches gesagt, und das ist schon mehr als bei vielen anderen sogenannten Zitaten. In einem Brief Einsteins aus dem Jahr 1926 findet sich folgende Passage: «Die Theorie liefert viel, aber dem Geheimnis des Alten bringt sie uns kaum näher. Jedenfalls bin ich überzeugt, daß *der* nicht würfelt.» Dieses tatsächliche Zitat ist natürlich weit weniger griffig als die verbreiteten Versionen, die neben der falschen Formulierung aber noch ein größeres Problem aufweisen: Vor allem ohne Kontext scheint das «Gott würfelt nicht» der Protest eine gläubigen Menschen gegen die Anmaßungen wissenschaftlicher Welterkenntnis zu sein und ein Aufruf zur Bescheidenheit des Menschen gegenüber dem unergründlichen Mysterium der Pläne des Schöpfers.

Fügt man allerdings die folgenden Worte aus einem späteren Brief Einsteins hinzu, ergibt sich ein etwas anderes Bild: «Ich glaube nicht an einen persönlichen Gott (...) Falls es in mir etwas gibt, das man religiös nennen könnte, so ist es eine unbegrenzte Bewunderung der Struktur der Welt, soweit unsere Wissenschaft sie enthüllen kann.»

5 Der Beweis, dass die dem Experiment zugrunde liegende Bell'sche Ungleichung verletzt wird, ist für Laien nicht ganz leicht nachzuvollziehen. Aber die schiere Tatsache, dass sich eine derart verschrobene Behauptung überhaupt schlüssig empirisch überprüfen ließ, stellt eine beachtliche Geistesleistung dar und ist ein Höhepunkt menschlicher Erkenntnis. Der Genauigkeit halber sei für die Experten angemerkt, dass streng genommen nur gezeigt wurde, dass es keine lokalen versteckten Variablen geben kann. Das heißt, ein deterministisches Universum ohne echten Zufall wäre prinzipiell noch möglich. Aber nichtlokale versteckte Variablen ergäben ein so sonderbares Universum, dass nur die allerwenigsten professionellen Naturbeobachter daran glauben mögen. Aber genug der Feinheiten.

6 Um auch nur ein theoretisches Beispiel zu finden, in dem dieser quantenmechanische Zufall sich tatsächlich auf die Welt unseres Erlebens auswirken könnte, ging ein österreichische Physiker namens Erwin 1935 den folgenden Weg: «Man kann auch ganz burleske Fälle konstruieren. Eine Katze wird in eine Stahlkammer gesperrt, zusammen mit folgender Höllenmaschine (die man gegen den direkten Zugriff der Katze sichern muss)». Es folgte die Beschreibung einer Katzenvergiftungsapparatur, die von einer zerfallenden radioaktiven Substanz ausgelöst wird. Die Katze kennen wir heute unter dem Familiennamen ihres Erfinders als Schrödingers Katze, und der «burleske Fall» der Höllenmaschine sollte schon damals demonstrieren, dass der Quantenzufall keinen Einfluss auf unsere Wirklichkeit haben kann, weil die Konsequenzen zu ungewöhnlich wären. Ein durchaus gewagtes Argument.

7 Man könnte annehmen, die Wahrscheinlichkeit, dass bei drei Würfeln zwei Sechsen fallen, sei $1/6 * 1/6 * 5/6$, also $5/196$. Das wäre

dann allerdings nur die Wahrscheinlichkeit dafür, dass der erste und der zweite Würfel eine Sechs zeigen und der dritte nicht. Es gibt aber noch zwei andere Möglichkeiten, welcher Würfel der sein kann, der nicht die Sechs zeigt. Und auch wenn es widersinnig erscheinen mag, weil die Würfel ja alle gleich sind, macht das mathematisch einen Unterschied. Ein besserer Lösungsweg ist: Die drei Würfel können jeder sechs verschiedene, alle drei zusammen also $6 * 6 * 6 = 196$ verschiedene Ergebnisse produzieren. Es gibt drei verschiedene Möglichkeiten, welcher der Würfel keine Sechs zeigt, und für diesen Würfel dann wiederum fünf verschiedene Möglichkeiten, welche Zahl er statt der Sechs zeigen kann. Insgesamt zeigen also 15 von den 196 verschiedenen möglichen Würfen zwei Sechsen. Die Wahrscheinlichkeit für einen Pasch ist also tatsächlich dreimal so hoch, wie wir oben dachten, nämlich 15 zu 196.

8 Unter anderem dreht es sich darum, ob für den Fall, dass der Teilnehmer zunächst die richtige Tür ausgewählt hat und der Moderator sich also für die zu öffnende Tür mit dem Trostpreis frei zwischen den beiden anderen Türen entscheiden kann, die ja dann beide einen Trostpreis enthalten, ob es in diesem Fall einen Einfluss auf die beste Wechselstrategie hat, wenn der Moderator diese Wahl zwischen den beiden Türen nicht zufällig trifft, sondern einer bestimmten Regel folgt. Das Ergebnis lautet: Wenn der Moderator zum Beispiel bei freier Auswahl zwischen zwei Trostpreistüren immer die rechte nimmt, dann liegt die Wahrscheinlichkeit dafür, dass Tür 1 die richtige ist, vorausgesetzt die erste Wahl war Tür 1 und der Moderator hat Tür 3 geöffnet, tatsächlich bei den intuitiv behaupteten 50 Prozent. Wenn Sie dem nicht ganz folgen können, sorgen Sie sich nicht, es ist ein geradezu filigran subtiles Argument. Das Ergebnis wird vielleicht durch den Umstand ein wenig plausibler, dass im umgekehrten Fall (also: Tür 1 wurde ausgewählt und der Moderator öffnet dann aber nicht Tür 3, sondern Tür 2) der Preis zwingend hinter Tür 3 sein muss, denn wäre er hinter Tür 1, hätte der Moderator ja die rechte der beiden Trostpreistüren 2 und 3, also Tür 3 geöffnet. In diesem Fall liegt also die Wahrscheinlichkeit

für den Preis hinter Tür 1 bei null. Zusammen ergeben die beiden Fälle dann wieder 1/3, weil der Moderator bei der Wahl der Tür in 2/3 der Fälle Tür 3 öffnen wird (nämlich wenn der Preis hinter Tür 1 oder Tür 2 liegt). Und 2/3 von 50 Prozent sind wieder 1/3. Wie gesagt, wenn Sie dem nicht folgen können: Sorgen Sie sich nicht. Denn diese Frage ist für Mathematiker durchaus interessant, es beschleicht einen aber doch der starke Verdacht, dass hier nur die irregegangene Intuition der Gleichwahrscheinlichkeit mit recht verschwurbelten Argumenten nachträglich gerechtfertigt werden soll.

9 W. T. Herbranson, J. Schroeder: Are Birds Smarter Than Mathematicians? Pigeons (Columba Livia) Perform Optimally on a Version of the Monty Hall Dilemma, in: *Journal of Comparative Psychology*, 124(1), 2010, S. 1–13. doi:10.1037/a0017703

10 O. Svenson: Are We All Less Risky and More Skillful Than Our Fellow Drivers?, in: *Acta Psychologica*, 47 (2), 1981, S. 143–148.

11 Dieses Ergebnis wird oft wie folgt wiedergegeben: Die Mehrheit hält sich für besser als den Durchschnitt, mit einem überlegenen Naserümpfen, denn das muss ja offensichtlich falsch sein. Gut, dass wir schlauer sind als diese Mehrheit und den Blödsinn nicht glauben, oder? Das ist aber leider, wenn man es genau nimmt, und man muss es in solchen Fragen immer sehr genau nehmen, nicht ganz richtig und ein weiterer Irrtum unserer statistischen Intuition. Wir stellen uns den Durchschnitt einer Eigenschaft in einer Gruppe als jenen Wert vor, bei dem die Hälfte der Gruppe darüber und die andere Hälfte darunter liegt. Wir stellen uns das so vor, weil es in der Praxis auch oft ungefähr stimmt, es ist aber im Allgemeinen trotzdem falsch. Ziegen zum Beispiel haben im Durchschnitt ein kleines bisschen weniger als zwei Ohren. Einige Ziegen haben bei Unfällen und Kämpfen ein oder beide Ohren verloren, und die allerwenigsten Ziegen haben mehr Ohren als zwei. Das heißt nun aber, dass die riesige Mehrheit von zweiohrigen Ziegen wirklich und wahrhaftig mehr Ohren hat als die durchschnittliche Ziege, so seltsam sich dieser Satz anhört. Zugleich hat eine Ziege mit zwei Ohren natürlich nicht mehr Ohren als die Hälfte aller Ziegen.

Denn wenn wir alle Ziegen nach der Anzahl ihrer Ohren sortieren und dann die Ziege in der Mitte unserer Liste betrachten, dann hat diese Ziege zwei Ohren. Der Wert, der eine sortierte Gruppe in zwei Hälften teilt, heißt in der Statistik Median und unterscheidet sich vom Durchschnitt unter anderem darin, dass es völlig unmöglich ist, dass mehr als die Hälfte einer Gruppe einen höheren oder niedrigeren Wert als den Median hat.

12 Kandels Lebensgeschichte ist übrigens auch anderweitig eng mit dem Lernen verwoben. Als Zehnjähriger war er mit seiner Familie vor dem sich verdichtenden Naziterror kurz nach dem Anschluss Österreichs im Jahr 1938 aus Wien nach Amerika geflohen, und als man später in Wien Kandels Nobelpreis für Österreich reklamieren wollte, widersprach er. Aus der entstehenden Unterhaltung ergaben sich Symposien über die Rolle Österreichs im Nationalsozialismus und die Umbenennung einer nach dem antisemitischen Bürgermeister Karl Lueger benannten Straße zum Universitätsring. Kandel, der als Jude seine Heimatstadt einst verlassen musste, ist heute Ehrenbürger der Stadt Wien. Man sollte daraus in einer Situation, in der Fremdenfeindlichkeit und geistige Kurzschlüsse wieder zuzunehmen scheinen, nicht unbedingt eine allgemeine Erzählung der Hoffnung stricken, aber erfreulich ist es denn doch.

13 F. W. Dyson, A. S. Eddington, C. Davidson: A Determination of the Deflection of Light by the Sun's Gravitational Field, from Observations Made at the Total Eclipse of May 29, 1919, in: *Philosophical Transactions of the Royal Society A: Mathematical, Physical and Engineering Sciences*, 220(571–581), 1920, S. 291–333. doi:10.1098/rsta.1920.0009

Aus der Trickkiste der Wahrnehmung

1 Das ist übrigens selbst eine überraschende Tatsache, die uns selten auffällt. Wohin eines unserer Augen blicken kann, hängt davon ab, wohin das andere gerade blickt. Wir können mit dem

linken Auge nur nach links schauen, wenn auch das rechte nach links schaut. Die Muskeln wären natürlich da, denn jedes Auge kann ja in alle Richtungen gerichtet werden, aber die Steuerung für eine Augenstellung, in der das rechte Auge geradeaus blickt und das linke nach links, fehlt im Gehirn.

2 C.W. Tyler, M.B. Clarke: The Autostereogram, in: J.O. Merritt, S.S. Fisher (Hg.): *Displays*, 1990, Bd. 1256, S. 182–197.

3 G.A. Miller: The Magical Number Seven, Plus or Minus Two: Some Limits on Our Capacity for Processing Information, in: *Psychological Review*, 63(2), 1956, S. 81–97. doi:10.1037/h0043158

4 R.A. Rensink, J.K. O'Regan, J.J. Clark: To See or Not to See: The Need for Attention to Perceive Changes in Scenes, in: *Psychological Science*, 8(5), 1997, S. 368–373. doi:10.1111/j.1467-9280.1997.tb00427.x

5 D.J. Simons, D.T. Levin: Failure to Detect Changes to People during a Real-World Interaction, in: *Psychonomic Bulletin & Review*, 5(4), 1998, S. 644–649. doi:10.3758/BF03208840

6 D.J. Simons, C.F. Chabris: Gorillas in Our Midst: Sustained Inattentional Blindness for Dynamic Events, in: *Perception*, 28(9), 1999, S. 1059–1074. doi:10.1068/p2952

7 Wenn Sie lieber komplizierte Buchstabenfolgen fehlerhaft abtippen möchten, bitte sehr, auch Ihnen kann geholfen werden: https://youtu.be/vJG698U2Mvo

Wahrnehmen – Cui Bono?

1 Und zwar in seiner Schrift «Meditationes de prima philosophia», die unter anderem unter dem Titel «Meditationen über die Grundlagen der Philosophie» ins Deutsche übertragen wurde.

2 S. Hameroff, R. Penrose: Orchestrated Reduction of Quantum Coherence in Brain Microtubules: A Model for Consciousness, in: *Mathematics and Computers in Simulation*, 40, 1999, S. 453–480. Retrieved from http://www.neuroquantology.com/index.php/journal/article/view/114

3 M.A. Goodale, A.D. Milner, L.S. Jakobson, D.P. Carey: A Neuro-

logical Dissociation between Perceiving Objects and Grasping Them, in: *Nature*, 349, 1991, S. 154–156.

4 J.K. Stevens, R.C. Emerson, G.L. Gerstein, T. Kallos, G.R. Neufeld, C.W. Nichols, A.C. Rosenquist: Paralysis of the Awake Human: Visual Perceptions, in: *Vision Research*, 16(1), 1967, 93-IN9. doi:10.1016/0042-6989(76)90082-1

5 J. Crawford: Living Without a Balancing Mechanism, in: *The British Journal of Ophthalmology*, 48, 1964, S. 357–360.

6 S.D. Wiederman, J.M. Fabian, J.R. Dunbier, D.C. O'Carroll: A Predictive Focus of Gain Modulation Encodes Target Trajectories in Insect Vision, in: *ELife*, 6(1), 2017, S. 23–42. doi:10.7554/eLife.26478

7 B. Heinrich: An Experimental Investigation of Insight in Common Ravens (Corvus Corax), in: *The Auk*, 112(4), 1995, S. 994–1003. doi:10.2307/4089030

8 J.E. LeDoux, D.H. Wilson, M.S. Gazzaniga: A Divided Mind: Observations on the Conscious Properties of the Separated Hemispheres, in: *Annals of Neurology*, 2(5), 1977, S. 417–21. doi:10.1002/ana.410020513

Wahrnehmen für Profis

1 W.D. Hamilton: The genetical evolution of social behaviour. I, II. J. Theor. Biol., 7, 1964, S. 1–52.

2 J. Neumann: Zur Theorie der Gesellschaftsspiele, in: *Mathematische Annalen*, 100(1), 1928, S. 295–320

3 R. Axelrod: The Emergence of Cooperation among Egoists, in: *American Political Science Review*, 75(02), 1981, S. 306–318. doi:10.2307/1961366

4 Ästhetisch wird die bestrickend klare Einfachheit Tit-for-Tats übrigens dadurch unterstrichen, dass Rapoport, der Autor des Vierzeilers in der Sprache Fortran, in Toronto ein Nachbar und Freund Marshall McLuhans war. Das wohl berühmteste Zitat des Kommunikationstheoretikers McLuhan dürfte «Das Medium ist die Botschaft» sein. Das sollte damals bedeuten, dass

die Entwicklung der Massenmedien wie Radio und Fernsehen mehr Veränderungen der Weltbilder mit sich gebracht hatte als jeder in diesen Medien vermittelte Inhalt. Seit Entstehen der sozialen Medien hat dieser Gedanke, der nie in Gefahr war, irrelevant zu werden, enorm an Gewicht gewonnen. Rapoport drückte Nächstenliebe und Altruismus im Medium eines Computerprogrammes aus. Und vielleicht ist die Kernbotschaft der Axelrod-Turniere – neben der konkreten Form, die das Siegerprogramm hatte –, dass diese Sichtweise überhaupt denkbar ist.

5 G. Hardin: The Tragedy of the Commons, in: *Science*, 162(3859), 1968, S. 1243–1248. doi:10.1126/science.162.3859.1243

6 N. Brooks, K. Fritzon: RETRACTED ARTICLE: Psychopathic Personality Characteristics amongst High Functioning Populations, in: Crime Psychology Review, 2(1), 2016, S. 22–44. doi:10.1080/23744006.2016.1232537

Dieser Artikel wurde von den Autoren zurückgezogen, weil er versehentlich unmarkierte Zitate aus Arbeiten anderer Autoren enthielt. Eine Neuveröffentlichung ist angekündigt, aber bei Drucklegung dieses Buches noch nicht erfolgt.

7 H. Asch, S. E., & Guetzkow: Effects of Group Pressure upon the Modification and Distortion of Judgments, in: Groups, Leadership, and Men, 1951, S. 222–236. doi:10.1017/CBO9781107415324.004

8 B. Latané, J. M. Darley: Group Inhibition of Bystander Intervention in Emergencies, in: *Journal of Personality and Social Psychology*, 10(3), 1968, S. 215–221. doi:10.1037/h0026570

9 R. D. McFadden: «Winston Moseley, 81, Killer of Kitty Genovese, Dies in Prison», The New York Times, 4. April 2016.

10 M. Sutton: SPINACH, IRON and POPEYE, in: *Internet Journal of Criminology*, 2010, S. 1–34.

11 T. J. Hamblin: Fake, in: *British Medical Journal (Clinical Research Ed.)*, 283(6307), 1981, S. 1671–1674. doi:10.1136/bmj.283.6307.1671

12 K. S. Larsson: The Dissemination of False Data through Inadequate Citation, in: *Journal of Internal Medicine*, 238(5), 1995, S. 445–450. doi:10.1111/j.1365-2796.1995.tb01222.x

13 V. P. Roychowdhury, M. V. Simkin: Read before You Cite! *Conden-*

sed Matter, 2002 abgerufen von: http://xxx.lanl.gov/abs/cond-mat/0212043

14 Natürlich kann man nicht einfach beliebige Dinge axiomatisch glauben. Eines der verunsicherndsten Ergebnisse der modernen mathematischen Logik sind die Unvollständigkeitssätze von Gödel. Der österreichische Mathematiker Kurt Gödel konnte 1931 zeigen, dass schon die einfachen Axiome, die man braucht, um natürliche Zahlen ein bisschen addieren und multiplizieren zu können, problematisch sind und zu kuriosen Paradoxien führen, jedenfalls aber niemals alles erfassen können, was über diese Zahlen wahr ist.

15 E.J. Langer, A. Blank, B. Chanowitz: The Mindlessness of Ostensibly Thoughtful Action: The Role of «Placebic» Information in Interpersonal Interaction, in: *Journal of Personality and Social Psychology*, 36(6), 1978, S. 635–642. doi:10.1037/0022-3514.36.6.635

16 J.P.A. Ioannidis: Why Most Published Research Findings Are False, in: *PLoS Medicine*, 2(8), 2005, 0696–0701. doi:10.1371/journal.pmed.0020124

Zum Schluss: Für eine neue Aufklärung

1 D.M. Kahan: Climate-Science Communication and the Measurement Problem, in: *Political Psychology*, 36(S1), 2015. S. 1–43. doi:10.1111/pops.12244

2 A.G. Greenwald, D.E. McGhee, J.L.K. Schwartz: Measuring Individual Differences in Implicit Cognition: The Implicit Association Test, in: *Journal of Personality and Social Psychology*, 74(6), 1998, S. 1464–1480. doi:10.1037/0022-3514.74.6.1464

LITERATURHINWEISE

Ariely, Dan: *Denken hilft zwar, nützt aber nichts: Warum wir immer wieder unvernünftige Entscheidungen treffen.* Droemer, München, 2008.

Ariely, Dan: *Fühlen nützt nichts, hilft aber: Warum wir uns immer wieder unvernünftig verhalten.* Droemer, München, 2010.

Axelrod, Robert: *Die Evolution der Kooperation.* R. Oldenbourg, München, 2009.

Chabris, Christopher und Simons, Daniel: *Der unsichtbare Gorilla.* Piper, München, 2011.

Churchland, Patricia: *Neurophilosophy: Toward a Unified Science of the Mind-Brain.* MIT Press, Boston, 1986.

Damasio, Antonio: *Descartes Irrtum.* List, Berlin, 1995.

Dee, John: *Monas hieroglyphica. Übersetzt und herausgegeben von Giovanni Grippo nach dem lateinischen Text der Ausgabe von 1564 zu Antwerpen.* Giovanni Grippo Verlag, Oberursel, 2018.

Dennett, Daniel: *Darwins gefährliches Erbe. Die Evolution und der Sinn des Lebens.* Hoffmann und Campe, Hamburg, 1997.

Dennett, Daniel: *Philosophie des menschlichen Bewusstseins.* Hoffmann und Campe, Hamburg, 1994.

Foer, Jonathan Safran: *Tiere Essen.* Kiepenheuer und Witsch, Köln, 2010.

Frankfurt, Harry G: *Bullshit.* Suhrkamp, Frankfurt am Main, 2006.

Dawkins, Richard: *Das egoistische Gen.* Springer, Berlin, Heidelberg, 1978.

Dawkins, Richard: *Der entzauberte Regenbogen.* Rowohlt, Reinbek bei Hamburg, 2000.

Dawkins, Richard: *Der Zauber der Wirklichkeit.* Ullstein, Berlin, 2012.

Diamond, Jared: *Der dritte Schimpanse.* Fischer, Frankfurt am Main, 1994.

Dobelli, Rolf: *Die Kunst des klaren Denkens.* Hanser, München, 2011.

Dobelli, Rolf: *Die Kunst des klugen Handelns.* Hanser, München, 2012.

Gazzaniga, Michael: *Die Ich-Illusion.* Hanser, München, 2012.

Gigerenzer, Gerd: *Bauchentscheidungen: Die Intelligenz des Unbewussten und die Macht der Intuition*. C. Bertelsmann Verlag, München, 2015.

Gilbert, Daniel: *Ins Glück stolpern*. Riemann Verlag, München, 2006.

Gladwell, Malcolm: *Blink! Die Macht des Moments*. Campus, Frankfurt am Main, 2005.

Gleick, James: *Chaos – die Ordnung des Universums*. Droemer Knaur, München, 1988.

Gould, Stephen Jay: *Zufall Mensch. Das Wunder des Lebens als Spiel der Natur*. Hanser, München, 1991.

Harris, Sam: *Free Will*. Free Press, New York, 2012.

Herrndorf, Wolfgang. *Bilder deiner großen Liebe*. Rowohlt-Berlin, Berlin, 2014.

Hitchens, Christopher: *The Hitch: Geständnisse eines Unbeugsamen*. Blessing, München, 2011.

Hersey, John: *Hiroshima. 6. August 1945 – 8 Uhr 15*. Europäische Verlagsanstalt, Hamburg, 2005.

Hess, Elizabeth: *Nim Chimpsky: The Chimp Who Would Be Human*. Bantam, New York, 2008.

Hölldobler, Bert und Wilson, Edward O.: *Der Superorganismus*. Spektrum, Berlin, 2010.

Hume, David: *Ein Traktat über die menschliche Natur*, Felix Meiner Verlag, Hamburg, 2013.

Kahneman, Daniel: Schnelles Denken, langsames Denken. Siedler, München, 2012.

Kandel, Eric: *Auf der Suche nach dem Gedächtnis: Die Entstehung einer neuen Wissenschaft des Geistes*. Siedler, München, 2006.

Kipling, Rudyard: *Genau-so-Geschichten*. Unionsverlag, Zürich, 2014.

Knill, David C. and Richards, Whitman: *Perception as Bayesian Inference*. Cambridge University Press, New York, 1996.

Mackay Charles: *Zeichen und Wunder: aus den Annalen des Wahns*. Eichborn, Frankfurt am Main, 1992.

Macknik, Stephen L. und Martinez-Conde, Susana: *Hirnforschung und Zauberei: wie die Neuromagie die alltägliche Täuschung unserer Sinne enthüllt*. Herder, Freiburg, Basel Wien, 2014.

Macknik, Stephen L. und Martinez-Conde, Susana: *Die Tricks unseres*

Gehirns: wie die Hirnforschung von den großen Zauberern lernt. Kreuz, Freiburg im Breisgau, 2011.

Marr, David: *Vision. A Computational Investigation into the Human Representation and Processing of Visual Information*. W. H. Freeman and Company, San Francisco, 1982.

Milner, A. David and Goodale Melvyn A.: *The Visual Brain in Action (2nd edition)*. Oxford University Press, New York, 2006.

Pinker, Steven: *Aufklärung jetzt: für Vernunft, Wissenschaft, Humanismus und Fortschritt – eine Verteidigung*. S. Fischer, Frankfurt am Main, 2018.

Pinker, Steven: *Der Stoff, aus dem das Denken ist: was die Sprache über unsere Natur verrät*. S. Fischer, Frankfurt am Main, 2014.

Randow, Gero von: *Das Ziegenproblem. Denken in Wahrscheinlichkeiten*. Rowohlt, Reinbek bei Hamburg, 1992.

Sagan, Carl: *Unser Kosmos. Eine Reise durch das Weltall*. Droemer Knaur, München, 1982.

Schopenhauer, Arthur: *Über die Freiheit des Menschlichen Willens, in: Zürcher Ausgabe, Bd. 6, Kleinere Schriften II*. Diogenes, Zürich, 1977

Schulz, Kathryn: *Richtig Irren*. Riemann Verlag, München, 2011.

Searle, John: *Geist. Eine Einführung*. Suhrkamp, Frankfurt am Main, 2006.

Sharot, Tali: *Das optimistische Gehirn*. Springer Spektrum, Berlin, 2014.

Sheldrake, Rupert: *Das schöpferische Universum*. Meyster, München, 1983.

Shermer, Michael: *How We Believe*. W. H. Freeman, New York, 2000.

Skinner, B. F.: *Jenseits von Freiheit und Würde*. Rowohlt, Reinbek bei Hamburg, 1973.

Stewart, Ian: *Spielt Gott Roulette?* Birkhäuser, Basel, 1990.

Taleb, Nassim Nicholas. *Der Schwarze Schwan. Die Macht höchst unwahrscheinlicher Ereignisse*. Hanser, München, 2010.

Uttal, William R.: *Dualism. Der Original Sin of Cognitivism*. Lawrence Erlbaum Associates, Mahwah, New Jersey, 2004.

Weinberg, Steven: *Die ersten drei Minuten*. Piper, München, 1977.

Werner, Florian: *Helium und Katzengold. Elementare Geschichen*. Nagel & Kimche, München, 2014.

DANKSAGUNG

Wer vorhat, Riesen auf die Schultern zu steigen, bringt besser ein Arsenal ordentlicher Leitern renommierter Hersteller mit und hält die Kaufbelege für den Versicherungsfall bereit. Die Quellenangabe für im Text erwähnte Einzelaufsätze findet sich jeweils in den Endnoten. Im Text erwähnte Bücher rotten sich in der Literaturliste zusammen, soweit vorhanden in der deutschen Übersetzung.

Ergänzt wird die Bücherliste durch weiterführende Werke zu den zentralen Themen sowie um die Werke von Autoren, die Einfluss auf die von mir vertretene Sicht hatten oder anderweitig die Themen dieses Buches tangieren. Darunter ist unter anderem *Das Ziegenproblem* von Gero von Randow, in dem mir diese wahrscheinlichkeitstheoretische Denkfalle damals zum ersten Mal begegnete, *Descartes Irrtum* von Antonio Damasio, dessen Geist über den Einlassungen zum Homie, zum Dualismus und zur Rolle des Gefühls in der Rationalität schwebt. Zahlreiche Titel beschäftigen sich mit dem Themenkreis von Risiko und Entscheidung, an dem *Wahre Lügen* nur kratzt, darunter Werke von Ariely, Gigerenzer, Gladwell, Taleb.

Aber weit wichtiger noch als die Vorarbeiten kooperierender Schwergewichte ist die persönliche Unterstützung durch zahlreiche andere Riesen. Ohne den Enthusiasmus und Einsatz meiner Agentin Rebekka Göpfert wäre dieses Buch wohl nicht entstanden. Dank auch an Uli Wank bei Rowohlt-Berlin, der der Idee vertraute und von Anfang an an die *Wahren Lügen* glaubte. Herzlichen Dank sende ich meinem Korrekturleser Ferdinand Ranziger unter seinen Zitronenbaum in Zypern und entschuldige mich auf diesem Weg fürs Geplärr. Ein großer Sack Dank zum sofortigen Umfallen geht an Christian Y. Schmidt nach China, für freundliche Hilfe und zwei herrliche Sätze, die leider geheim bleiben müssen. Ebenso danke ich meiner Lektorin Hanna Schuler sehr herzlich, die mit sicherer Hand durch alle Ecken des Textes fegte. Sie hat die Einrichtung aufs Beste entstaubt und neu arrangiert. Besonderer Dank gebührt meiner Partnerin Nadja Varga, nicht nur für hilfreiche Kommentare, sondern vor allem auch dafür, den mitunter schlecht gelaunten Autor während seiner Arbeit mit schier übermenschlicher Geduld ertragen zu haben.

Alle verbleibenden Fehler gehen auf meinen Deckel (und wenn Sie nicht wissen, dass es davon noch zahlreiche geben muss, lesen Sie offenbar die Danksagung vor dem Buch. Na, muss ja jeder selbst wissen).

Danke, dass Sie dieses Buch wahrgenommen haben. Ende.

BILDNACHWEIS

Alle Fotos vom Autor.

MIX
Papier aus verantwortungsvollen Quellen
FSC® C083411

Das für dieses Buch verwendete Papier ist FSC®-zertifiziert.